公共经济与公共管理评论
PUBLIC ECONOMICS & ADMINISTRATION REVIEW

2017年卷

浙江财经大学东方学院公共经济管理研究所 编

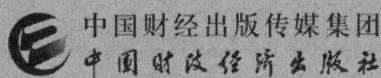

中国财经出版传媒集团
中国财政经济出版社

图书在版编目（CIP）数据

公共经济与公共管理评论.2017年卷／浙江财经大学东方学院公共经济管理研究所编.—北京：中国财政经济出版社，2018.12

ISBN 978－7－5095－8615－0

Ⅰ.①公…　Ⅱ.①浙…　Ⅲ.①公共经济学－文集　②公共管理－文集　③财税－中国－文集　Ⅳ.①F062.6－53　②D035－53

中国版本图书馆CIP数据核字（2018）第247241号

责任编辑：彭　波　　　　责任印制：刘春年
封面设计：卜建成　　　　责任校对：杨瑞琦

中国财政经济出版社 出版

URL：http://www.cfeph.cn

E－mail：cfeph@cfeph.cn

（版权所有　翻印必究）

社址：北京市海淀区阜成路甲28号　邮政编码：100142
营销中心电话：010－88191537　北京财经书店电话：64033436　84041336
北京财经印刷厂印装　各地新华书店经销
710×1000毫米　16开　14.75印张　250 000字
2018年12月第1版　2018年12月北京第1次印刷
定价：68.00元
ISBN 978－7－5095－8615－0
（图书出现印装问题，本社负责调换）
本社质量投诉电话：010－88190744
打击盗版举报热线：010－88191661、QQ：2242791300

《公共经济与公共管理评论》编委会

编委会主任　樊小钢

编委会副主任　张雪平　金峰峰

编委会委员（按汉语拼音排序）
　　　　　　　陈祥槐　樊小钢　金峰峰
　　　　　　　刘　颖　郁　晓　张雪平

主办单位　浙江财经大学东方学院
　　　　　公共经济管理研究所

目 录

税收助力供给侧改革相关问题研究
　　——以海宁为例 ………………………… 高伟华　潘雨露（ 1 ）
税收优惠助力企业发展
　　——基于嘉兴上市公司的实证研究 ……………… 蔡　丞（ 16 ）
大数据背景下我国税收征管模式问题探析及国际借鉴 …… 王　影（ 36 ）
国际减税政策对我国的影响及对策研究 ………… 柯　婕　郁　晓（ 49 ）
财政支出集权缩小了城乡收入差距吗？
　　——基于乡财县管的经验证据 …………………… 王　超（ 61 ）
山东省财政支农支出经济效率实证分析 …………… 崔红霞（ 90 ）
政府间支出责任垂直分工文献述评 ………………… 耿立娟（106）
不充分就业问题研究评述 …………………………… 杨红伟（114）
重度残疾人托养研究述评 ………………… 李媛媛　惠　文（124）
以国家公园理念带动浙江省"大花园"建设的思考
　　…………………………………………………… 刘　颖（135）
中国财经类大学校训解析及其比较研究 ………… 郑彬博　张雷宝（144）
基于云班课的"翻转课堂"混合式教学实践与探索研究
　　——以财政学专业《财政学》课程为例 ………… 张雪平（160）
大学生思想政治教育中加强全员育人的有效策略 ……… 张　渊（171）
浙江财经大学东方学院校友工作研究 ……………… 颜燕翔（180）
基于业务流程再造的《税务管理》课程教学改革研究
　　……………………………………………………… 朱　计（189）
《社会政策学》课程实践教学改革的思考 ………… 夏　磊（205）
过程性考核在《专业文献阅读与述评》课程中的应用
　　……………………………………………………… 惠　文（214）
校外导师合作模式下应用型教学的实践 …………… 黄晓燕（223）

税收助力供给侧改革相关问题研究

——以海宁为例

高伟华　潘雨露[①]

摘　要　近年来中国经济高速增长，经济地位不断提升。我国的发展着重点开始改变，由量向质进行改革，以去产能、去库存、去杠杆、降成本、补短板为重点的供给侧结构性改革在我国不断地发展。为探究税收如何助力供给侧改革，本文以海宁市为例展开调查，采用了实地访谈法和问卷调查法结合的方式，试图去探索目前海宁市供给侧改革现状以及在税收政策助力过程中存在的问题，并提出相应的看法和建议。

关键词　供给侧改革　税收政策　海宁市

一、前　言

海宁市隶属于浙江省嘉兴市，是有名的"潮乡"，其位于中国长江三角洲南翼、浙江省北部，东距上海 100 公里，西接杭州，南濒钱塘江，交通四通八达。海宁社会经济发达，乡镇区域的民营经济特色鲜明，是全国的皮革、经编、家纺、太阳能、集成灶产业的基地之一，商业兴旺，市场繁荣，获评 2017 年工业百强县（市）。

近年来，海宁经济建设发展迅速，当地政府以供给侧改革为统领，从土地、工业、房地产业等方面入手，通过简政减税减费，减

---

① 高伟华，浙江财经大学东方学院讲师；潘雨露，浙江财经大学东方学院本科生。

少了无效和低端供给，扩大了有效和中高端供给，增强了供给结构对需求变化的适应性和灵活性，还提高全要素生产率，使供给体系更好地适应需求结构变化，从而增强企业活力，推动海宁经济的进一步腾飞。

税收作为国家财政收入的主要来源和经济调节的重要手段，既是供给侧结构性改革的内容，同时也是推动供给侧结构性改革的有效工具[①]。本文首先梳理供给侧结构性改革中涉及的相关税收政策，其次通过调查方式分析税收政策在助力海宁供给侧改革的效果，最后根据调查结果总结出税收政策在助力海宁供给侧改革中存在的问题，并提出有针对性的建议，以便促进海宁企业转型升级、拉动供给侧改革、推动地方经济发展。

二、税收助力供给侧改革的政策梳理

今后一个时期的供给侧结构性改革主要任务目标是去产能、去库存、去杠杆、降成本、补短板，即"三去一降一补"。因此，本文主要梳理围绕上述目标而实施的税收政策，主要分类如下。

（一）针对企业重组过程中的税收政策

对僵尸企业多兼并重组、少破产是深化供给侧结构性改革、化解金融风险要抓的主要矛盾之一。国家为促进企业改制重组发布了一系列优惠政策，以便促进僵尸企业进行改制重组。

由表1可知，大部分企业在重组过程中均可享受税收免征的税收优惠政策，分别体现在土地增值税、增值税、契税、印花税等方面。在兼并重组后投资主体与兼并重组前投资主体存续或保持一致，均可享受其特定资产相关税负的免征。这一措施极大地激发了一些企业进行企业兼并重组的积极性。

---

① 汤志水. 税收政策支持供给侧构性改革的思考［J］. 经济研究参考，2017（5）：14-17.

表1　　　　　　　　　企业改制重组中税收政策梳理

重组类型 涉及税种	企业改制	企业合并	企业分立
增值税	企业纳税人在资产重组过程中，通过合并、分立、出售、置换等方式，将全部实物资产或者部分实物资产以及与其相关联的债权、负债和劳动力直接转让或者分多次转让给其他单位和个人，不属于增值税的征税范围，其中涉及的货物转让，不征收增值税。 满足上述条件的资产转让方为增值税一般纳税人且在资产转让后按程序办理注销税务登记的，其在办理注销登记前尚未抵扣的增值税进项税额可结转至新纳税人处继续抵扣		
企业所得税	全民所有制企业改制为国有独资公司或者国有全资子公司，属于财税〔2009〕59号文件第四条规定的"企业发生其他法律形式简单改变"的，可依照以下规定进行企业所得税处理：改制中资产评估增值不计入应纳税所得额；资产的计税基础按其原有计税基础确定；资产增值部分的折旧或者摊销不得在税前扣除	企业合并满足规定条件的，可以选择适用特殊性重组方法处理，即1.合并企业接受被合并企业资产和负债的计税基础，以被合并企业的原有计税基础确定。2.可由合并企业弥补的被合并企业亏损的限额=被合并企业净资产公允价值×截至合并业务发生当年年末国家发行的最长期限的国债利率。3.被合并企业股东取得合并企业股权的计税基础，以其原持有的被合并企业股权的计税基础确定	企业分立满足规定条件的，可以选择适用特殊性重组方法处理，即1.分立企业接受被分立企业资产和负债的计税基础，以被分立企业的原有计税基础确定。2.被分立企业已分立出去资产相应的所得税事项由分立企业承继。3.被分立企业未超过法定弥补期限的亏损额可按分立资产占全部资产的比例进行分配，由分立企业继续弥补
土地增值税	对非公司制企业的整体改制为有限责任公司或是股份有限公司，有限责任公司改制为股份有限责任公司，股份有限责任公司改制为有限责任公司三种情形中：改制前的企业将国有土地、房屋权属转移、变更到改制后的企业，暂不征收土地增值税	两个或两个以上的企业合并为一个企业，且符合原企业投资主体存续的这一条件，对原企业将国有土地使用权、房屋权属转移、变更到合并后的企业，暂且不征土地增值税	企业分设为两个或两个以上其投资主体与原企业投资主体相同的企业，对原企业将国有土地、房屋权属转移、变更到分立后的企业，暂不征土地增值税

续表

重组类型 涉及税种	企业改制	企业合并	企业分立
契税	满足以下条件的,对改制后公司承受原企业土地、房屋权属的,免征契税:(1)原企业投资主体存续并在改制后的公司中所持股权或股份比例超过75%的;(2)改制后的公司承受原企业的权利、义务	两个或两个以上的企业,依照相关的法律规定或合同约定,合并成为一个企业,且原投资主体存续的,对合并后企业承受原合并各方土地、房屋权属,免征契税	企业分立为两个或两个以上与原公司投资主体相同的企业,对分立后企业承受原企业土地、房屋权属,免征契税
印花税	实行公司制改造的企业在改制过程中成立的新企业,其新增加的资金,凡原已贴花的部分可不再贴花。企业因改制签订的产权转移书据免予贴花	以合并或分立方式成立的新企业,其新启用的资金账簿记载的资金,凡原已贴花的部分可不再贴花,未贴花的部分和以后新增加的资金按规定贴花	

除了国家针对企业兼并重组所实行的税收优惠政策外,海宁市为了激励企业加大兼并重组力度,还允许该类企业可以享受兼并重组过程中产生的税收奖励政策,即完成兼并重组后3年内,企业可享受税收环比增长部分奖励。如经济开发区的宏昌制革,被红狮电梯兼并重组,涉及土地176亩;新企业将注入航空机械制造业、电子产品制造业,年产值达7.5亿元,而相关税收优惠政策为其减轻了很多的税收负担。

(二)"营改增"、契税补贴等助推房地产去库存

2016年5月开始全面实施的"营改增",将试点范围扩大到了房地产业,并按规定将所有企业新增不动产所含增值税纳入抵扣范围,降低了行业税负。

海宁市也出台了促进房地产市场健康发展的相关政策。深化户籍制度和住房制度改革,谋划实施信贷优惠、税费减免、供地调控等政策措施,加快公共设施配置,建立购租并举住房制度。2017年上半年海宁市商品住宅销售完成年度去化目标的60%。

2016年海宁市出台《关于促进房地产市场平稳健康发展的若干意见》加大购房补贴的力度。个人在海宁市域范围内购买144平方米以下(含)

新建商品住宅的，按照其商品房交易所交契税地方留存部分的额度，给予购房补贴。个人在海宁市域范围内购买144平方米以上新建商品住宅（不包括别墅、排屋）和新建商办性质商品房的，按照其商品房交易所交契税地方留存部分50%的额度，给予购房补贴。

（三）促进高新技术产业发展和投资的税收优惠

企业经认定成为高新技术企业的，其企业所得税税率减按15%来征收。符合条件的创业投资企业采取股权投资方式投资于未上市的中小高新技术企业2年（24个月）以上，可以按照其对中小高新技术企业投资额的70%，在股权持有满2年的当年抵扣该创业投资企业的应纳税所得额；当年不足以抵扣的，其减免额可以在以后纳税年度进行抵扣。有限合伙制创业投资企业采取股权投资方式投资于未上市的中小高新技术企业满2年（24个月）的，其法人合伙人可按照对未上市中小高新技术企业投资额的70%抵扣该法人合伙人从该有限合伙制创业投资企业分得的应纳税所得额，当年不足抵扣的，可以在以后纳税年度结转抵扣。

海宁市在去产能方面，出台了《海宁市加快市场去清工作方案》，着力推进五大重点任务：优化结构方面，重点扶持和发展战略性新兴产业、高新技术产业、高端装备制造业等主导产业。加快培育本土优秀制造业品牌，加快企业股改、上市等工作。招商方面，突出工业招商，加快科技型企业的引进和培育。

（四）税收优惠推动小微企业发展

在企业所得税方面，小微企业税收减免范围扩大。根据财政部、税务总局发布的财税〔2018〕77号文件《关于进一步扩大小型微利企业所得税优惠政策范围的通知》中规定：

自2018年1月1日至2020年12月31日，将小型微利企业的年应纳税所得额上限由50万元提高至100万元，对年应纳税所得额低于100万元（含100万元）的小型微利企业，其所得减按50%计入应纳税所得额，按20%的税率缴纳企业所得税。

在增值税方面，财税〔2017〕76号规定，为支持小微企业发展，自2018年1月1日至2020年12月31日，继续对月销售额2万元（含本数）

至3万元的增值税小规模纳税人,免征增值税。

在缓解小微企业"融资难、融资贵"问题上,财税〔2017〕77号文件也做出了相应的鼓励政策。自2017年12月1日至2019年12月31日,对金融机构向农户、小型企业、微型企业及个体工商户发放小额贷款取得的利息收入,免征增值税。

三、税收助力海宁市供给侧改革的效果分析

从梳理的政策来看,不管是从国家层面还是海宁市级层面,税收支持和助力供给侧改革的力度都非常大。具体政策实施的效果如何,本文以纳税人为调查对象,用实地和问卷调查的方式来展开分析。笔者走访了海宁当地有代表性的几家企业,通过向企业负责人、财务负责人、财务专员等分发问卷和面对面访谈,了解他们的经营发展状况以及税收政策助力企业转型升级、高质量发展的影响。具体调查结果如下。

(一)调查对象介绍

我们首先明确了被调查对象,根据其登记注册类型显示大部分企业是属于有限责任公司,股份有限公司相对较少,仅占其中的4%;其中还有占14%的是个体工商户。

由表2可知,我们了解到的海宁市大部分公司以有限责任公司为主,还有一小部分的独资企业和股份有限公司、个体工商户等从事生产经营活动。总的来说,在此次实地调查中,被调查企业覆盖面广。

表2　　　　　　　　　企业的登记注册类型

注册类型	数量(家)	比例(%)
A. 股份有限公司	2	4
B. 个体工商户	7	14
C. 个人独资企业	3	6
D. 有限责任公司	38	76
合计	50	100

由表3可知,大部分企业的经营类型是生产型,占其中的38%,还有

生产贸易混合型的企业占比较大,仅次于生产型企业;除此之外,贸易型企业占样本的 16%,占比较小;还有 14% 的企业属于其他,类型相对较广。

表3　　　　　　　　　　企业的经营类型

经营类型	数量(家)	比例(%)
A. 贸易型	8	16
B. 生产贸易混合型	16	32
C. 生产型	19	38
D. 其他	7	14
合计	50	100

目前,海宁市大部分企业的经营类型主要以生产型和生产贸易混合型为主,也有一部分的企业是贸易型和其他。在供给侧大背景下,企业不断地转型升级,调整产业结构,在一定程度上取得了较大的进展,贸易型企业和生产贸易型企业不断增多,生产型企业在相应政策的推动下,也不断加大自身的转型步伐。

(二) 认知程度

由表4可知,46% 的企业表示了解供给侧这个热点问题,36% 的企业则听说过供给侧改革,说明在其企业发展过程中并没有大幅度的涉及供给侧改革,还有 18% 的企业一点也不了解供给侧改革。

表4　　　　　　　　　供给侧改革的了解程度

供给侧改革的了解程度	数量(家)	比例(%)
A. 了解	23	46
B. 听说过	18	36
C. 一点也不了解	9	18
合计	50	100

由表5可知,46% 的企业表示了解供给侧改革的相关事项中,对于税收优惠政策的了解程度,47% 的企业表示稍微有点了解,占其中的绝大多数,31% 的企业清楚相关的税收政策,还有 22% 的企业表示重视该税收政策,也研究过相关的与企业相符合的税收政策。

表 5　　　　　供给侧改革下税收优惠政策的了解程度

税收优惠政策的了解程度	数量（家）	比例（%）
A. 研究过	5	22
B. 清楚	7	31
C. 稍微有点了解	11	47
合计	23	100

由表 6 可知，52% 的企业近三年来税负有所下降，占样本企业的绝大部分，还有 36% 的企业税收负担保持基本稳定，只有少数的企业税负呈上升趋势。由此可见，近三年来在供给侧的大背景下，各企业的税收负担基本呈下降趋势，进一步反映了企业的转型升级和结构优化。同时也说明税收作为政府调节要素供给、提升要素生产率的重要手段，必将发挥极为重要的作用[①]。我们要重视税收的作用，积极贯彻税收政策推动供给侧改革。

表 6　　　　　企业近三年税收负担的状况

税收负担的状况	数量（家）	比例（%）
A. 有所下降	26	52
B. 基本稳定	18	36
C. 有所上升	6	12
合计	50	100

（三）税收优惠政策对海宁市供给侧改革的影响

1. 税收优惠对企业的影响

从图 1 的数据显示，公司受益的税收优惠政策在促进环保投入和促进生产两个方面的体现最为显著；其次是调整产业结构和减免税收负担，效果最不佳的则是加大创新投入方面。关于环保投入，因为在节能环保方面，企业所得税有较强的税收优惠减免措施，此外，从 2018 年 1 月 1 日起已开征环保税，对企业来说，加大环保投入是正确的选择。关于促进生产，海宁市推出的亩产税收效益政策推动了企业生产，每亩田地生产的越多，缴纳的税金也越多，获得的税收优惠力度也就越大，能在一定程度上

---

① 王鲁宁，彭骥鸣. 供给侧改革中的税收经济效应及税制优化 [J]. 税务与经济，2016 (6)：70-75.

拉动企业的生产。而企业自主创新需要投入大量的人力、物力、财力，成本较高，但相应的税收政策优惠并没有显著效果，因此鼓励企业加大创新投入的税收政策在供给侧改革中需要循序渐进。

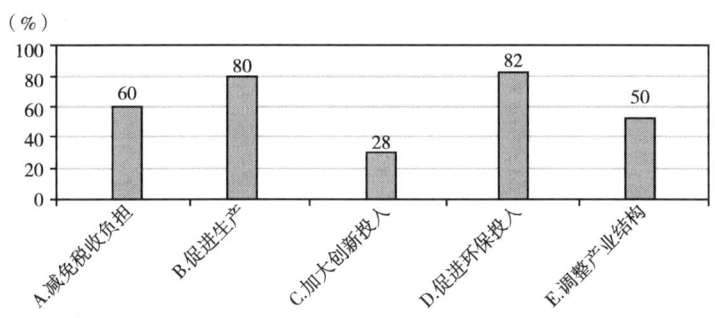

图1　税收优惠政策对企业的影响

2. 税费占比情况

图2的数据显示，80%的企业税费占比在5%～10%之间，企业对税制改革的逐步适应使得企业税负下降十分明显，税制改革中的降税清费对于企业产业转型升级也有很大助力。另外，在供给侧大背景下，国家的科技水平和税务信息化水平大幅提升，税务部门征管能力显著增强，导致企业实际税负不断逼近名义税负，宏观税负也随之高涨[①]。税费占销售收入的比重相对较大，企业所要承受的税费压力较重，大部分企业反映其税负占其主营业务收入相对较多，所能获得的利润较少。

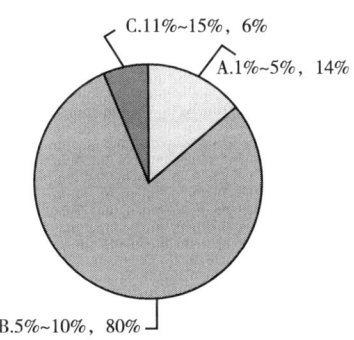

图2　企业的税费占收入的比重

---

① 向景，魏升民．供给侧结构性改革对中小微企业税费负担的影响分析［J］．税务研究，2017（5）：72-77．

（四）税收优惠对企业自主创新的影响

1. 税收优惠对企业研发的现状

从图 3 中可知，大部分被访问的公司认为企业研发方面的税收优惠影响都较小，主要原因在于研发经费投入较大，效益短期内无法显现，风险较大。这体现了在供给侧改革的背景下，存在着科技创新驱动不足，创新动力仍待加强。

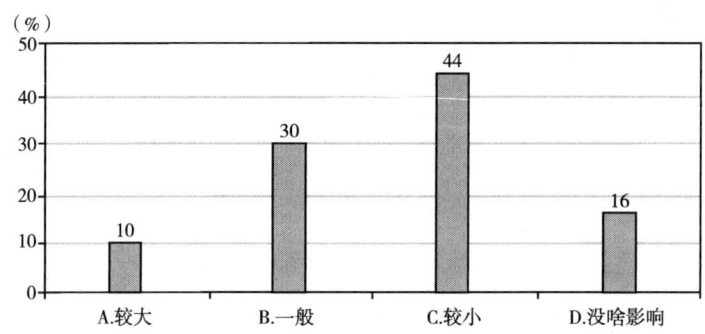

图 3　税收优惠政策对企业自主研发的效果

2. 税收优惠政策对企业研发方面的认知

税收优惠政策对企业自主创新有促进作用，但由于企业在发展过程中受到各种要素制约，要负担的成本较大，因此存在不同态度的认知。由图 4 可知，32% 的企业认为税收优惠政策促进企业的自主创新，占样本较小一部分；大多数企业强调了税收政策在促进企业研发方面存在不足，像减免周期短、减免力度小和限制条件多等普遍存在企业的发展过程中，一般企业想要变成高新技术产业则需要很多的前期投入，满足相应的限制条件。例如，海宁的印染行业在 2016 年才能开始申请高新技术产业。这些弊端会大大降低企业家们的自主创新意识，进而也不利于供给侧的结构性改革。

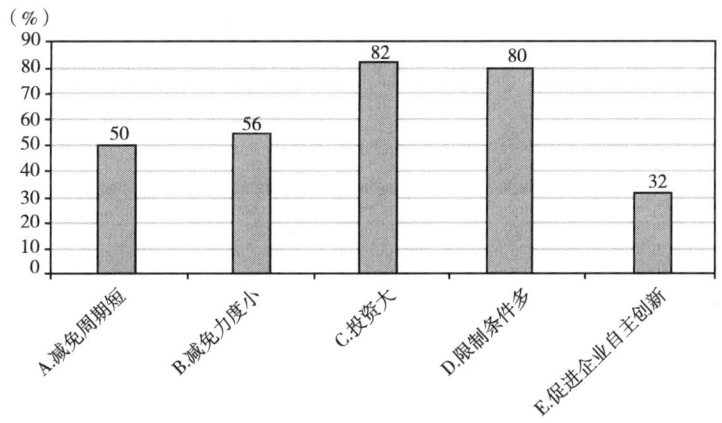

图4　企业对于税收优惠政策在自主创新方面的认知情况

（五）企业对税收优惠政策的了解情况

图5显示，在四种途径中，和同行的交流上获取税收优惠政策的信息占比最大，而从税务大厅上获取信息的比例最小，可以理解前往税务大厅这个渠道成本相对较高，其次是通过书籍报纸等杂志和税务官网这两个途径，这两条途经的选择还是比较可取的，准确性和严谨性较高。这也说明税收政策的宣传不够普及，导致企业对符合自身情况的税收优惠政策了解不够透彻，容易错失相应的机会。

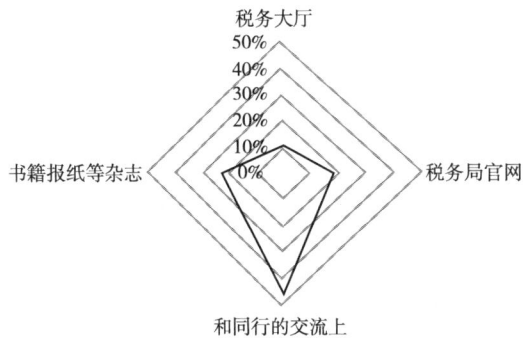

图5　企业了解税收优惠政策的常用方式

四、税收助力供给侧改革中存在的问题

(一) 工业企业税费较重

自供给侧结构性改革以来,政府出台了一系列的税费优惠政策,简政降费,工业企业的总体税收负担与之前相比呈下降趋势。即使是税费不断减免,但对企业整体来说每年要交的税费还是比较重。例如,大部分企业根据每年的财务报表和纳税情况得出,主营业务成本占主营业务收入的 80%~90%,税费基本占 5%~10%,那么往往最后的利润相对比较少。还有随着税收征管水平的不断提高,实际税负不断地向名义税负靠拢,导致企业的税费负担不断加重,如今的金税三期操作系统具有全面税务信息等特点,导致企业无法避税。税费负担较大不利于我国企业的生产,进而不利于企业的结构调整。

(二) 税收优惠政策助力自主创新层面力度小

根据海宁市的现状,创新型企业前期投资比较大、花费的时间长,企业所得税优惠政策的减免年限却比较短;除此之外,申请成为高新技术企业的标准比较严苛,并且高新技术企业有具体领域的限制。据调查,海宁市的印染领域才刚刚开始高新技术企业的认定,所以有些企业即使已经达到高新技术企业水平了,但由于政策上的缺失,也不能享受相应的税收优惠。总的来说不利于企业建设创新型企业,进而不能拉动我国的供给侧改革。

(三) 自主创新专业人才缺乏税收优惠支持

在供给侧大背景下,一般企业都积极地面对转型升级,如从生产型企业向贸易型企业和生产贸易混合型企业转变。在发展过程中,人才是企业发展强有力的资源,但我国对于从事创新项目的个人缺少相应的税收优惠政策,不能吸引高层次的人才进行技术指导。因此,当前企业出现了人才短缺局面,企业转型升级之路比较困难,进而也不利于实现供给侧改革。

(四) 税收优惠政策宣传精准度不够

据调查,大部分企业对相应的税收政策了解得不够清楚,很大程度上是与同行的交流中得知税收优惠政策,其了解到的政策缺乏严谨性也不够科学,容易导致企业对符合自身的税收优惠政策模糊不清,错失合适的机会。虽然每年税务机关税务宣传方式不断多样化,但宣传精准度不够,导致企业对税收优惠政策的概念模糊不清。

五、税收推动供给侧改革的相关建议

目前海宁供给侧改革进程中存在工业企业税费较重、自主研发层面税收优惠政策少、自主创新专业人才缺乏税收优惠支持、税收优惠政策宣传精准度不够等问题。这些问题在一定程度上阻碍了海宁的供给侧改革,不利于企业的转型升级。针对这些情况,我们给出如下建议。

(一) 进一步实行减税降费政策

企业生产的每种产品价格中都包含要素成本和财税成本,合理降低企业的财税成本,可为提高和优化科技、劳动、资本和企业家精神等要素投入质量及其产品质量释放空间,亦可为装备制造产业升级奠定微观基础[①]。一般企业要承担的主要税负是增值税、企业所得税,因此要减轻企业的税费负担将从这两个方面着手。一是尽快完成增值税立法。营业税改为增值税,消除了重复征税,增加了可抵扣项目,简并降低了税率,提高了小规模纳税人销售标准,减税效应明显。但在实施过程中,存在补丁文件过多、征纳双方对条例理解差异、地方税务机关执行不一等问题。因此,应加快增值税的立法工作,完善增值税制度,进一步优化税收优惠,助力企业升级,激活市场活力。二是降低企业所得税税率,增加间接激励手段。从目前全世界企业所得税改革趋势来看,我国企业所得税税率有进一步降低的可能,税率降低有利于提高企业国际竞争力。此外,宜增加间接激励

---

① 杨春梅. 供给侧结构性改革中的税收政策取向 [J]. 税务与经济,2016 (6):66-69.

措施,鼓励企业加大固定资产加速折旧,延长亏损抵补所得年限,从微观上激发企业的生产积极性和创新热情,增强经济的供给能力。

(二) 激励科技创新力度

1. 加大对企业自主创新的扶持力度

企业在自主创新过程中前期投资较大,筹备期较长,但在企业所得税中研发费用的加计扣除、固定资产的加速折旧等项目,其相应税收优惠政策有严格的限制条件,因此不利于企业进行自主创新。我们认为,在企业所得税方面,建议对创新型企业放宽弥补企业亏损只能后转 5 年的规定,对其亏损准予 5~10 年的结转期限。然后放宽高新技术企业认定领域的限制,实现全方位领域协调发展,使更多的企业能享受到 15% 的企业所得税税收优惠政策,促进企业的发展,以及推动海宁的供给侧改革。

2. 加大对高层次人才的扶持力度

人才是科技创新的重要因素,要重视人才的作用。然而目前我国高层次人才的税负比较高,缺乏明确的税收优惠政策。建议对从事创新创业等项目的人员给予一定的优惠,如对创新人员从事创新所得的绩效收入、专利权转让收入、各种奖励等减征或者免征个人所得税[①],吸引和激励高科技人员服务技术创新项目,为企业的技术创新提供支持。

(三) 提高税收优惠政策宣传的精准度

根据调查结果,海宁市企业对于税收优惠政策的了解并不全面,也不具有严谨性。我们建议相关的税务部门应提高宣传的精准度,可采取针对企业的财务人员或负责人开展政策培训会,还可以通过微信公众号等新媒体渠道及时地发布一些税收信息,尽可能地让企业熟悉本企业所能享受的一切税收优惠政策。除了事前宣传外,重要的是进行事中辅导和事后监督,及时纠正企业在适用税收优惠政策时出现的认识偏差和问题。另外,企业的财务人员应不断地学习,与时俱进,及时地更新相关的政策法律法规。

---

① 张佩峰,李宁. 税收推动供给侧结构性改革的思考 [J]. 税务研究, 2016 (5): 94-97.

参考文献

[1] 汤志水. 税收政策支持供给侧构性改革的思考 [J]. 经济研究参考, 2017 (5): 14-17.

[2] 王鲁宁, 彭骥鸣. 供给侧改革中的税收经济效应及税制优化 [J]. 税务与经济, 2016 (6): 70-75.

[3] 向景, 魏升民. 供给侧结构性改革对中小微企业税费负担的影响分析 [J]. 税务研究, 2017 (5): 72-77.

[4] 杨春梅. 供给侧结构性改革中的税收政策取向 [J]. 税务与经济, 2016 (6): 66-69.

[5] 张佩峰, 李宁. 税收推动供给侧结构性改革的思考 [J]. 税务研究, 2016 (5): 94-97.

税收优惠助力企业发展

——基于嘉兴上市公司的实证研究

蔡丞[①]

摘 要 税收优惠、财政补贴的政策效应评价既反映了政府宏观政策的精准性与有效性,也为基层部门的微观调控提供了参考。本文运用嘉兴市 2009~2016 年上市公司面板数据,实证检验了高新技术企业税收优惠、税收奖励及返还、财政补贴对企业的影响。结果表明,三者的作用差异显著,高新技术企业税收优惠会加大企业的研发投入水平,提升无形资产在总资产中的比重,提高企业的收益率;税收返还与奖励,提升了企业的现金流量增长,降低了企业的筹资难度;财政补贴大幅刺激了企业的固定资产投资。因此,相关部门应重视高新技术企业的培育,引导企业增加研发投入,相对谨慎地开展税收返还与奖励,短期内运用财政补贴拉动企业扩大投资。

关键词 嘉兴市 税收优惠 财政补贴 上市公司绩效

一、引 言

税收优惠、财政补贴是调控经济的重要手段,近年来党中央、国务院高度重视减税降负工作,出台了一系列政策措施,对优化营商环境、促进经济高质量发展起到了非常重要的作用。2018 年 9 月,国家税务总局发布了《关于进一步落实好简政减税降负措施更好地服务经

---

① 蔡丞,浙江财经大学东方学院税务系讲师。本文得到嘉兴市税务协会项目:"税收优惠助力企业发展——基于嘉兴上市公司的实证研究"资助。

济社会发展有关工作的通知》（税总发〔2018〕150号），要求落实好各项简政减税降负措施，更好地营造稳定公平透明、可预期的税收营商环境，为市场主体添活力。站在企业的视角，税收是一项重要的成本，直接影响企业的经营绩效，企业为了享受税收优惠政策从而采取的经营决策就是政府宏观调控的微观结果。考察税收对企业财务绩效的影响，为减税政策的实际效果提供了数据支撑，也为更进一步落实好减税政策提供了政策依据。

鉴于上市公司财务数据公开及可获得性，本文重点考察了嘉兴市上市公司的财政补贴、流转税税收优惠、高新技术企业所得税优惠对企业财务绩效的影响。

二、嘉兴市上市公司及优惠政策现状

截至2017年年末，嘉兴市共有上市公司35家（见表1），分布在海宁、桐乡、嘉善等市（区）县，行业类别主要是制造业，租赁和商务服务业，文化、体育和娱乐业及房地产业（门类行业统计见表2，明细行业分布见表3）。

表1　　　　　　　　嘉兴市上市公司地区统计

县级市			
		频率	百分比（%）
嘉兴	海宁市	9	25.7
	海盐县	2	5.7
	嘉善县	5	14.3
	南湖区	5	14.3
	平湖市	5	14.3
	桐乡市	7	20.0
	秀洲区	2	5.7
	合计	35	100.0

表2　　　　　　　　　　门类行业统计

所属新证监会行业 [行业级别] 门类行业		频率	累积百分比（%）
有效	房地产业	1	2.9
	文化、体育和娱乐业	1	2.9
	制造业	31	88.6
	租赁和商务服务业	2	5.7
	合计	35	100.0

表3　　　　　　　　　　行业明细表

	所属新证监会行业 [行业级别] 门类行业				合计
	房地产业	文化、体育和娱乐业	制造业	租赁和商务服务业	
电气机械和器材制造业	0	0	2	0	2
房地产业	1	0	0	0	1
纺织服装、服饰业	0	0	2	0	2
纺织业	0	0	3	0	3
非金属矿物制品业	0	0	1	0	1
广播、电视、电影和影视录音制作业	0	1	0	0	1
化学纤维制造业	0	0	3	0	3
化学原料和化学制品制造业	0	0	6	0	6
计算机、通信和其他电子设备制造业	0	0	2	0	2
金属制品业	0	0	1	0	1
其他制造业	0	0	1	0	1
商务服务业	0	0	0	2	2
通用设备制造业	0	0	2	0	2
橡胶和塑料制品业	0	0	2	0	2
医药制造业	0	0	1	0	1
有色金属冶炼和压延加工业	0	0	1	0	1
造纸和纸制品业	0	0	3	0	3
专用设备制造业	0	0	1	0	1
合计	1	1	31	2	35

根据同花顺、国泰安上市公司数据库统计，2008～2017年嘉兴市上市公司受到的财政补贴、税收优惠项目共计2498项次（见图1和图2），总

计金额为 8674895488.29 元（见图 3），并且每一年的优惠项目次数呈逐年递增的态势；税收优惠的总额呈逐年递增的趋势。

图 1　嘉兴市上市企业财政补贴与税收优惠项的可视化图

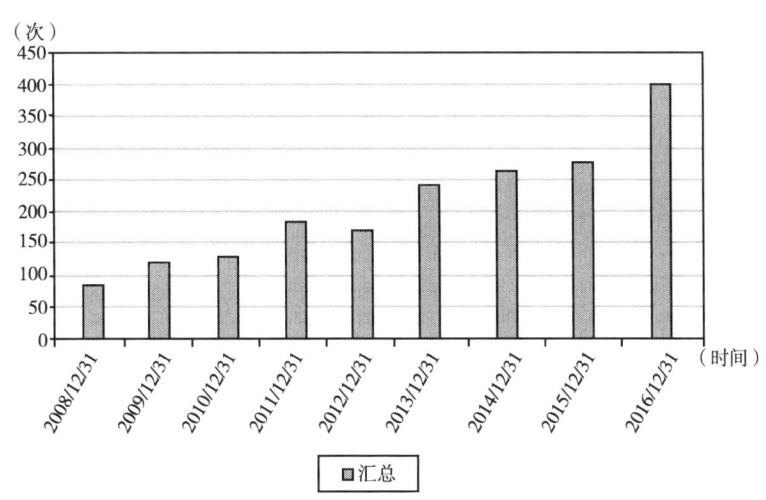

图 2　优惠项目次数

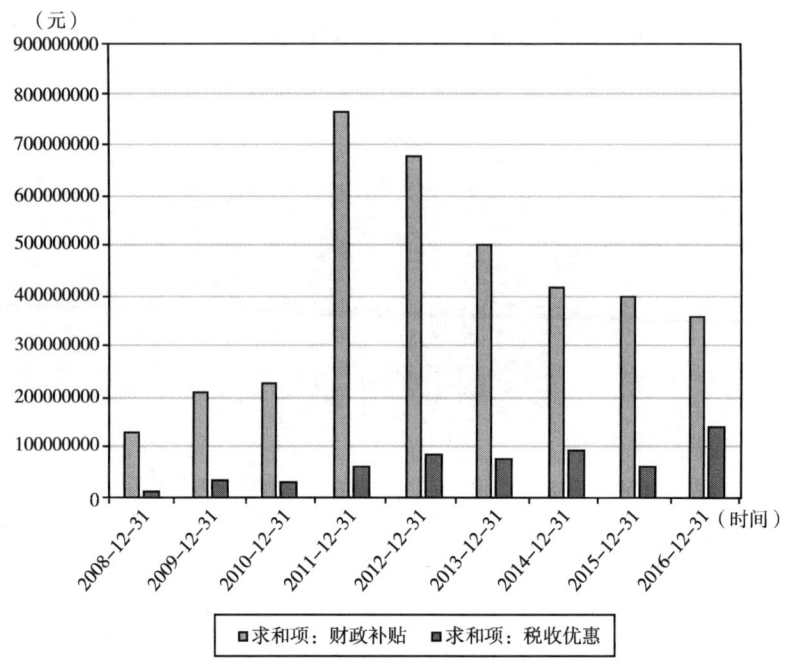

图 3　财政补贴、税收优惠金额

注：税收优惠数据包含企业收到的除出口退税以外的各种税收返还及奖励，不包括企业所得税的相关优惠。

三、税收优惠、财政补贴对嘉兴上市公司财务绩效的影响的实证检验

（一）数据来源及样本选择

本文数据来源于同花顺及国泰安 CSMAR 上市公司财务报告数据库，选取 2017 年 12 月 31 日前在我国沪深证券交易市场上市的嘉兴市上公司为对象，其中企业基本信息来自同花顺金融数据终端，其他财务数据来源于国泰安数据库。在具体选择样本时，对企业及年度数据进行了筛选，由于 2016 年度会计科目进行了调整，2017 年度部分数据不完整或不可比，所以本文时间区间为 2009~2016 年。其中部分企业发生了变更，研究截取了变更后的数据：00021882 新嘉联→巴士在线（2015 年）、0002343 禾欣股份→慈文传媒（2014 年）、600176 中国巨石→中国玻纤（2014 年）、

600273 华芳纺织→嘉化能源（2014 年）。部分企业截至 2017 年年末上市时间不足 3 年：博创科技（300548）、长盛轴承（300718）、台华新材（603055）、荣晟环保（603165）、新凤鸣（603225）、合盛硅业（603260）、晨丰科技（603685）、嘉澳环保（603822）、安正时尚（603839）。为了满足其中研究确定了 13 家上市公司作为样本。由于税收优惠、财政补贴数据只有年报中有，因此采用了年度数据，又由于企业享受税收优惠、财政补贴需要满足特定的条件，因此个别年份会出现缺失值，缺失值较多的指标没有纳入。

（二）变量定义及描述性统计

参照相关数据库中对财务分析指标的分类，本文从比率结构、经营能力、盈利情况、现金流情况、相对价值、发展能力 6 个维度分别考察税收优惠、财政补贴对上市公司财务绩效的影响。变量的定义如表 4 所示，描述性统计如表 5 所示。

表 4　　　　　　　　　　变量定义

	变量	缩写	变量描述
	被解释变量		
（一）研发投入	研发强度	Y	研发投入占营业收入比例
（二）比率水平	无形资产比率		无形资产净额/资产总计
	固定资产比率		固定资产净额/资产合计
	留存收益资产比		（盈余公积+未分配利润）/资产总额
（三）经营能力	应收账款与收入比		应收账款/营业收入
	应收账款周转率		营业收入/应收账款期末余额
	应收账款周转天数		计算期天数/应收账款周转率
	流动资产周转率		营业收入/流动资产期末余额
	固定资产与收入比		固定资产/营业收入
	总资产周转率		营业收入/平均资产总额
	股东权益周转率		营业收入/平均股东权益

续表

变量		缩写	变量描述
被解释变量			
（四）现金流	全部现金回收率		（经营活动产生的现金流量净额）/（资产总计）
	现金再投资比率		（经营活动产生的现金流量净额）/（固定资产净额+持有至到期投资净额+长期债权投资净额+长期股权投资净额+流动资产合计－流动负债合计）
	资本支出与折旧摊销比		购建固定资产、无形资产和其他长期资产支付的现金）/（固定资产折旧、油气资产折耗、生产性生物资产折旧+无形资产摊销+长期待摊费用摊销）
（五）盈利能力	资产报酬率	Y	（利润总额+财务费用）/平均资产总额
	总资产净利润率		净利润/总资产平均余额
	流动资产净利润		净利润/流动资产余额
	净资产收益率		净利润/股东权益平均余额
（六）发展能力	固定资产增长率		固定资产净额本期期末值—固定资产净额本期期初值）/（固定资产净额本期期初值）
	总资产增长率		（资产总计本期期末值—资产总计本期期初值）/（资产总计本期期初值）
	营业收入增长率		营业收入本年本期金额—营业收入上年同期金额）/（营业收入上年同期金额）
	筹资活动产生的现金流量增长率		（筹资活动产生的现金流量净额本年本期金额—筹资活动产生的现金流量净额上年同期金额）/（筹资活动产生的现金流量净额上年同期金额
	可持续增长率		净利润/所有者权益合计期末余额
解释变量			
	财政补贴	subsidy	财政补贴/总资产
	税收激励	taxicnt	税收返还+税收奖励/总资产
	高新技术企业税收优惠	hightechtax	企业是否享受高新技术企业税收优惠
控制变量			
	企业规模	size	企业总资产的自然对数
	资本密集度	capint	固定资产/总资产
	现金持有水平	cash	现金及现金等价物期末余额/总资产
	员工人数	employee	员工数
	企业年限	age	企业年限

表5		描述性统计		
变量	均值	标准差	最小值	最大值
研发强度	3.56	1.76	0.05	7.9
无形资产比率	0.02	0.02	0.001241	0.062788
固定资产比率	0.3	0.18	0.001914	0.62734
留存收益资产比	0.13	0.08	-0.015376	0.347389
应收账款与收入比	0.19	0.16	0.000792	1.040469
应收账款周转率	29.81	138.95	0.961105	1262.635
应收账款周转天数	65.31	43.35	0.57982	280.4689
流动资产周转率	1.11	0.5	0.163802	2.336664
固定资产与收入比	0.59	0.37	0.015671	1.93413
总资产周转率	0.52	0.22	0.135828	1.174977
股东权益周转率	0.94	0.37	0.158711	2.436827
全部现金回收率	0.06	0.07	-0.084542	0.267217
现金再投资比率	-1.04	11.87	-114.8017	2.046324
资本支出与折旧摊销比	2.41	2.46	0.104476	11.23237
资产报酬率	0.05	0.04	-0.129087	0.1638
总资产净利润率	0.04	0.05	-0.139183	0.156017
流动资产净利润	0.08	0.12	-0.413239	0.389573
净资产收益率	0.08	0.09	-0.205811	0.302113
固定资产增长率	0.08	0.23	-0.444999	0.968376
总资产增长率	0.22	0.67	-0.151558	5.660529
营业收入增长率	0.15	0.41	-0.532992	2.601699
筹资活动产生的现金流量增长率	-0.32	6.11	-19.22116	32.62437
可持续增长率	0.05	0.08	-0.186938	0.289335
财政补贴	0.01	0.02	0.0000338	0.1535087
税收激励	0.44	0.86	0.0063629	5.888746
高新技术企业税收优惠	0.65	0.48	0	1
企业规模	21.92	1.2	19.63002	25.43794
资本密集度	2.61	1.75	0.723452	12.22381
现金持有水平	0.12	0.08	0.01875	0.496821
员工人数	1939.35	1535.25	206	9139
企业年限	7298.6	1303.18	4324	9344

（三）模型设定

为了考察税收优惠、财政补贴对企业财务绩效的实际影响，参考杜军、王皓妍（2013），柳光强（2016）的研究，将计量模型设定如下：

$$Y_{it} = \beta_0 + \beta_1 subsidy_{it} + \beta_2 taxinct_{it} + \beta_3 hightechtax_{it} + \beta_4 size_{it} + \beta_5 capint_{it} + \beta_6 cash_{it} + \beta_7 employee_{it} + \beta_8 age_{it} + \mu_i + \mu_t + \varepsilon_{it}$$

其中，Y 代表考察的特定财务指标，subsidy 代表财政补贴，taxinct 代表税收激励，hightechtax 代表高新技术企业税收优惠，size 代表企业规模，capint 代表资产密集度，cash 代表现金持有水平，employee 代表员工人数，age 代表企业年限，i 表示企业个体，t 表示年份，μ_i 代表行业固定效应，μ_t 代表年份固定效应，ε_{it} 代表随机干扰项。

四、实证结果

（一）研发投入

在对模型进行估计时，研究首先进行了 hausman 检验，结果显示应该选用固定效应模型，为了避免不可观测的因素对估计结果的干扰，参照柳光强（2016）的研究，模型控制了企业规模、资本密集度、现金持有水平、公司年限等变量。为了使估计结果更加稳健，模型进一步将标准误聚类到行业层面，在控制了时间、行业固定效应后，相比之前模型获得了更高的解释力度。后续的固定效应模型都将做相同控制。结果显示，高新技术企业所得税优惠对企业的研发强度有显著的提升作用，与非高新技术企业相比，研发强度平均提升了 0.89 个点（见表 6）。企业更加重视研发投入，是否会带来更高的无形资产占比，以及对企业经营绩效是否有提升，需要对其他指标做进一步考察。需要说明的是，由于样本的行业过于集中（按大类绝大部分为制造业，按明细门类行业则过于分散，每个行业只有 1～2 家企业），因此无法进一步分析不同行业之间的政策差异。

表6　税收优惠、财政补贴对研发投入的影响

变量	(1) Fixed Effects	(2) Random Effects	(3) HDFixed Effects
subsidy	-6.261 (4.944)	-5.982 (4.600)	2.760 (7.683)
taxicnt	-0.178 (0.113)	-0.183* (0.105)	-0.262 (0.194)
hightechtax	0.892 (0.791)	1.190** (0.514)	2.485*** (0.777)
size	-1.622* (0.919)	-1.314*** (0.443)	-1.520*** (0.349)
capint	0.641 (0.392)	0.390 (0.260)	-0.402 (0.246)
cash	-1.069 (2.308)	-1.847 (1.649)	-0.508 (3.049)
employee	0.000733 (0.000541)	0.000352* (0.000204)	0.000451*** (0.000127)
age		0.000171 (0.000365)	5.27e-05 (0.000215)
Constant	35.51* (19.33)	28.66*** (8.826)	34.30*** (7.936)
Hausman chi2 (7)	2.01		
Hausman Prob > chi2	0.9593		
Observations	41	41	40
Overall R-squared	0.360	0.4114	0.638
industry FE	NO	NO	YES
Year FE	NO	NO	YES
tss_within			59.12
Within R-squared	0.3601	0.3356	0.587
Standard errors in parentheses			

注：*** $p<0.01$，** $p<0.05$，* $p<0.1$。

(二) 比率水平

研究采用固定效应模型考察了税收优惠、财政补贴对无形资产比率、

固定资产比率、留存收益比率的作用,结果显示,不同的优惠政策对企业影响不尽相同,高新技术企业税收优惠会显著提高企业的无形资产比率与留存收益比率,财政补贴则会显著提升企业的固定资产比率。结合研发强度的实证结果,说明高新技术企业税收优惠确实提高了企业的研发投入,研发了大量的无形资产,从而提高了企业的无形资产占比,财政补贴则会加大企业对固定资产的投入,起到了刺激企业投资的作用,且以企业是否为高新技术企业为标准进行分组检验,估计结果的显著性是一致的(见表7)。

表7　　　　　　税收优惠、财政补贴对比率水平的影响

变量	(1) 无形资产比率 Fixed Effects	(2) 固定资产比率 Fixed Effects	(3) 留存收益资产比 Fixed Effects
subsidy	0.0304 (0.0850)	1.665** (0.739)	−0.223 (0.557)
taxicnt	0.00186 (0.00216)	0.0213 (0.0188)	0.00880 (0.0141)
hightechtax	0.0152** (0.00597)	0.0276 (0.0519)	0.0806** (0.0391)
size	0.00205 (0.00364)	0.0457 (0.0316)	−0.0382 (0.0238)
capint	−0.00576** (0.00243)	−0.0908*** (0.0211)	−0.0207 (0.0159)
cash	0.00248 (0.0295)	−0.314 (0.256)	−0.0810 (0.193)
employee	−3.10e−07 (1.34e−06)	2.73e−05** (1.16e−05)	4.75e−07 (8.76e−06)
age	−3.36e−06 (2.15e−06)	−1.50e−05 (1.87e−05)	6.82e−06 (1.41e−05)
Constant	0.00831 (0.0827)	−0.400 (0.719)	0.890 (0.541)
Observations	50	50	50
R−squared	0.458	0.612	0.370
industry FE	YES	YES	YES
Year FE	YES	YES	YES
ll	162.9	54.82	68.97

续表

变量	(1) 无形资产比率 Fixed Effects	(2) 固定资产比率 Fixed Effects	(3) 留存收益资产比 Fixed Effects
F	2.915	5.758	2.101
rmse	0.0113	0.0980	0.0739
mss	0.00365	0.515	0.109
rss	0.00433	0.327	0.185
tss_within	0.00730	0.769	0.277
tss	0.00798	0.842	0.294
df_m	8	8	8
r2_a_within	0.267	0.475	0.173
r2_a	0.218	0.441	0.0914
r2_within	0.407	0.575	0.331
r2	0.458	0.612	0.370
ll_0	149.9	33.41	58.93
Standard errors in parentheses			

注：*** $p<0.01$，** $p<0.05$，* $p<0.1$。

（三）经营能力

经营能力方面，高新技术企业税收优惠能够显著降低企业的应收账款占比，加快应收账款、流动资产的周转速度。税收返还、奖励以及财政补贴均会显著提高股东权益的周转率。此外，财政补贴所带动了企业固定资产投资所产生的收入比重显著提高。即税收优惠与激励会显著提升企业的周转速度，对于企业的盈利状况有何影响，则有待进一步考察（见表8）。

表8　　　　　税收优惠、财政补贴对研发投入的影响

变量	(1) 应收账款与收入比 Fixed Effects	(2) 应收账款周转率 Fixed Effects	(3) 应收账款周转天数 Fixed Effects	(4) 流动资产周转率 Fixed Effects	(5) 固定资产与收入比 Fixed Effects	(6) 总资产周转率 Fixed Effects	(7) 股东权益周转率 Fixed Effects
subsidy	−0.0433 (0.319)	−0.543 (12.97)	−9.705 (93.16)	−2.959 (1.902)	4.788*** (1.650)	−0.330 (0.765)	2.878** (1.078)
taxicnt	−0.000619 (0.00811)	−0.0369 (0.330)	−0.924 (2.367)	−0.0271 (0.0483)	0.0578 (0.0419)	−0.00265 (0.0194)	0.0514* (0.0274)

续表

变量	(1) 应收账款 与收入比 Fixed Effects	(2) 应收账款 周转率 Fixed Effects	(3) 应收账款 周转天数 Fixed Effects	(4) 流动资产 周转率 Fixed Effects	(5) 固定资产 与收入比 Fixed Effects	(6) 总资产周 转率 Fixed Effects	(7) 股东权益 周转率 Fixed Effects
hightechtax	-0.0838*** (0.0224)	3.360*** (0.911)	-33.67*** (6.542)	0.652*** (0.134)	0.0501 (0.116)	0.0996* (0.0537)	-0.0422 (0.0757)
size	-0.0136 (0.0137)	1.037* (0.555)	-8.768** (3.988)	0.148* (0.0814)	0.0614 (0.0706)	0.0636* (0.0327)	0.210*** (0.0461)
capint	0.0330*** (0.00913)	-1.233*** (0.371)	13.27*** (2.666)	-0.338*** (0.0544)	0.0590 (0.0472)	-0.222*** (0.0219)	-0.325*** (0.0308)
cash	-0.0436 (0.111)	3.483 (4.502)	-1.802 (32.33)	-2.538*** (0.660)	-0.129 (0.573)	0.405 (0.265)	-0.295 (0.374)
employee	1.23e-05** (5.02e-06)	-0.000577*** (0.000204)	0.00532*** (0.00147)	-7.43e-05** (2.99e-05)	0.000122*** (2.60e-05)	-2.12e-05* (1.20e-05)	1.85e-05 (1.70e-05)
age	-1.21e-05 (8.08e-06)	0.000550 (0.000329)	-0.00654*** (0.00236)	-2.29e-05 (4.82e-05)	-2.19e-06 (4.18e-05)	6.63e-06 (1.94e-05)	2.03e-05 (2.73e-05)
Constant	0.541* (0.310)	-19.55 (12.62)	289.3*** (90.61)	-1.132 (1.849)	-1.066 (1.605)	-0.462 (0.744)	-3.064*** (1.048)
Observations	50	50	50	50	50	50	50
R-squared	0.616	0.595	0.735	0.740	0.730	0.850	0.885
industry FE	YES	YES	YES	YES	YES	YES	YES
Year FE	YES	YES	YES	YES	YES	YES	YES
ll	96.79	-88.47	-187.0	7.545	14.64	53.07	35.94
F	5.272	4.886	9.513	9.708	8.875	18.45	23.35
rmse	0.0423	1.722	12.36	0.252	0.219	0.102	0.143
mss	0.0976	147.9	14448	6.161	4.417	1.983	5.341
rss	0.0610	100.8	5196	2.165	1.630	0.350	0.695
tss_within	0.137	216.7	16827	7.110	5.033	1.872	4.515
tss	0.159	248.6	19644	8.326	6.046	2.334	6.036
df_m	8	8	8	8	8	8	8
r2_a_within	0.449	0.425	0.619	0.624	0.600	0.769	0.810
r2_a	0.446	0.416	0.619	0.625	0.612	0.784	0.834
r2_within	0.554	0.535	0.691	0.696	0.676	0.813	0.846
r2	0.616	0.595	0.735	0.740	0.730	0.850	0.885
ll_0	76.62	-107.6	-216.4	-22.18	-13.55	11.18	-10.83

Standard errors in parentheses

注：*** $p<0.01$，** $p<0.05$，* $p<0.1$。

(四) 现金流

现金流指标的估计结果显示，高兴技术企业税收优惠显著提升了企业的现金回收率、现金再投资比率、资本支出与折旧摊销比，说明高新技术企业税收优惠增强了企业现金的回收能力，缓解了企业的现金压力，并且刺激了企业将现金用于再投资，促进企业经营行为的良性循环，推动现金流增长（见表9）。

表9　　　　　　　税收优惠、财政补贴对现金流的影响

变量	(1) 全部现金回收率 Fixed Effects	(2) 现金再投资比率 Fixed Effects	(3) 资本支出与折旧摊销比 Fixed Effects
subsidy	0.236 (0.335)	-0.440 (1.193)	7.094 (9.008)
taxicnt	-0.00801 (0.00853)	-0.0197 (0.0303)	-0.0406 (0.229)
hightechtax	0.0766*** (0.0236)	0.228** (0.0838)	1.552** (0.633)
size	0.0205 (0.0144)	0.0358 (0.0511)	0.0544 (0.386)
capint	-0.0229** (0.00960)	-0.0244 (0.0341)	0.0439 (0.258)
cash	-0.0778 (0.116)	-0.509 (0.414)	1.224 (3.126)
employee	-5.59e-07 (5.28e-06)	-3.48e-06 (1.88e-05)	-1.50e-05 (0.000142)
age	1.74e-05** (8.50e-06)	5.41e-05* (3.02e-05)	2.92e-05 (0.000228)
Constant	-0.519 (0.326)	-1.102 (1.160)	-1.007 (8.761)
Observations	50	50	50
R-squared	0.475	0.279	0.386
industry FE	YES	YES	YES
Year FE	YES	YES	YES

续表

变量	(1) 全部现金回收率 Fixed Effects	(2) 现金再投资比率 Fixed Effects	(3) 资本支出与折旧摊销比 Fixed Effects
rss	0.0674	0.852	48.58
tss_within	0.101	1.103	63.69
tss	0.128	1.182	79.08
df_m	8	8	8
r2_a_within	0.179	0.0454	0.0577
r2_a	0.243	-0.0389	0.115
r2_within	0.336	0.227	0.237
r2	0.475	0.279	0.386

Standard errors in parentheses

注：*** $p<0.01$，** $p<0.05$，* $p<0.1$。

（五）盈利情况

从盈利情况来看，高新技术企业税收优惠能够显著提升企业的资产报酬率、总资产净利润率、流动资产净利润率、净资产收益率。高新技术企业税收优惠刺激了企业的研发投入，产品附加值增加，又提升了企业的周转率，提升了现金流水平，带来更高的收益回报（见表10）。

表10　　　　税收优惠、财政补贴对盈利情况的影响

变量	(1) 资产报酬率 Fixed Effects	(2) 总资产净利润率 Fixed Effects	(3) 流动资产净利润率 Fixed Effects	(4) 净资产收益率 Fixed Effects
subsidy	0.204 (0.238)	-0.0173 (0.248)	-0.365 (0.773)	0.268 (0.417)
taxicnt	0.00170 (0.00606)	0.000317 (0.00631)	-0.00278 (0.0196)	0.00458 (0.0106)
hightechtax	0.0509*** (0.0167)	0.0501*** (0.0174)	0.156*** (0.0543)	0.0733** (0.0293)
size	0.0334*** (0.0102)	0.0274** (0.0106)	0.101*** (0.0331)	0.0609*** (0.0179)

续表

变量	(1) 资产报酬率 Fixed Effects	(2) 总资产净利润率 Fixed Effects	(3) 流动资产净利润率 Fixed Effects	(4) 净资产收益率 Fixed Effects
capint	-0.0138* (0.00682)	-0.0126* (0.00711)	-0.0151 (0.0221)	-0.0225* (0.0119)
cash	-0.0272 (0.0827)	0.0190 (0.0862)	-0.195 (0.268)	0.0379 (0.145)
employee	-9.62e-06** (3.75e-06)	-1.15e-05*** (3.91e-06)	-4.50e-05*** (1.22e-05)	-1.51e-05** (6.57e-06)
age	2.28e-06 (6.04e-06)	1.51e-06 (6.29e-06)	1.36e-06 (1.96e-05)	5.48e-06 (1.06e-05)
Constant	-0.685*** (0.232)	-0.560** (0.242)	-2.071*** (0.752)	-1.289*** (0.406)
Observations	50	50	50	50
R-squared	0.493	0.486	0.494	0.507
industry FE	YES	YES	YES	YES
Year FE	YES	YES	YES	YES
ll	111.4	109.3	52.53	83.37
F	2.914	2.857	3.009	2.585
rmse	0.0316	0.0330	0.103	0.0554
mss	0.0331	0.0349	0.349	0.107
rss	0.0340	0.0369	0.358	0.104
tss_within	0.0574	0.0617	0.611	0.168
tss	0.0672	0.0718	0.707	0.212
df_m	8	8	8	8
r2_a_within	0.267	0.261	0.277	0.232
r2_a	0.270	0.259	0.270	0.290
r2_within	0.407	0.402	0.415	0.378
r2	0.493	0.486	0.494	0.507
ll_0	98.30	96.47	39.15	71.49

Standard errors in parentheses

注：*** $p<0.01$，** $p<0.05$，* $p<0.1$。

（六）发展能力

从发展能力来看，高新技术企业税收优惠与财政补贴均能够显著提升企业的固定资产增长率，高新技术企业税收优惠还会提高企业的总资产增值率、营业收入增长率以及可持续增长率，税收激励会显著提升企业筹资活动产生现金流量增长率。财政补贴会对企业固定资产投资增长率有大幅的刺激作用，有效地刺激了企业的固定资产投资（见表11）。

表11　　　　　　税收优惠、财政补贴对现金流的影响

变量	(1) 固定资产增长率 Fixed Effects	(2) 总资产增长率 Fixed Effects	(3) 营业收入增长率 Fixed Effects	(4) 筹资活动产生的 现金流量增长率 Fixed Effects	(5) 可持续增长率 Fixed Effects
subsidy	5.384*** (1.465)	-1.818 (2.390)	-1.456 (1.859)	9.844 (47.92)	0.231 (0.368)
taxicnt	-0.0144 (0.0372)	-0.0333 (0.0607)	-0.00970 (0.0472)	2.100* (1.218)	-0.00331 (0.00935)
hightechtax	0.215** (0.103)	0.308* (0.168)	0.267** (0.131)	4.435 (3.365)	0.0523* (0.0258)
size	0.120* (0.0627)	0.120 (0.102)	0.224*** (0.0796)	0.997 (2.051)	0.0426** (0.0157)
capint	0.00458 (0.0419)	0.160** (0.0684)	-0.0805 (0.0532)	-0.407 (1.372)	-0.0114 (0.0105)
cash	0.555 (0.509)	1.250 (0.829)	0.199 (0.645)	1.220 (16.63)	0.0177 (0.128)
employee	$-2.13e-05$ $(2.31e-05)$	$-4.50e-05$ $(3.76e-05)$	$-5.50e-05^*$ $(2.93e-05)$	-0.000303 (0.000754)	$-1.38e-05^{**}$ $(5.79e-06)$
age	$1.83e-05$ $(3.71e-05)$	$4.20e-05$ $(6.05e-05)$	$7.42e-05$ $(4.71e-05)$	-0.000576 (0.00121)	$7.95e-06$ $(9.31e-06)$
Constant	-2.894* (1.425)	-3.373 (2.324)	-5.237*** (1.808)	-20.55 (46.61)	-0.938** (0.358)
Observations	50	50	50	50	50
R-squared	0.509	0.465	0.509	0.261	0.421
industry FE	YES	YES	YES	YES	YES

续表

变量	（1）固定资产增长率 Fixed Effects	（2）总资产增长率 Fixed Effects	（3）营业收入增长率 Fixed Effects	（4）筹资活动产生的现金流量增长率 Fixed Effects	（5）可持续增长率 Fixed Effects
Year FE	YES	YES	YES	YES	YES
ll	20.57	-3.880	8.666	-153.8	89.69
F	3.325	1.942	1.804	0.949	1.629
rmse	0.194	0.317	0.247	6.359	0.0488
mss	1.335	2.974	2.148	485.8	0.0590
rss	1.286	3.419	2.070	1375	0.0810
tss_within	2.292	4.981	2.949	1682	0.112
tss	2.621	6.393	4.217	1861	0.140
r2_a_within	0.307	0.152	0.133	-0.00981	0.107
r2_a	0.293	0.229	0.293	-0.0649	0.166
r2_within	0.439	0.314	0.298	0.183	0.277
r2	0.509	0.465	0.509	0.261	0.421
ll_0	6.118	-13.29	-0.179	-158.8	81.58

注：*** $p<0.01$，** $p<0.05$，* $p<0.1$。

五、结论与政策启示

本文选取嘉兴市 2005～2016 年上市公司财务报表数据，运用随机效应、固定效应模型，实证检验了财政补贴与税收优惠对嘉兴市上市公司的影响得到以下结论：

（1）高新技术企业税收优惠会加大企业的研发投入水平，研究开发活动会形成大量的无形资产，从而提升无形资产在总资产中的比重提升，由于产品的技术含量更高，因而流动资产的周转率更高，并且带来更强的现金回收能力，提高了企业资产收益率。充裕的现金强化了企业再投资的行为，进一步强化研发投入，从而形成良性循环。

（2）税收返还与奖励的作用不甚明显，可能由于相比于高新技术企业优惠与财政补贴，税收返还与奖励的企业数量较少，并且金额也相对较小。税收返还与奖励，提高了股东权益的周转率，增加了筹资活动产生的现金流量增长率，企业更容易募集资金。

（3）财政补贴并没有显著地提升企业的研发支出水平，而是大幅增加了企业的固定资产投资，企业购置大量机器设备，固定资产占总资产的比重上升，企业的营业收入也不断增长，呈现可持续发展的良好态势。

从整体上看，高新技术企业所得税优惠是激励企业研发投入，提升企业经营绩效与盈利水平的最重要政策手段，有助于推动企业转型升级。税务部门应重视高新技术企业的培育，引导企业增加研发投入。税收返还与奖励的效应并不明显，随着2014年，《国务院关于清理规范税收等优惠政策的通知》（国发〔2014〕62号）出台，为了维护公平的市场竞争环境，税务部门在实际操作中可相对谨慎。财政补贴并没有显著提升企业的研发支出水平，而会刺激企业加大固定资产投入，增加企业的营业收入，因而对短期内扩大投资，为企业提供支持发挥作用。

参考文献

[1] Castellacci F. and C. M. Lie, Do the effects of R&D tax credits vary across industries? A meta - regression analysis, Research Policy, 2015 (4), 819 - 832.

[2] Hall B. and J. Van Reenen, How effective are fiscal incentives for R&D? A review of the evidence, Research Policy, 2000 (4), 449 - 469.

[3] 柳光强. 税收优惠、财政补贴政策的激励效应分析——基于信息不对称理论视角的实证研究. 管理世界, 2016 (10): 62 - 71.

[4] 杜军, 王皓妍. 税收优惠政策促进高新技术企业发展的实证研究——以江苏省常州市为例. 税务研究, 2013 (3): 64 - 68.

[5] 唐书林, 肖振红, 苑婧婷. 上市企业的自主创新驱动困境: 是免费补贴还是税收递延. 管理工程学报, 2018 (2): 95 - 106.

[6] 张帆, 张友斗. 竞争性领域财政补贴、税收优惠政策对企业经营绩效的影响. 财贸研究, 2018 (3): 80 - 89.

[7] 李坤, 陈海声. 我国不同地区企业研发费用税前加计扣除政策实施效果对比——基于创业板公司的经验证据. 科技管理研究, 2017 (9): 21 - 28.

[8] 杨得前, 刘仁济. 税式支出、财政补贴的转型升级激励效应——来自大中型工业企业的经验证据. 税务研究, 2017 (7): 87 - 93.

[9] 陈冬, 孔墨奇, 王红建. 投我以桃, 报之以李: 经济周期与国企避税. 管理世界, 2016 (5): 46 - 63.

[10] 蔡宏标, 饶品贵. 机构投资者、税收征管与企业避税. 会计研究, 2015 (10): 59 - 65.

[11] 周海涛,张振刚. 政府研发资助方式对企业创新投入与创新绩效的影响研究. 管理学报,2015(12):1797-1804.

[12] 李彩霞. 企业所得税成本、非税成本与财务绩效——来自沪深两市 A 股上市公司的经验证据. 财会月刊,2014(12):3-7.

[13] 蒋小平,叶子荣. 税收结构与中小企业发展——基于中国省际面板数据的实证分析. 财经问题研究,2013(2):123-129.

[14] 吴祖光,万迪昉,吴卫华. 税收对企业研发投入的影响:挤出效应与避税激励——来自中国创业板上市公司的经验证据. 研究与发展管理,2013(5):1-11.

[15] 梁彤缨,冯莉,陈修德. 税式支出、财政补贴对研发投入的影响研究. 软科学,2012(5):32-35.

[16] 汤颖梅,黄明峰,李福来. 金融市场发展、两税合并与企业资本结构——基于双重差分模型的实证分析. 经济经纬,2012(3):151-155.

[17] 方重,梅玉华. 税式支出对企业研发激励效应的实证研究. 税务研究,2011(8):86-89.

[18] 宋雷娟,储敏伟. 税率降低与企业固定资产投资的 DID 实证分析——来自上市公司的经验证据. 财经理论与实践,2010(3):97-102.

[19] 彭江波,郭琪. "两税合一"对企业融资结构选择的效应分析——以山东省为例. 上海金融,2008(12):13-17.

大数据背景下我国税收征管模式问题探析及国际借鉴

王 影[①]

摘 要 21世纪是大数据时代,大数据时代为我们带来了可供深度挖掘和分析的、具有巨大潜在价值的海量信息,对税收征管而言,既是挑战也是机遇。全面掌握各种涉税信息、监控税源,是税收征管理念转变的突破口。中国税务系统信息化建设经历了二十年,积累了大量税务数据,如何充分利用这些数据,本文从大数据的视角分析传统征管模式中存在的问题,在比较研究的基础上构建我国与大数据时代相适应的现代税收征管模式。

关键词 大数据 税收征管模式

在1997年IEEE第八次会议上,美国NASA研究员Michael Cox发现可视化领域中设备存储能力的局限,将其称为大数据问题,这是第一次在正式场合提及"big data"这一术语。随后,美国加利福尼亚大学John Mashey教授也在计算机科学部门研讨会上发表了大数据对基础设施建设压力的文章。2011年麦肯锡全球研究所发布报告,诠释了大数据的发展潜力和发展策略,并将其定义为:一种规模大到在获取、存储、管理、分析方面大大超出了传统数据库软件工具能力范围的数据集合,其具有海量的数据规模、快速的数据流转、多样的数据类型和价值密度低四大特征[②]。

21世纪是大数据时代,大数据时代为我们带来了可供深度挖掘和分析的、具有巨大潜在价值的海量信息,对税收征管而言,既是挑战也是机遇。全面掌握各种涉税信息、监控税源,是税收征管理念转变的突破口。

---

① 王影,浙江财经大学东方学院教师,主要研究方向为财务会计、税收理论与实务。
② 吕振华. 浅谈大数据时代政府统计的机遇与挑战 [J]. 商, 2015 (22).

中国税务系统信息化建设经历了二十年,积累了大量税务数据,如何充分利用这些数据,本文从大数据的视角分析传统征管模式中存在的问题,在比较研究的基础上构建我国与大数据时代相适应的现代税收征管模式。

一、大数据背景下税收征管模式研究现状评述

自20世纪70年代以来,世界上掀起了新公共管理运动改革,运动的思想焦点是主张借鉴私营部门管理经验、应用市场机制提升政府绩效。代表性理论是迈克尔·哈默与詹姆斯·钱皮的业务流程再造理论(BPR),即为满足客户需求,充分利用信息化和通信等现代先进技术,对组织内部及组织之间的三流,即物流、信息流、资金流进行重新设计和组织[①]。拉塞尔在《无缝隙政府:公共部门再造指南》中说明了旧金山地区税务局进行流程再造后,每位职员的工作效率在原来的基础上提高了22%[②]。

互联网技术的迅猛发展,使得建立在大数据基础上发现问题、解决问题的能力成为各国核心竞争力的竞争点。第一届KDD国际学术会议(1998年)通常被认为是全球正式对数据挖掘研究的开端,会议上首次提出数据库中的知识发现(knowledge discovery in database, KDD)。英国的数据科学家维克托·迈尔·舍恩伯格和数据编辑肯尼思·库克耶是较早进行大数据系统研究的学者,他们首次将大数据特点概括为全体、混乱和相关。他们撰写的《大数据时代:生活、工作与思维的大变革》是大数据系统研究的开河之作。美国财政部2011年发布的 *Every Federal Agency Needs a Big Data Strategy: Report* 包含财政部内部机构关于数据挖掘应用的内容。国外数据挖掘技术在税收征管在的应用由单一模块,如税收分析、税务稽查,逐渐拓展、推广到整个税收征管系统中[③]。奥巴马执政后立刻就签署了 *Transparent and Open Government* 法案,之后又发布 *Big DataResearch and Development Initiative*,成立大数据高级指导小组,投入2亿多美元用于研发

---

① Michael H, James A C. Reengineering The Corporation: A Manifesto for Business Revolution [M]. America: Harper Business, 1930.

② 拉塞尔·林登. 无缝隙政府:公共部门再造指南 [M]. 北京:中国人民大学出版社,2013.

③ Maria D. Every Federal Agency Needs a Big Data trategy: Report [EB/OL]. (2011 - 3 - 22) [2015 - 12 - 30]. http://siliconangle.com/blog/2011/03/22/every - federal - agency - needs - a - big - data - strategy - report/? angle = silicon.

"从海量数据信息中获取知识所必需的工具和技能"①。有研究表明,"大数据的有效利用使欧洲发达国家政府至少节省 1000 亿欧元(约 1490 亿美元)的运营成本;使美国医疗保健行业降低成本 8%(约 3000 亿美元/每年);并使得大多数零售商的营业利润率提高 60% 以上"②。

综观国外研究,主要集中在系统开发和技术应用两个方面。

近几年来,随着我国大数据应用的全面展开,关于大数据背景下税收征管模式的改革和创新,学界和实务界的专家展开了热烈的讨论。2015 年 9 月 28 日,国家税务总局按照国家战略制定并印发《"互联网 + 税务"行动计划》,为推动互联网创新成果与税收工作深度融合提供了科学的顶层设计。依托互联网技术推进税收信息化建设成为当前发展的新趋势,引发了大量专家学者对此课题的研究。孙开等(2015)认为,大数据思维及其运用,不仅有助于政府治理效能的提高和行政成本的降低,还可以更大程度地保障数据的真实性和全面性。大数据思维可以成为税收征管理念转变的突破口,在深入推动税收征管信息化和提高征管质效方面发挥应有的作用③。王向东等(2014)认为,在大数据时代,目前的税收征管模式机遇与挑战并存,税收征管模式应该由传统的"管户制"向"管数制"转变④。谢永健(2014)指出,解决税收征管模式不适应时代发展要求的根本出路,在于运用大数据的思维和手段,以征纳双方信息不对称为切入点,实施"信息管税"⑤。在具体应用方面,黄胤强、黄民锦(2013)认为,以大数据为背景对税收统计调查方法进行改进,有助于解决税收征管中存在的问题,提高征管质效⑥。牟可光(2014)、谭荣华等(2014)则指出,大数据技术手段的有效运用,对政府信息公开、全面化的信息管税和强化税收数据分析具有积极作用,与此同时,税收征管必须适应并全面考虑大数据时代的客观要求⑦。雷炳毅(2016)认为,推进"互联网 + 税务"就应当以纳税人和税务工作人员双方的需求为基础,将其作为创新的

---

① The U. S. Government. Big Data Research and Development Initiative [EB/OL]. (2012 – 3 – 20) [2015 – 12 – 11]. http://lib.cqvip.com/qk/70856X/201202/43239578.html.

② Roung W, Huiying Lin. Using data mining technique to enhance tax evasion detection performance [J]. Expert Systems with Applications, 2012, 39 (10).

③ 孙开,沈昱池. 大数据——构建现代税收征管体系的推进器 [J]. 税收管理, 2015 (1).

④ 王向东,王文汇. 大数据时代我国税收征管模式转型的机遇与挑战 [J]. 当代经济研究, 2014 (8).

⑤ 谢永健. 大数据:实现税收现代化利器 [N]. 中国税务报, 2014 – 09 – 17 (B02).

⑥ 黄胤强,黄民锦. 做好大数据背景下的税收调查工作的思考 [J]. 经济研究参考, 2013.

⑦ 牟可光. 用好大数据,服务税收现代化 [N]. 中国税务报, 2014 – 08 – 20 (B01).

目标和方向,依靠互联网及云计算、大数据等先进技术,实现智能税务和智慧税务的结合,推进涉税数据电子化,同时应当树立涉税数据资源化理念,深化数据分析利用,构建基于互联网生态圈的税收服务管理新模式①。窦中达(2013)认为,以大数据为基础条件的智慧税收建设是实现智慧城市建设的重要层面。根据智慧城市建设和税收工作特点,提高现有网络和其他基础设施的建设,实现与税收相关的信息收集,可以扩展到纳税人生产经营的方方面面,并逐渐编织与税收相关的信息收集网络②。

综上所述,国内理论界对税收征管模式改革的研究集中在发展历程的概述和存在的问题分析上,具有一定的理论和实践意义,但在大数据对征税环境影响方面的研究不够深入,对建立大数据环境下有效的税收征管模式没有具体的改革路径和措施。

二、大数据环境下国外先进税收征管模式优势分析

美国政府事务的信息化建设历来走在世界前沿,税收信息化建设方面亦然。美国国会于 1991 年通过 HPC 方案,并以此为基础在 1993 年提出了 HPCC 计划,也称为信息高速公路计划,这是克林顿政府重振美国经济的重大举措。据美国得克萨斯大学电子商务研究中心发表的一份研究报告(2011 年)称,美国与 HPPC 计划相关的企业创造的产值超过 5070 亿美元,因特网产业首次超过其他传统产业,成为美国第一大产业③。奥巴马执政后立刻就签署了 *Transparent and Open Government* 法案,之后又发布 *Big Data Research and DevelopmentInitiative*,成立大数据高级指导小组,用 2 亿多美元作为研发财力保障,可见,美国已将大数据提高到国家战略层面。在这样的大数据发展背景之下,从 20 世纪 60 年代初到今天,美国的税收征管,在纳税评估、税收征收、税务稽查等方面,都采用了先进成熟的信息技术。在美国,联邦税收收入中超过 80% 是通过计算机系统实现电子申报和缴纳。IRS 在全国同时设立两个计算机中心作为总部,并在多个城市设立大区服务中心,在组织管理方面为信息技术发挥最大效用提高基础设

---

① 雷炳毅. "互联网 + 税务" 要解决的问题与推进思路 [J]. 税务研究, 2016.
② 窦中达. 智慧城市重要层面:智慧税收从信息化、大数据视角看税收体系建设. 海峡科技与产业, 2013 – 12.
③ 于雯亦. 美国创新型国家形成与发展的机制特点研究 [D]. 长春:东北师范大学, 2008.

施及配套设施保障。De Barr（2004）研究称，IRS通过分析海量纳税人数据（2000~2003年），应用数学模型识别高收入人群纳税不遵从的案例，稽查的不遵从案例都涉及上百万美元的税额。重要的是美国除了拥有高校的税收征管流程和先进的大数据技术外，还有与之相匹配的法律法规，方便纳税人履行纳税义务，加强税务部门依法收税职能。

德国是现阶段大数据技术应用非常成熟的国家之一，在二十几年的大数据技术发展和应用中，已经基本将纳税人的相关业务信息纳入了信息技术集成处理之中。进入21世纪之后，税收信息化程度不断提高，税收征管模式不断完善，通过大数据技术对纳税人的申报进行审核、征收、缴库，按照一套成熟的税收征管流程执行。纳税人可以根据自己的纳税信息更加快捷高效地办理涉税的相关事宜，税务部门可以依托大数据技术进行更好的纳税服务。德国从州到市、县都设立了对应的税务信息处理中心，实现信息及时传输和信息共享。目前，在德国的税务管理工作中，大数据技术的应用涉及几乎所有的基层单位，税收信息化覆盖率基本达到百分之百。利用大数据技术对税源实施监控，利用大数据技术进行税收稽查，通过大数据技术可以快速查询纳税人纳税信息和纳税信用等级。总体来说，德国的税收征管模式比较成熟，税务应用软件系统非常完善，功能不仅全面还很强大。

意大利是欧盟国家中最后一个实现税收征管信息化的国家，但却发展迅速，成效显著。意大利ITIS系统的核心优势是实现大量的数据集中处理。该系统共拥有16个子系统，各个子系统之间以及该系统内部与外部政府有关部门可以实现信息资源共享和自主交换，并向欧盟层面集中，由此形成强大的数据处理中心。特别是该系统中的大型企业涉税信息采集分析系统，实现了对跨国公司全球化的涉税行为进行实时监控，保障重点税源的有效征管，同时也为提供更优质的服务提供支撑。ITIS中心实现了全球化、实时化、专业化的税源监控，为税收征管提供了信息存储和决策支持保障。由此可见，意大利在大数据平台搭建和技术运用方面是非常先进的，主要体现在涉税信息的主动采集、海量数据的集中处理并将大数据向欧盟层面集中。

澳大利亚税收征管模式也比较先进，国家税务局（ATO）在全国范围内建立两个税收数据处理中心，并通过这两个税收数据处理中心采集、处理和反馈纳税人涉税信息。而所有办税场所则是复制式地在全国各地联网设立，从而确立起扁平、简明高效的征管体制。这两个数据处理中心与相关政府职能部门可实现信息资源实时共享和自主交换并自动识别风险。ATO 根据人口分布和交通状况设置办税场所，每个办税场所可以完成全部税收业务，这就意味着任何一个纳税人可以任选一处完成所有涉税业务。

综观国外先进税收征管模式，其优势在以下几个方面集中体现。

（一）基于数据思维治理税收征管

综合分析以上三个国家的税收征管信息化建设，有一个突出的共同特点就是实现了数据在国家层面甚者多个国家的联盟层面集中，这一重大功能的实现正契合了大数据"整体"思维的要求，或者说，正是因为这些国家具备大数据思维且前瞻性地将大数据思维融入税收征管实践中才设计出了如此完备和符合大数据时代的税收征管体制。具体而言，大数据的"整体思维"是指税收分析以全体为对象而非样本为对象，即涉税信息掌控方面不仅可以在国家层面宏观地掌握全体纳税人的涉税信息而且具体到每一个纳税人可以实现对该纳税人所有涉税行为产生的涉税信息的把控，税收分析方面以对象的总体数据为分析基础替代以前随机抽样、样本分析的思维。无论是美国还是意大利或澳大利亚，得益于国家大数据中心的搭建完成，为大数据思维治理税收奠定了坚实的物质基础。

（二）税收征管数据化法律法规健全

国外税收征管模式往往建立在比较完善的法律背景之上。例如，美国于 2002 年颁布了政府电子法案，从法律层面保障了电子政务及税收征管的推行与建设，同时采取宪法与税法典相结合，对税收实体、税收程序以及税收组织等方面完整地进行了相应的立法，确保税收法定原则的全方位落实。不仅是美国，日本、德国或是法国，都相当注重税收法定原则的落实并由此建立比较健全的法律法规。

（三）适宜的大数据税收征管制度

（1）组织管理机构扁平化。例如，澳大利亚 ATO 只设立两个数据处理中心，同时在全国各地设立办税场所，纳税人可以选择任一个办税场所完成全业务办理，极大提高了税务机关和纳税人的办税效率。这样的机构设置和数据处理方式,最大限度地实现了机构组织的扁平化、数据处理集中化。

(2) 税收征管流程数据核心化。ATO 通过 E – TAX 为纳税人提供服务,该系统可以准确、快速完成报表分析和计算,然后迅速反馈给纳税人。这种模式流程要求征管以数据为核心、流程为导向,充分发挥数据共享平台优势,实现税收征管集成化和智能化。

(四) 充分的大数据技术支持

在税务系统方面,1997 年美国联邦政府预算拨付 3.36 亿美元,用于 IRS 技术改造,在软件开发方面,IRS 制定了 100 亿美元作为 15 年信息化建设规划[①]。足够的财力投入,取得了先进的研发成果,并应用于实践中。另外,无论是美国还是意大利或澳大利亚等信息化建设比较发达的国家都有一个共同特征就是通过主动获取第三方信息,集中处理数据,满足实践中复杂的决策需求。依靠大数据技术支撑,通过数据获取、数据分析、数据挖掘来获取庞大的数据资源并加以分类利用。

三、大数据环境下我国税收征管模式问题分析

税收征管模式是税务机关为了实现税收征管职能,在税收征管过程中对相互联系、相互制约的税收征管组织机构、征管形式和征管方法等要素进行有机组合所形成的规范的税收征管方式[②],通常表现为征收、管理、稽查的组合形式。

我国的税收征管模式经历几次的发展变革,由以前的"管户制"征管模式发展为现行的"管事制"征管模式,是量的积累和质的飞跃。逐年增长的财税收入表明现行的税收征管模式在保障我国税收收入方面起到了积极的作用。但是在税收规模日趋庞大、税源结构日益复杂、管理实践不断深入、信息网络技术飞速发展的新形势下,这不仅不利于税款及时高效的

---

① 裘欣. 新公共管理视角下哈尔滨市地税局税收征管问题研究 [D]. 哈尔滨:哈尔滨工业大学,2011.
② 朱建平,章贵军,刘晓葳. 大数据时代下数据分析理念的辨析 [J]. 统计研究,2014,02.

征收，而且税务部门之间也不能进行充分有效的协作，税收征管模式亟须创新与完善。税收征管必须适应经济的新发展，创新和完善传统税收制度和征管模式已经迫在眉睫。将大数据技术应用于税收征管不仅可以大幅度提高税务部门的办公效率，而且对于以前或者时下难以解决的税源监控问题、税款稽查问题等都能起到十分积极的作用，这对纳税主体和纳税客体来说都必将是大势所趋的时代潮流。但是，现行的税收征管模式以"管事制"为主导，强调征、管、查的相互分离的模式，存在以下突出问题，明显不能适应新的形势和管理要求。

（一）税收征管工作缺乏大数据思维

大数据不仅仅是一场技术革命，它带来更深层次的变革是思维的改变和管理的变革。大数据思维的创新之处体现在总体思维而非抽样调查、注重相关性分析替代执着于因果关系，当前税收征管工作，尤其是纳税评估和税务稽查，恰恰还是停留在抽样调查和因果分析层面，这有悖于大数据思维。具体来说，当前税务系统大数据思维表现在两个层面：其一，从整个税务系统层面来看，缺乏以大数据思维治理税收征管的认识；其二，从税务官层面来看，从事税收征管工作的税务官们普遍尚未从根本上意识到大数据将给整个税收征管工作带来的全方位影响，更不必谈是否树立了大数据思维从事税收征管工作。第一个层面的问题导致我国税收征管信息化建设缺乏顶层设计和在税收征管工作中难以破解大数据带来的挑战。我国税收征管信息化建设近二十年，取得了一定的成就，各地各层税务局均已覆盖各种税务平台，包括全国统一的CTAIS系统、增值税发票管理系统、出口退税系统等，还有区域性系统和各机关根据实际工作需要自行开发大大小小各种系统。然而这众多的信息化平台不但没有为大数据集中处理创造条件反而造成数据孤立，原因在于，这些系统、平台各自开发、相互独立、标准各异，不同系统之间缺乏数据接入端口和共享通道，而且各系统之间人为的协调配合也存在诸多困难，总之，各系统平台缺乏有效整合，导致难以获取全面的涉税信息总体。第二层面的问题主要表现在税务官们普遍尚未深刻地认识到大数据的变革力，因此对大数据背景下税收征管信息化建设的认识模糊甚者错误。由于缺乏对新事物的正确认识，导致客观上很难具备正确应对新事物带来的挑战。

(二) 大数据背景的税收法律体系不健全

税收法定原则是我国税收领域的一项重要原则,主要体现在《宪法》第56条和《税收征管法》第3条,该原则以法律中最高法体现,也是在税法领域唯一一部程序法中明确规定,可见税收法定的重要性。依法治税已成为我国税收征管的基本要求,而且,在《深化国税、地税征管体制改革方案》中也明确地将"坚持法治引领"作为改革的指导思想之一。然而关于税收领域的法律法规建设的现状是:只有四部法律而暂行条例、试行办法、实施细则等法规、规章制度众多,显然现状与总体要求差距尚大。而从税收征管信息化方面的立法来看,几乎是空白。纵观法律渊源,关于税收征管信息化建设、以大数据思维治理税收征管工作、运用大数据技术解决税收征管难题,并没有专门的法律渊源,这使得税收征管信息化建设难以获得强有力且长期有效的权威保障,不利于以大数据思维应用大数据技术迎接大数据挑战的落实。另外,由于缺乏法律的保障,提倡多年的协税护税,部分推行的综合治税,都没有取得理想的试运行效果。综上所述,大数据背景下我国当前税收法律法规体系存在的凸出问题可以概括为:(1)缺乏对税收制度根本性问题、共同性问题进行规定,足以统帅、指导、协调各单行法律法规的一部法律——税收基本法;(2)税种立法不完善,当前18个税种只有3个税种立法,其他都是暂行条例,显然与"税收法定原则"的落实差距还较大,亟须将各税种暂行条例上升到法律层面;(3)关于大数据时代税收征管信息化建设,当前立法空白。税收征管信息化建设法律的缺位,不但会加剧该项系统工程建设推进的困难,而且也难以保障。

(三) 当前税收征管制度落后于大数据的要求

1. 纵向科层制组织难以适应大数据背景

现行的科层制组织是一种发挥不充分的科层制而不是完全理性科层制,诸多优势没有发挥出来,导致等级化严重、人格色彩浓厚、随意性较强。随着大数据时代的到来,在高度信息化环境下,原有的这种纯粹行政性的科层制结构更是难以发挥原本中间层的信息传递作用反而成为一种人为阻滞。信息化社会,借助计算机和信息技术手段,信息可以实现在同一时间不同空间，实现源头一次性捕获与业务流程中的信息共享。而当前税务机关设置是以征管功能为主划分职能的组织系统，然后再根据机构设置形式和职能划分，结合实际分配人力。在实践中，税务官与纳税户数比例悬殊、税务机关部门设置不合理、资源配置不科学、管理方式粗放，各业务部门的"信息管税"工作职责不清，业务流程衔接不紧凑，"信息管税"的优势难以在现行体制中充分发挥。

2. 征管查流程与大数据集中分析不相适应

征管查三分离的税收征管流程，理论上讲，有利于内部相互制约平衡机制的建立，有助于提高征管效率，但实践中，由于种种原因并未取得预期效果，反而由此引起职责交织和管理漏洞，造成税收征管各环节衔接不紧、协调难甚至出现权力分配不公等问题。征管查之间不能进行有效配合，很大程度是由于没有充分发挥计算机功能和信息化技术，如研制一套覆盖征收、管理、稽查各环节，集征管、监管、考核、决策于一体的系统，通过发挥网络互连功能，实现信息资源共享，通过智能化监控替代人为的相互制约显然更趋向于客观。另外，要跟上大数据时代的步伐，必然要求掌握运用大数据技术，那么大数据技术突出特征是数据的集中共享、高效多维多层次分析，也就是通过利用大数据技术可以轻松实现"一站式数据处理"——获取、预处理、计算分析、可视化呈现、预测等，在数据管理上实现这一流程的过程中其实就对应着税收征管业务中的税源监控、征管管理、纳税评估和税务稽查环节，由此可见，大数据集中分析的"一站式数据处理"与人为的"征管查"分离之间存在不相适应之处。

（四）大数据背景下税收征管技术存在的不足

1. 大数据背景下税源监控的不足

尽管税务系统信息化一直在发展，但新形势下的税源监控在科学化和专业化方面还不够理想，体现为以下几个方面：首先，管理思维传统和制度保障缺位。在管理思维上，尚未树立税收征管工作数字化和信息化的思维，简单地认为税收征管信息化就是将手工操作转化为计算机操作。制度保障方面，互操性不强、缺乏保障部门之间密切配合的制度和开展数据挖掘全面应用的长效机制；其次，涉税信息采集缺乏主动性且共享度低。当前税务系统数据主要来源于纳税人主动申报的静态财务数据和税务申报数据,缺乏对纳税人经济行为的分类分析。

2. 大数据背景下纳税评估存在的问题

当前我国纳税评估工作仍存在诸多可以改进完善的环节,从征管信息化角度来看,可以概括两个方面,即涉税信息采集质量不高和数据分析方法和技术不到位。就涉税信息采集而言,主要是纳税人信息采集不全面、不及时,真实性和可靠性不足。尽管我国税务信息化历经二十几年的发展,基本实现了对企业纳税记录的计算机管理。但由于各评估软件开发的标准不一,数据难以共享,制约了税务机关准确评估纳税人纳税行为。再者,目前系统所存储的信息主要来源是纳税人的纳税申报,但基于各种原因,诸如法律意识淡薄、财务核算不健全和利益驱动等,当前我国纳税人遵从度普遍不高,这就导致系统所采集到的信息缺乏足够的可靠性和真实性及完整性与及时性,致使评估效果不明显。就纳税评估方法和技术手段方面而言,主要存在硬件和软件两个方面的问题。首先,硬件方面,整个税务系统前期已经构建起来的平台难以支撑大数据时代迅猛增长的数据量,庞大数据对高速运转的需求难以实现。同时,前期建设的信息系统和平台难以实现数据共享,缺乏一个"数据仓库平台";其次,软件方面,人员队伍素质的提升速度跟不上纳税评估信息化的深层次要求。另外,纳税评估工作缺乏操作性强、可行性强的指标,指标项确定后如何科学确定各个指标项的阈值仍是评估人员的一个重大难题。由于上述的问题导致了当前纳税评估缺乏科学性、公正性。

综上所述,大数据时代带来对税收征管提出了新的要求,这是一场全新的变革,要求税收征管从思维、法律到制度、技术等全方位进行变革。

四、大数据环境下我国税收征管模式改革的原则性建议

(一) 革新税收征管体制

大数据不仅要求新的信息技术,也要求税收征管决策过程进行适应性调整,逐步确立真正意义上的属于大数据时代的税收征管体制。一是要打破传统税收征管的行政区域束缚,探索建立同城通办直至全国通办的服务

模式。在新的征管模式下，纳税人无须到注册地或经营地就可享受"足不出户"的便捷高效服务。二是要打破管户制和管事制之间反复调整的怪圈，尽快跳出传统框架，建立基于大数据环境下的"管数制（管数据）"税收征管新模式。三是要打破行政层级管理，大数据实质上穿透行政"壁垒"，加速推行征管机构扁平化、实体化、集约化是今后税收征管改革的必由之路。

（二）强化大数据技术的应用

在大数据技术背景下，我国的税务工作急需大范围应用大数据技术。发挥大数据的优势，将大数据的高效性充分发挥出来。现阶段我国信息管税的模式成型需要强大的大数据技术做支撑，只有挖掘大数据在税收征管中的作用才能促成信息管税的美好蓝图。我国目前主要的税收收入来自间接税——增值税，所以对于增值税的征收我国大数据技术已经开始应用了，金税工程在不断的完善，目前的金税三期工程已经初见成效。由此可见大数据技术的应用带动了税务工作人员的高效执行能力。然而，对于直接税的主体——企业所得税和个人所得税的征收，我国因为国情原因、增收能力的原因等种种因素一直得不到高效的征收。通过增值税和企业所得税、个人所得税的征收情况对比我们也可以看出大数据技术应用的迫切性。只有强化大数据技术的应用才可以更好地进行税收征管。

（三）加强数据采集分析

运用大数据技术，从互联网、新兴媒体获取相关信息，打破"信息孤岛"，实现内部业务系统和外部门数据的集中存储，并能够对各类数据进行充分整合、信息共享、全景展示和智能分析。依托数据情报平台，税务机关可以建设纳税人遵从风险数据库，包含行业模型、风险指标、风险项目和风险管理案例等功能模块。通过该数据库，税务机关可以实现行业全覆盖、指标多维度，对税收风险进行准确识别和精确制导，使平台成为监控税收流失风险的重器，从而有效提高纳税人遵从度。通过该数据库，税务机关还可以实行基于风险导向的动态管理，对无风险的纳税人不打扰，对低风险的纳税人予以提醒，对风险高的纳税人重点监管，实施有针对性的差别化管理，减少行政成本。

参考文献

［1］吕振华．浅谈大数据时代政府统计的机遇与挑战［J］．商，2015（22）．

［2］Michael H，James A C．Reengineering The Corporation：A Manifesto for Business Revolution［M］．America：Harper Business，1930．

［3］拉塞尔·林登．无缝隙政府：公共部门再造指南［M］．北京：中国人民大学出版社，2013．

［4］Maria D．Every Federal Agency Needs a Big Data trategy：Report［EB/OL］．（2011－3－22）［2015－12－30］．http：//siliconangle.com/blog/2011/03/22/every－federal－agency－needs－a－big－data－strategy－report/？angle＝silicon．

［5］The U. S. Government. Big Data Research and Development Initiative［EB/OL］．（2012－3－20）［2015－12－11］．http：// lib. cqvip. com/qk/70856X/201202/43239578.html．

［6］Roung W，Huiying Lin. Using data mining technique to enhance tax evasion detection performance［J］．Expert Systems with Applications，2012，39（10）．

［7］孙开，沈昱池．大数据——构建现代税收征管体系的推进器［J］．税收管理，2015（1）．

［8］王向东，王文汇．大数据时代我国税收征管模式转型的机遇与挑战［J］．当代经济研究，2014（8）．

［9］谢永健．大数据：实现税收现代化利器［N］．中国税务报，2014－09－17（B02）．

［10］黄胤强，黄民锦．做好大数据背景下的税收调查工作的思考［J］．经济研究参考，2013．

［11］牟可光．用好大数据，服务税收现代化［N］．中国税务报，2014－08－20（B01）．

［12］雷炳毅．"互联网＋税务"要解决的问题与推进思路［J］．税务研究，2016．

［13］窦中达．智慧城市重要层面：智慧税收从信息化、大数据视角看税收体系建设［J］．海峡科技与产业，2013（12）．

［14］于雯亦．美国创新型国家形成与发展的机制特点研究［D］．长春：东北师范大学，2008．

［15］裘欣．新公共管理视角下哈尔滨市地税局税收征管问题研究［D］．哈尔滨：哈尔滨工业大学，2011．

［16］朱建平，章贵军，刘晓葳．大数据时代下数据分析理念的辨析［J］．统计研究，2014，02．

国际减税政策对我国的影响及对策研究

柯婕 郁晓[①]

摘 要 在全球经济一体化的背景之下,各国之间的联系更为紧密,生产要素的流动促进了各国经济的发展。当前,国际税收竞争日益激烈,各国相继推出减税措施。国际税收政策的变化,必然会给我国带来一定影响,我们应采取相关措施,加强与各国间的税收协调。

关键词 国际减税 税制改革 资本流动 应对措施

一、当前国际税收的发展趋势

(一) 美国税改

美国正处于金融业高速发展和制造业外迁的背景之下,基于此背景,推出大幅减税方案。减税方案自提出起争议不断,最终由美国参议院于2017年12月通过。美国此次税改主要涉及公司所得税、个人所得税以及对海外收入征税制度的改革三个方面。

1. 公司所得税

公司所得税改革核心内容:一是股权有限公司税率由35%降至21%,

[①] 柯婕(1996—),女,浙江金华人,浙江财经大学硕士研究生,研究方向:国际税收等;郁晓(1969—),女,浙江杭州人,浙江财经大学东方学院,教授,研究方向:国际税收、电子商务税收。

独资企业、合伙企业和无限责任公司等非法人企业合格经营所得征收个人所得税,允许抵扣20%的收入,适用最高边际税率37%。二是2017~2022年5年内发生资产投资成本由折旧摊销改为100%费用化(不包括房地产);利息支出由税前全额列支改为按不高于扣除利息、税项、折旧和摊销前利润30%列支,以限制利息支出,改变资本弱化避税倾向。三是取消由采用20%税率作为平行税制一部分,与按公司所得税税率计算的公司所得税比较,选择高者征税的公司替代最低税收(AMT)。四是每年净经营亏损结转限额由前转2年后转20年改为年度应纳税所得额的90%,可向后无限期结转。

2. 个人所得税

个人所得税是美国的最大税种,改革后,个人所得税仍然保留七个等级,但每个等级的最高税率都下调,并且将针对富裕人士的最高等级税率由39.6%降至37%。另外,个税申报标准扣除也提高了,个人申报由6500美元提高至12000美元,夫妻共同申报由1.3万美元提高至2.4万美元,户主申报由9550美元提高至1.8万美元。对于医疗负担,法案规定2018年和2019年将医疗费用扣除额扩大到总收入的7.5%以上,并在2020年扩大到10%(见表1)。

表1　　　　　　　　　　美国个人所得税税率情况

	原税率	税改内容
税率	39.6%	下调至37%
	33%	下调至32%
	28%	下调至24%
	25%	下调至22%
	15%	下调至12%
	最低档10%和35%档	未变
标准抵扣(免税门槛)	夫妻共同报税情况下由过去的13000美元提高到24000美元	
	单独报税情况下由过去的6500美元提高到12000美元	

资料来源:Thomson Reuters, 2017 Tax Reform:"Checkpoint Special Study on Individual Tax Changes in the Tax Cuts and Jobs Act", Thomson Reuters Tax & Accounting News.

3. 海外收入征税制度改革

从税制整体看,对股息所得从全球征税的"属人原则"转变为"属地原则"。对来自海外的股息所得100%免税,美国企业的海外利润只需要在利润产生的国家缴税,而无须再向美国缴税,对过去的海外利润一次性征收利润汇回税,现金及现金等价物适用15.5%税率,非流动资产适用8%税率。这一改革有利于资本流回美国。

(二) 英国税改

英国的税收由直接税和间接税构成,且以直接税为主,间接税为辅。其中,直接税中的所得税是英国税收的主体,占全部税收收入的60%以上。间接税在英国税制中处于辅助地位,在全部税收收入中所占比重为30%略多。目前,英国政府财政收入的第一大来源是所得税。

2018年英国税务局发布了官方文件,更新了2018~2019财年的各项税率指标和免税门槛,将从2018年4月6日起正式实施。这些变化主要包括个人免税额、个人所得税率的各项门槛,第一级国民保险(class 1 national insurance),最低薪资标准,法定产假津贴,病假津贴等多个项目。

1. 个人所得税

(1) 个税门槛和税率。

雇员个人免税额由2017~2018年的£11500上升至£11850。2018~2019年的每周免税额为£228,每月免税额为£988,每年免税额为£11850(见表2)。

表2   个税税率适用区间调整

适用税率	调整前纳税区间(每年)	调整后纳税区间(每年)
20%	£11501 - £45000	£11851 - £46350
40%	£45001 - £150000	£46351 - £150000

(2) Class 1 NI征收门槛与税率。

英国对于雇员和雇主的征收门槛是有区别的(见表3和表4)。

表3　　　　　　　　　雇员征收门槛和税率

适用税率	原征收区间（每周）	调整后征收区间（每周）
12%	£157 – £866	£162 – £892
2%	每周收入超过£892的部分	

表4　　　　　　　　　雇主征收门槛和税率

适用税率	原征收区间（每周）	调整后征收区间（每周）
13.8%	£157 – £866	£162 – £892
13.8%	收入每周超过£892的部分也适用该税率	

资料来源：英国邦德律师行博客。

英国提高国民保险税的税收征收门槛，也是提高人民收入的重要举措。

（3）Class 1A 国民保险（NI）：雇员工作福利。

雇主如果提供雇员工作福利，如提供公司车、私人医疗保险、旅游娱乐补助金、公司手机等，雇主就需要申报并缴纳 Class 1A 国民保险。雇主们需要在纳税年度结束前向税局申报缴纳。2018～2019 年 Class 1A 国民保险征收的比率为 3.8%。

（4）Class 1B 国民保险。

相较于 Class 1A 而言，Class 1B 国民保险的差别就是：缴纳这项费用的雇主与税局之间达成了 PAYE 结算协议（PAYE Settlement Agreements）。有了这项协议，雇主对于一些不属于常规的公司福利支出（如给员工配备公司电话）就可以采取一年报一次税的方式向税局缴税。2018～2019 年 Class 1B 国民保险税率为 13.8%。

（5）国家最低薪资标准。

从 2018 年 4 月 1 日起，针对 25 岁以上雇员的国家法定时薪从目前的每小时 £7.5 上升至每小时 £7.83。

（6）法定产假、陪产假、收养及育婴假支薪。

法定产假支薪：产假前 6 周为员工平均周工资的 90%，6 周后为每周 £145.18 或者周工资的 90%（以较低者为准）。

法定收养假支薪（也就是通过合法渠道收养了婴儿或者找人代孕）：前 6 周为员工平均周工资的 90%，6 周后为每周 £145.18 或者周工资的 90%（以较低者为准）。

2. 增值税

英国增值税指英国政府对消费品和劳务课征的一种间接税。征收范围涉及工业、农业、商业批发与零售及服务业。纳税人是供应应税货物和提供应税劳务并按照法令办理纳税登记的个人、合伙企业、社团或公司等。这种税一般在制造、批发、零售等各个环节征收，在英国也称"产出税"，其基本税率为20%，对某些商品或劳务实行零税率。英国增值税实行购进扣税法计税，按应税货物发票上列明的应付税款（投入税）作为抵扣税额。按规定，纳税人在会计期末必须进行定期申报，通常以三个月为一期，并在纳税登记证明书中予以规定，税务当局还有权规定某个纳税人按月申报纳税（见表5）。

表5　　　　　　　　　　　英国增值税税率

增值税税率	具体规定
基本税率20%	大部分的货品和服务
低税率5%	一些家庭用电和暖气
零税率	生活必需品，未经加工的食品和儿童衣服用品

资料来源：搜狐财经新闻。

（三）日本税改

为促进劳动方式改革、提高企业员工工资水平以及支持育儿等，日本于2017年12月确定了2018年度税制修订大纲。新税改主要在个人所得税和公司税等方面进行了调整，并增设了"森林环境税"和"国际观光旅客税"两个新税种。

在个人所得税方面，修订在对年收入超过850万日元者增税，减少自由职业者的纳税额，促进劳动方式的改革。对有22岁以下家庭成员的家庭以及有需要赡养老人的家庭不在上述增税范围之内。

在公司所得税方面，对大企业工资支出比上一年度上涨3%以上并且增加国内设备投资的，其所增加的工资总额按照一定比例享受相关减税，而中小企业工资涨幅在1.5%的就可以享受减税，公司所得税税率有望降至25%左右。

在森林环境税方面，修订表明，通过个人居民税每人每年增加1000日元用于保护森林，计划于 2024 年实施该税种。另外，国际观光旅客税也计划于 2019 年 1 月起开始征税，针对出国的商务人士及旅游者每人征收 1000 日元。

二、国际减税政策对我国的影响

随着各国相继推出减税方案，我国基于国际背景及国情采取了相应措施。近年来，我国积极推进供给侧结构性改革，税制改革成为深化改革和降低成本的重要方式。

（一）增值税

2016 年 5 月 1 日我国全面实施"营改增"试点，将建筑业、金融业、房地产业、生活服务业全部纳入"营改增"试点范围，实现了增值税对三个产业的全覆盖，打通了三个产业的抵扣链条，减少了重复征税，有效地降低了企业的税负，促进了产业间的融合发展。虽然"营改增"的减税效果显著，但仍然存在以下一些问题。

（1）"营改增"引起阶段性税负不均衡，部分企业税负上升。例如，北、上、广、深创新企业多，服务业发达，受益最大；生活服务业减税幅度最大导致行业税法差异拉大。另外，由于我国采用增值税进项税额采用购进扣税法，计算公式为应纳增值税＝销项额×适用税率－购进额×适用税率。当前后适用税率一致时，销项额与购进额的差才是真正意义上的增值额。而在实务操作中，往往销项税税率和抵扣税率不一且销项适用税率一般高于进项税额，高征抵扣的现象较普遍，"营改增"后，情况更严重。这一现象会导致进项税抵扣不足，给企业带来增值税税收负担，不利于各行业公平竞争。

（2）对于进项税额，税法规定只有一般纳税人才能抵扣，小规模纳税人不能进行抵扣，这一规定阻碍了小规模纳税人的发展。目前，小规模纳税人的户数占增值税纳税人总户数的比例越来越大，"营改增"后，一般纳税人可抵扣的进项范围扩大了，而小规模纳税人仍不能抵扣进项，如此一来容易造成小规模纳税人税负不降甚至高于一般纳税人。另外，一般纳税人向小规模纳税人购进货物，取得的增值税普通发票不能抵扣进项，取得税务机关代开增值税专用发票的,也只能按3%税率抵扣。这样在一定程度上会导致一般纳税人不愿意从小规模纳税人处购进货物,阻碍小规模企业的发展。

(3) 由于增值税的征税范围没有覆盖所有的货物和劳务,致使纳税人的很多购进项目不属于增值税的征收范围,从而也不能得到增值税进项税额的抵扣,人为地切断了增值税抵扣链条。

针对这些问题,国家相关部门也采取了改进措施。2017年4月19日,国务院常务会审议通过的6项减税措施中,设计增值税的有两项:一是继续推进"营改增",简化增值税税率结构;二是将2016年到期的5项税收优惠政策延长至2019年年底。2018年,根据国家税务总局印发的《关于调整增值税税率的通知》,自5月1日起降低部分行业和货物增值税税率,增值税税率调整的政策主要涉及以下几点:一是纳税人发生增值税应税销售行为或者进口货物,原适用17%和11%税率的,税率分别调整为16%和10%。二是纳税人购进农产品,原适用11%扣除率的,扣除率调整为10%。三是纳税人购进用于生产销售或委托加工16%税率货物的农产品,按照12%的扣除率计算进项税额。四是原适用17%税率且出口退税率为17%的出口货物,出口退税率调整至16%,原适用11%税率且出口退税率为11%的出口货物,跨境应税行为,出口退税率调整至10%。五是外贸企业2018年7月31日前出口上述货物,销售上述跨境应税行为,购进时已按调整前税率征收增值税的,执行调整前的出口退税率;购进时已按调整后税率征收增值税的,执行调整后的出口退税率。

(二) 关税

国际减税政策对我国关税的征收也带来一定的影响。根据国务院公告显示,自2018年7月1日起,汽车整车税率为25%的135个税号和税率为20%的4个税号将下调至15%。汽车零部件税率为8%、10%、15%、20%、25%的79个税号将下调至6%。也就是说,最新的汽车整车进口关税税率统一为15%,零部件进口关税税率统一为6%。

虽然汽车价格不仅仅由进口关税来决定,但由于关税的税率降低,会间接降低汽车进口环节增值税和消费税。此次汽车进口关税税率的降低是我国进一步扩大改革开放的重大举措,有利于推进供给侧结构性改革,促进汽车产业转型升级,满足人民群众的消费需求。

（三）所得税

当前，国际税收竞争日益激烈，一些发达国家已经或拟实施一系列旨在促进本国经济发展、增强本国税收竞争力的税制改革。

我国自2011年经表决通过全国人大常委会关于修订《个人所得税法》的决定，根据决定，个税免征额从2000元提高到3500元，至今已有7年未做调整。随着经济的发展以及生活水平的提高，房价、物价上涨，支出增大，没有考虑纳税义务人的年龄大小、婚否、赡养老人的数量等影响开支的因素，也忽视了经济形势的变化对纳税人能力的影响，个税起征点调整的呼声也越来越响亮。自2018年6月19日，《中华人民共和国个人所得税法修正案（草案）》推出至《个人所得税法修正（草案）》公开征求意见截止，已收到百姓超过13万条的意见，可见人们对个税改革的重视与关心。关于个税修改，主要有以下几个声音。

1. 提高个税起征点

经济的快速发展伴随着物价的上涨，人们的消费水平也越来越高，原来每个月3500元的免征额已无法满足人们的基本生活开支，工资薪金起征点有待提高（见图1）。

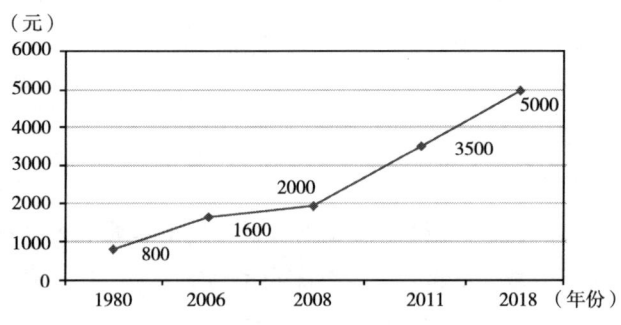

图1　我国个税起征点变化历程

2. 调整个税征收模式

目前我国个人所得税的征收采用的是分类征收制，将纳税人不同来源、性质的所得项目，分别规定不同的税率征税。分类征收模式的优点是对纳税人全部所得区分性质进行区别征税，能够体现国家的政治、经济与社会政策，便于源泉扣缴税款，体现税收的效率原则，缺点是难以体现纳税人整体负担水平，容易导致实际税负的不公平。因此，我国现行个人所得税税制模式改革方向为由分类征收制向分类与综合相结合的模式转变。将工资薪金所得、劳务报酬所得、稿酬所得、特许使用费所得等劳动所得按综合模式征收，有利于平衡纳税人的税收负担。

3. 简化税率级次

目前我国个税实行七级累进税率，然而税率级次多，不利于提高征管效率。另外，起征点的设定也是为了减轻纳税人的基本生活费用负担，因此，根据目前我国工薪阶层为个税缴纳主体人群的情况，可以考虑在简化税率的基础上，有针对性地对不同经济条件的人适用不同的扣除规定与匹配税率。

4. 增加居民家庭支出项目的税前扣除

目前，居民生活中赡养老人与儿童、购买住房、子女教育、医疗健康是主要的大额费用支出，要通过改革将赡养老人或儿童支出、多子女负担支出、购买住房的贷款利息还款、大额医疗费与保险费、本人与子女的教育费用等项支出都列入年度个人所得税填报内容，在综合计税中给予税前扣除。在实际操作中，往往是日常分类预征个人所得税在前，多项家庭支出与扣除在后，对于这类家庭支出项目多而且生活负担重的纳税人，一般都会在年度纳税申报后，得到税务部门退还的应扣除款项，从而人们也会更主动、积极地向税务部门做纳税申报。

（四）外资企业流动

随着各国相继降低企业所得税税率，扩大企业税收优惠等减税措施，必然对我国造成一定影响。

美国税改对于我国的影响主要体现在跨境资本流动上。从企业纳税的角度来看，如果美国在华企业将其在华利润汇回美国则需缴纳中国的企业所得税，因跨境交易所产生的预提所得税和利润回到美国以后需要补缴美国的企业所得税。另外，据了解，美国在华投资的行业主要集中在高新经济产业和高端服务行业，而这些行业在我国均有较大的税收优惠政策，对高新技术企业适用较低的企业所得税税率。由此看来，此次税改对在华外资企业的吸引力度较弱,未必会造成美国在华企业大规模撤资(见图2)。

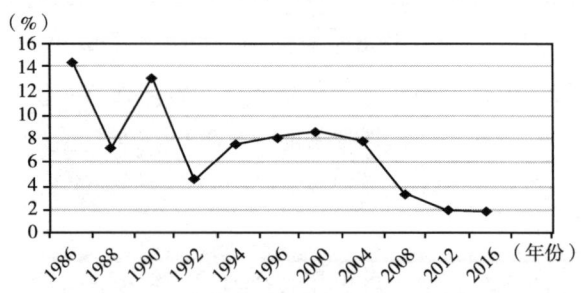

图2 美国在华直接投资占跨国企业投资的比例

数据来源:wind资讯。

虽然美国税改后企业所得税税率低于我国,且在税收、能源、市场、技术方面有一定的优势,但是相比我国而言,美国市场用工成本、环保和法律成本较高,从成本角度来看,对我国企业尚不具备较强的吸引力。另外,我国对于内资企业海外投资的政策管理日益趋严,随着我国当前外汇储备的下降,政府已经注意到这方面的问题。2017年8月24日,发改委、商务部、中国人民银行、外交部出台了《关于进一步引导和规范境外投资方面的指导意见》,进一步规范了海外投资投向,在一定程度上遏制了国内企业进行海外投资的规模。因此,当前美国税改不会造成中国内资企业大规模资本外流。

三、我国对国际减税政策的对策

虽然基于美国的国际地位使得全世界都需要重视美国的减税,但是由于各国之间税制的差异,我们应找准减税方向的侧重点,不能盲目跟风。

(一) 所得税方面

美国企业所得税占美国联邦财政的比例不到10%,而我国企业所得税占比为18%,同等税率的下降,对我国造成的财政收入减少更加严重。因此,我国企业所得税改革的方向是:小幅下调税率而非大幅下调,需要平衡好减税与财政可持续。根据上述对跨境资本流动的分析,同时还应鼓励科研支出,增加研发支出的加计扣除等有利于促进科技进步和全要素生产率的提高，鼓励内外资企业增加研发投入抵税，而非简单大幅下调税率。

拿美国减税来说，此次减税大幅削减了个人所得税，这是因为在美国个人所得税比重较大，而我国个税占比只占全部税收收入的6%左右，减税空间小。因此，对于个人所得税改革，我们应综合考虑相关因素，强化个人所得税对高收入者的税收调节，充分发挥税收的杠杆作用，让高收入阶层多纳税，减轻中低收入者的税收负担，逐步建立个人所得税起征点和居民收入增长、物价增长相匹配的动态调整机制，从而缩小贫富差距，促进社会公平。另外，还需要充分考虑民众的利益，多听取百姓的建议和意见，落实税收专款专用原则，保障纳税人的权利。

（二）扩大跨境企业税收优惠

我国在关于完善企业境外所得税抵免政策中，增加了不分国别（地区）不分项的综合抵免方法，消除部分企业存在抵免不够充分的问题。并适当扩大抵免层级，由三层扩大至五层，可以使得纳税人抵免更加充分，从而有效降低企业境外所得总体税收负担，进一步促进利用外资与对外投资相结合。另外，财税等部门还公布了《关于境外投资者以分配利润直接投资暂不征收预提所得税政策问题的通知》，对境外投资者从中国境内居民企业分配的利润，直接投资于鼓励类投资项目，凡符合规定条件的，实行递延纳税政策，暂不征收10%的预提所得税。这直接鼓励境外投资者持续扩大在华投资，提高我国吸引外资的竞争力。

在美国通过大规模减税吸引海外利润回流等经济全球化新特点下，我国也应通过减少外资准入限制、优化营商环境、投资环境等举措来吸引外资，提高外资利用质量，财税支持政策是不可缺少的一环。例如，鼓励发挥现有财政资金积极支持西部地区及东北老工业基地的国家级开发区，促进外资向西部地区和东北老工业基地转移。并鼓励政府发行的债券资金支持重点引资平台基础设施和重大项目建设。

（三）完善税制结构

我国的税制结构主要以间接税为主，尤其是增值税，而直接税比例过低会产生一些不利影响。由于间接税具有很强的税负转嫁性，容易将税负转移到消费者身上，容易造成低收入者购买消费品时所承担的税负不一定比高收入者低,甚至高于高收入者,直接税虽然能够有效调节收入分配差距,但其比重过低决定了其调节贫富差距的局限性。另外,直接税比重过低会导致税制结构失衡,税制结构失衡不利于国家经济的稳定发展。

因此,我国应考虑扩大直接税比重,然而直接税比重的提高是一个缓慢的过程,不能一蹴而就,应将提高居民收入为前提,完善直接税体系为方式,强化税收征管。发达国家之所以能建立起以直接税为主体的税制结构,居民收入水平高是一个重要因素。因此,首先我们可以在经济转型背景下,大力发展服务业、放宽就业,改变固定工资模式,健全社会保障制度,提高居民的间接收入。其次,针对完善直接税税收体系,应加快综合和分类所得税制的建立,将医疗、教育、养老等列入费用扣除标准,健全财产税制度。最后,加强税务部门税收征管能力,完善税收征管法,提高纳税服务质量和效率。

参考文献

[1] 梁若莲. 特朗普税改方案对我国的影响与对策建议. 税收经济研究, 2017 (3).

[2] 于应来, 芦丽丽, 王启源. 我国风险投资税收政策研究. 中国商务论, 2017 (2).

[3] 刘红, 田赵祎. 日本法人税减税与外国对日本直接投资增长研究——基于24个国家的面板数据分析. 辽宁大学学报(哲学社会科学版), 2017 (3).

[4] 王越. 国际税收制度区域性协调的发展趋势探讨. 现代商业, 2015 (18).

[5] 刘旭颖. 日本打响亚洲减税第一枪. 国际商报, 2017: A02.

[6] 孙允广. 日本试图通过减税刺激经济. 中国贸易报, 2017: 008.

[7] 刘英, 赵湘. 英国:抛减税杀手锏,索欧洲通行证. 中国税务报, 2016: B04.

[8] 盛媛. 脱欧令经济蒙阴影, 英国试图减税刺激楼市. 第一财经日报, 2017: A04.

[9] 李超民. 深度剖析特朗普税改 中国应如何应对. 全球财经速报, 2017-12. http://finance.ifeng.com/a/20171108/15776675_0.shtml.

财政支出集权缩小了城乡
收入差距吗?

——基于乡财县管的经验证据

王 超[①]

摘 要 本文基于安徽省县级面板数据,对具有财政支出集权特征的乡财县管改革进行了实证研究,发现在实施改革之后,农民人均纯收入显著下降,城乡收入差距进一步加剧。农民人均纯收入的下降并非由支农支出和农村公共品提供的降低以及农民税费支出的增加所致,而是因为乡财县管改革为县级政府伸出"掠夺之手"提供了制度便利,更多的财政资源投向城市,不利于农村劳动力素质和岗位竞争能力的提高,在城市化进程和企业转型升级不断加速的社会背景下,必然导致城乡收入差距不断扩大。基于此,本文提出为缩小城乡收入差距,不仅要转变单纯追求经济增长的传统激励机制,将更多的教育资源投向农村,而且在增加农业支出和农村公共品供给时,要更加注重支农绩效评价,切实推进农业现代化的实现,以农民是否受益作为政策落实的根本标准。

关键词 财政集权 城乡收入差距 乡财县管 中国式分权

一、引 言

改革开放以来,中国经济四十年的高速发展主要得益于政治与经济紧密结合的中国式分权,因为这种分权体制为地方政府间的经济增长竞争提供了正面激励,并最终实现了效率提升和经济增长,城乡居民生活水平也

[①] 王超,浙江财经大学东方学院讲师。

逐年提高（张军，2007；史宇鹏、周黎安，2007）。然而，在经济增长取得可喜成绩的同时，中国城乡收入差距却在不断拉大，据国家统计局数据显示，中国城乡收入差距自1998年之后基本呈现上升趋势，2009年达到顶峰3.33∶1，且2002~2013年连续12年高于3.00∶1，尽管在2010年之后该比值持续下降，但降幅较小，截至2015年仍为2.95∶1。相对于绝大多数国家城乡收入比不高于1.5∶1的现实情况（郭平、周洁，2016），中国城乡居民收入差距的严峻性不言自明。正如王永钦（2007）等指出，一个完整的分权理论应该既能够分析分权式改革的收益，也能够分析分权式改革的代价，而城乡收入差距的持续扩大就是其负面影响的典型表现。为此，党的十八届三中全会指出"紧紧围绕更好保障和改善民生、促进社会公平正义深化社会体制改革，改革收入分配制度"，这表明中国居民收入差距问题不仅是学术界的研究热点，也引起了国家决策层面的高度关注，而城乡收入差距作为对中国总体收入差距贡献最大的一部分（Kanbur and Zhang，2005；Khan et al.，2007；Li et al.，2010），其有效解决更具迫切性和重要性。

近二十年来，国内外学者对财政分权与城乡收入差距之间的关系十分关注，在理论分析和实证研究方面都进行了深入论证，但到目前为止尚无一致结论。与此同时，许多国家已经开始对分权改革所产生的负面影响感到不满，并开始进行反向改革，但现有分权文献并不适合为集权改革进行经验预测（Edmund J. Malesky，2014）。因此，一些学者开始研究财政集权的改革效应，而这一研究视角更应受到国内学者的重视。其原因有三：第一，尽管中国式分权以政治集权下的经济分权为基本特征，但学术界的另一共识是，在1994年分税制之后，新的财政收入分配关系表现出明显的再集权倾向（李永友、沈玉平，2009；张文春等，2008；左翔，2011；方红生、张军，2014；陶然、刘明兴，2007），如张文春等（2008）将中国财政体制的演变轨迹归纳为，财政集权（计划经济时期）——财政分权（1994年之前的财政包干制）——财政集权（1994年分税制），并特别强调，改革以来中国财政经历了分权——适度集权——加强集权的过程，中央政府始终主导了中央与地方间的分配规则。第二，尽管中国学者在过去多年都以学习与检验西方的财政分权理论为主，但近几年来，以陶然和张军为代表的学者已提出了新财政集权理论（陶然等，2009；Su et al.，2012；张军，2012；Zhang，2012），也有学者通过构建集权指标实证研究财政集权的改革效应（陈志勇、陈莉莉，2011；汤玉刚，2011；方红生、张军，2013，袁飞等，2008；傅勇等，2010；Huang and Chen，2012），尽管已有文献主要集中于经济激励效应的分析，但也为研究集权改革的其他效应提供了理论基准和方法借鉴。第三，除了分税制改革之外，中国还有两项重要且广泛的改革同样具有明显的财政集权特征，即2000年开始的农村税费改革（包括取消农业税）和2003年开始的乡财县管改革，遗憾的是，除了少数文献以农村税费改革作为财政收入集权的自然实验开展研究外，几乎没有文献对体现财政支出集权特征的乡财县管改革进行严谨深入的实证分析。

为弥补已有文献的研究不足，本文试图以中国最早全面推行乡财县管改革的安徽省为例，采取双重差分法进行实证分析，研究财政支出集权与城乡收入差距间的关系，考察财政支出集权是否能在"做好激励"的基础上"做好协调"，促进社会和谐。

本文其余部分安排如下：第二部分介绍乡财县管改革背景；第三部分说明数据、变量及模型；第四部分汇报实证结果及解释，并给出稳健性检验；第五部分扩展分析影响机制；第六部分为文章结论。

二、典型的财政支出集权改革：乡财县管

自1985年起，在"撤社建乡"基础上，我国开始建立乡镇财政制度，自此乡镇政府依据"一级政府、一级财政"的原则拥有相应财权，并开始成为中国最低一级行政权力机构。20世纪90年代初，全国大部分地区实行了"撤区并乡"，导致乡镇一级人事权力膨胀，形成机构林立（七站八所）、人满为患的状况，截至2002年，乡镇政府需要农民养活的人员为1316.2万人，平均每68个农民就要养活1名干部，加上"财权层层上移、事权层层下移"的分税制改革对县乡政府造成的财政压力，迫使基层政府纷纷巧借名目，征收各种税费，"三乱不止"，因机构臃肿给农民造成的负担占农民实际负担的40%左右（王睿倩，2004）。

为了缓解县乡财政压力，巩固农村税费改革成果，维护农村基层政权和社会稳定，亟须对乡镇财政体制进行改革。2002年12月国务院批转财政部《关于完善省以下财政管理体制有关问题的意见》，明确要"合理确定乡财政管理体制""对经济欠发达、财政收入规模较小的乡，其财政支出可由县财政统筹安排，以保障其合理的财政支出需要"，这为开展乡财

县管改革提供了政策保障。安徽省率先在全国开展"乡财县管乡用"改革，2003年选择和县、祁门等9个县作为改革试点，2004年7月在全省全面推开。2006年7月，财政部在结合乡镇财政管理方式改革试点经验的基础上下发《关于进一步推进乡财县管工作的通知》（财预〔2006〕402号），要求在全国进一步推进乡财县管改革工作。截至2011年，全国共有2.93万个乡镇实施了乡财县管，占全国乡镇总数的86.1%（杨运娇，2012）。

安徽省乡财县管改革的核心内容是：在"三权"不变的原则下（预算管理权不变、资金所有权和使用权不变、财务审批权不变），以乡镇为独立核算主体，实行预算共编、账户统设、集中收付、采购统办、票据统管的财政管理方式，由县级财政主管部门直接管理并监督乡镇财政收支，并实行县财政局（农税局）对乡镇财政所（农税所）的垂直管理。县级财政部门一般按照"保工资、保运转、保重点"的顺序，提出乡镇财政预算安排的具体指导意见，乡镇财政所按其意见编制本级预算草案并报县级财政部门审核，最后提交乡镇人大审议批准。需要强调的是，虽然乡财县管改革以"三权不变"为基本原则，但其主要目的是为绕过预算法中"一级政府、一级预算"的敏感话题，消除改革阻力（杨之刚，2006），实际变更为"三权"上收（管荣开，2004），使乡镇"一级财政"弱化为"半级财政"。简而言之，改革之后乡镇的钱还是乡镇花，但花多少、怎么花，却不再由乡镇领导一人说了算，必须经过县财政这个"管家"（阳晓昀，2008），即降低了乡镇政府的财政支出自主权，由此可见乡财县管改革具有明显的财政支出集权特征。

已有文献普遍认为乡财县管改革直接缘起于县乡财政困境，旨在通过规范乡镇财政收支来缓解基层财政困难、维持基层政权正常运转、巩固农村税费改革成果（夏杰长，2005；侯经川、杨运娇，2008），对改革成效的分析也主要基于上述几点进行论证。但在理论上，基层财政体制改革的根本目标和评价标准应当是提高各级政府对辖区内居民偏好的回应性和公共产品的供应效率（杨之刚，2006），促进社会公平，缩小城乡收入差距同样应作为重要目标之一。那么乡财县管改革能否缩小城乡收入差距呢？已有文献尚未对此进行充分论证，理论分析似乎也无法找到确切答案：从财政支出层面分析，"乡财县管"改革仅仅是县乡两级财政管理权限的改革，县乡两级的总财力并没有增加，因此并不能从根本上缓解县乡财政的困难，很难切实增加农村公共品供给，从而不会对农民增收发挥太大作用

(杨之刚,2006),尤其考虑到县级政府规定的"保工资、保运转、保重点"的支出顺序,为优先满足"保工资"的基本要求,财力不足的基层政府往往只能通过减少农村公共品的供给以换取更多的资金发放工资,因此将增加机关事业单位人员工资收入,不利于农民增收,从而扩大城乡收入差距;从财政收入层面分析,由于乡财县管降低了乡镇政府的支出自主权,人、财、事三权的上收又使乡镇政府的功能进一步虚化,因此可能使乡镇政府迷失角色,缺乏增收和激励,更多地依赖转移支付,从而有利于减轻农民负担,缩小城乡收入差距。

为此,本文利用乡财县管作为"自然实验",研究一个一般性的学术问题:财政集权能否在"做好协调"方面更具优势。

三、实证策略

从全国范围来看,乡财县管改革自首次试点到全面推广的时间周期为6年(2003~2008年),且不同省份、省内不同县市及乡镇均存在改革时间和实施程度不一致的情况,因此从全国范围内找到完全适合的处理组与控制组进行严格的双重差分分析几乎不可能。安徽省作为乡财县管改革的首个试点省份,2003年选取9个县进行试点,2004年便在省内全面推广,成为较为合适的分析对象。因此,本文基于安徽省61个县及县级市1998~2008年的面板数据进行实证分析[①],考察乡财县管对城乡收入差距的实际影响及其作用机制。本文模型构建主要参照左翔等(2011)在关键解释变量方面的设计方法,即建立相关指标代表乡财县管改革的处理强度,使样本是否"处理"不再是一个离散虚拟变量,而是一个连续型变量,但其基本思路和回归结果与普通的双重差分方法在本质上并无二致,而且这一方

[①] 按照乡财县管改革的相关文件要求,落实改革的政府层级为乡镇而非县级,因此,严格来讲应该使用乡镇数据而非县级数据进行检验,但是由于乡镇一级数据实难获取,本文以县级数据予以代替。虽然这种处理方式可能使检验结果偏离真实情况,但由于地理位置、自然资源、人口结构、文化环境等经济发展客观条件的相对一致性,以及在经济发展过程中的集聚作用下,同一县域内不同乡镇的经济发展及财政情况一般会呈现趋同的情况,更显著的差异则体现在不同县域间的差异上。例如,伍骏骞等(2016)基于浙江省1990~2011年69个县和2004~2006年1215个乡镇的面板数据,考察了经济集聚对农民收入的直接影响和空间溢出效应,结果表明分别利用乡镇层面数据与县级层面数据作出的检验结果相当一致,这一定程度上为本文利用县级数据替代乡镇数据进行检验的可行性提供了佐证。

法由于更好地利用了样本中的信息,从而可以得到更精确的估计(汪伟,2013)。这种连续型双重差分的思想与方法,已经在不同的自然实验问题中广泛运用,如陈晓光(2016)、Card(1992)、Gruber(1994)、Kiel 和 McClain(1995)、Wooldrige(2010)、Bai 和 Wu(2011)。基于以上讨论,本文建立基准模型(1)式,其中 TFC_{it} 为本文的核心解释变量——乡财县管改革;Yearpost 代表乡财县管改革的时间虚拟变量,改革前(2003 年之前)为 0,改革后(2003~2008 年)为 1;χ_{it} 为控制变量;α_i 和 μ_i 分别表示固定效应和时间效应;ε_{it} 为残差项。

$$y_{it} = \beta_0 + \beta_1 TFC_{it} \times Yearpost + \beta_3 Yearpost + \rho\chi_{it} + \alpha_i + \mu_i + \varepsilon_{it} \quad (1)$$

其中,被解释变量 y_{it} 定义为城镇职工平均工资与农民人均纯收入的比值,即代表城乡收入差距,该比值越大,城乡收入差距越大,反之亦然。已有文献多用城镇居民人均可支配收入与农民人均纯收入的比值作为数据指标(陆铭、陈钊,2004;李伶俐等,2013),但受数据限制,本文用城镇职工平均工资替代城镇居民可支配收入。这样虽会高估城镇居民可支配收入水平,但鉴于本文主要考察城乡收入差距的变动趋势,工资收入水平与可支配收入水平的变动趋势基本一致,虽有偏差但仍能说明问题,具有一定可信度(雷根强等,2015)。

对于本文所关心的核心解释变量 TFC_{it},我们主要选取两个连续型数据指标进行刻画:$\ln(1/PFR_{it})$ 和 $\ln(1/PGDP_{it})$,PFR 代表人均财政收入,PGDP 代表人均 GDP。选取这两个指标代替乡财县管的理由是,虽然安徽省于 2004 年公布在省内全面推行乡财县管改革,但《安徽省人民政府关于全面推行乡镇财政管理体制改革的通知》(皖政〔2004〕13 号)明确指出:"对经济较为发达、财政收入规模较大、财政收入增长能够满足自身支出需要的乡镇,可不纳入改革范围,具体由县级人民政府确定,并报省、市财政部门备案"。因此,我们可以基本判定人均财政收入和人均 GDP 越低的乡镇会更加全面、严格地执行乡财县管改革,受到改革的影响也相应较大,即 1/PFR 和 1/PGDP 的值越大,说明乡财县管的影响越强。

关于控制变量 χ,为使估计更为精准,在参照已有实证文献的基础上,本文加入如下控制变量:(1)经济指标:人均 GDP、基本建设投资/GDP(基本建设投资占比)、年末金融机构贷款余额/GDP(年末贷款余额占比)、第一产业产值占 GDP 的比重(一产占比);(2)人口及职业指标:农业人口/总人口(城市化率)、乡村从业人口占乡村总人口比重(乡村从业人口占比)、国有单位职工占城镇职工总数的比重(国有单位职工占比);(3)财政指标:财政支出占GDP比重(财政支出规模)、人均转移支付、支农支出占比、教育支出占比、社保支出占比;(4)城乡公共品指标:城市中小学人数占比、每万人拥有医院卫生院床位数、旱涝保收面积比重、自来水受益村比例、农村人均用电量。上述数据均按需要用GDP平减指数与CPI指数进行处理,并取对数。各县基本社会经济数据指标来自《安徽统计年鉴》,农民生活调查数据(如学历调查数据、收支调查数据等)来自安徽各地市统计年鉴,年末金融机构贷款余额和转移支付数据则分别来自《中国县市社会经济统计年鉴》和《全国地市县财政统计资料》。

然而,除了上文考虑到的有关经济社会方面的基本控制变量之外,还有两项改革可能会对城乡收入差距产生影响,从而影响关键解释变量的解释能力,这两项改革分别是农村税费改革和扩权强县。安徽省农村税费改革的基本历程为:1999年,首先在怀远、濉溪、来安、望江等四个县进行了农村税费改革试点,成为全国改革最早的四个试点县;2000年,按照中共中央、国务院下发《关于进行农村税费改革试点工作的通知》和《安徽省农村税费改革试点方案》,农村税费改革试点在安徽全省展开;2001年,对农业税计税实行上限控制,下调部分农业特产税的税率,缩小征收范围;2002年,继续下调农业特产税税率,并在萧县和砀山县进行取消农业特产税、改征农业税的试点;2003年,全面取消农业特产税,对在耕地上生产的农业特产品改为征收农业税;2004年,全面取消了农业税附加,并降低农业税税率2.2个百分点,另外,马鞍山、铜陵两市及芜湖、池州等市的部分区和乡镇还全面免征了农业税;2005年,根据中央文件精神,全省免除农业税。扩权强县方面,安徽省首先于2007年在宁国等12个县(市)开展扩大经济社会管理权限试点工作,2008年将蒙城等18个县(市)列为第二批试点县,2009年则提出在省内全面推开扩大县级经济社会管理权限工作。因此,我们根据安徽省实际情况,上述两项改革作为两个重要解释变量加入模型(1),形成:

$$y_{it} = \beta_0 + \beta_1 TFC_{it} + Yearpost + \beta_3 Yearpost + \gamma_1 AR_{it} \times Post + \gamma_3 Post + \delta_1 RCR_{it} + \rho\chi_{it} + \alpha_1 + \mu_i + \varepsilon_{it} \quad (2)$$

其中,AR_{it}为第一产业产值占GDP的比重(左翔,2011),Post代表农村税费改革的时间虚拟变量,改革前(2000年之前)为0,改革后(2000~2008年)为1;RCR_{it}代表扩权强县改革,如果该县(市)实施

"扩权强县",RCR_{it}虚变量设置为1,否则为0。

为提高估计结果的科学性和可信度,本文在所有的回归估计中都加入了双向固定效应(地区固定效应和时间固定效应),以保证除了财政集权改革之外,没有其他不随时间或地区变化的因素会系统性地影响县级城乡收入差距,从而导致估计产生偏误。同时,为了控制由于地区异质性产生的异方差问题,本文全部基于异方差稳健标准误对回归系数进行t检验。

四、实证结果与分析

(一) 相关指标描述性统计

表1是对重要变量的描述性统计,可以发现各变量在县之间差别较大,这将提高回归结果的解释能力。

表1　　　　　　安徽省各县相应指标的描述性统计

变量	观测数量	均值	标准差	最小值	最大值
城乡收入差距	671	4.1138	1.4464	1.8089	10.6272
Ln (1/PFR)	671	-5.3091	0.6524	-7.7798	-3.5728
Ln (1/PGDP)	671	-4.0889	4.3774	-10.3598	0
财政支出占比	671	0.1078	0.0499	0.0316	0.4366
第一产业占比	671	0.3178	0.1098	0.0836	0.6272
Ln (PGDP)	671	8.4883	0.5120	7.3887	10.3598
年末贷款余额比重	609	0.5150	0.1609	0.1731	1.2956
城市化率	671	0.1275	0.0513	-0.0008	0.3193
乡村从业人员比重	671	0.5593	0.0406	0.3969	0.7123
国有单位职工数量比重	549	0.8458	0.1526	0.0565	1.05
Ln (人均转移支付)	665	5.3977	0.8153	3.3663	7.6759
基础建设支出占比	438	0.0436	0.0388	0.0001	0.2123
支农支出占比	671	0.0777	0.0299	0.0299	0.2145
教育支出占比	671	0.2735	0.0630	0.1124	0.4649
社保支出占比	670	0.0497	0.0497	0.0003	0.2681
旱涝保收面积比重	609	0.0186	0.0098	0	0.0724
自来水收益村比例	489	0.3756	0.3406	0	1

续表

变量	观测数量	均值	标准差	最小值	最大值
城市中小学人数占比	549	0.1542	0.0269	0.0699	0.2323
每万人拥有医生卫生院床位数	549	15.1684	5.518589	4.8183	36.4901
Ln（农民平均一产收入）	419	7.4184	0.3825	6.1643	8.3295
Ln（农村人均用电量）	671	4.5935	0.5611	3.3548	6.9028

（二）基本回归结果与解释

表2报告了因变量分别为Ln（1/PFR）和Ln（1/PGDP）的双重差分估计结果。其中，（1）~（3）列的关键解释变量"乡财县管改革"的替代指标为"Ln（1/PFR）"，而（4）~（6）列为"Ln（1/PGDP）"。此外，（1）、（4）列采用的是回归方程（1）式；（2）、（5）两列将农村税费改革变量加入（1）式进行分析；（3）、（6）两列将农村税费改革与扩权强县改革同时纳入回归模型，即采用回归方程（2）式。下面对基本回归结果进行说明。

表2　乡财县管改革对城乡收入差距影响的基本检验结果

	关键解释变量：Ln（1/PFR）			关键解释变量：Ln（1/PGDP）		
	（1）	（2）	（3）	（4）	（5）	（6）
乡财县管改革	0.247** (2.303)	0.247** (2.303)	0.226** (2.174)	0.486** (2.112)	0.486** (2.112)	0.458** (2.102)
农村税费改革		-2.841* (-1.742)	-2.608 (-1.618)		-2.121 (-1.329)	-1.941 (-1.221)
扩权强县改革			0.190 (1.264)			0.183 (1.277)
PGDP	-0.130 (-0.263)	-0.130 (-0.263)	-0.183 (-0.375)	-0.0264 (-0.049)	-0.0264 (-0.049)	-0.0746 (-0.142)
基本建设投资比重	0.0001* (1.862)	0.0001* (1.862)	0.0001* (1.975)	0.0001* (1.774)	0.0001* (1.774)	0.0001* (1.902)
年末贷款余额占比	-0.766 (-1.597)	-0.766 (-1.597)	-0.766 (-1.576)	-0.703 (-1.577)	-0.703 (-1.577)	-0.704 (-1.555)
第一产业占比	-2.841* (-1.742)			-2.121 (-1.329)		

续表

	关键解释变量：Ln (1/PFR)			关键解释变量：Ln (1/PGDP)		
	(1)	(2)	(3)	(4)	(5)	(6)
城市化率	3.218** (2.258)	3.218** (2.258)	3.072** (2.286)	3.042** (2.313)	3.042** (2.313)	2.908** (2.314)
乡村从业人口占比	-6.850*** (-3.226)	-6.850*** (-3.226)	-6.875*** (-3.295)	-6.872*** (-3.339)	-6.872*** (-3.339)	-6.896*** (-3.409)
国有单位职工占比	0.124 (0.331)	0.124 (0.331)	0.133 (0.358)	0.136 (0.364)	0.136 (0.364)	0.143 (0.384)
财政支出规模	4.842*** (2.882)	4.842*** (2.882)	4.863*** (2.813)	3.433* (1.979)	3.433* (1.979)	3.543* (1.946)
Ln（人均转移支付）	-0.206 (-1.101)	-0.206 (-1.101)	-0.214 (-1.108)	-0.153 (-0.914)	-0.153 (-0.914)	-0.164 (-0.933)
支农支出占比	0.914 (0.515)	0.914 (0.515)	1.131 (0.619)	0.878 (0.508)	0.878 (0.508)	1.081 (0.607)
教育支出占比	0.207 (0.238)	0.207 (0.238)	0.339 (0.370)	0.601 (0.699)	0.601 (0.699)	0.692 (0.759)
社保支出占比	2.642** (2.101)	2.642** (2.101)	2.501** (2.098)	2.742** (2.169)	2.742** (2.169)	2.602** (2.162)
城市中小学人数占比	10.23* (1.871)	10.23* (1.871)	9.542* (1.875)	9.087* (1.805)	9.087* (1.805)	8.486* (1.788)
每万人拥有医院卫生院床位数	-0.0015 (-0.124)	-0.0015 (-0.124)	-0.0022 (-0.194)	-0.0031 (-0.267)	-0.0031 (-0.267)	-0.0037 (-0.324)
旱涝保收面积占比	-2.150 (-0.347)	-2.150 (-0.347)	-2.258 (-0.355)	-0.211 (-0.033)	-0.211 (-0.033)	-0.444 (-0.067)
自来水受益村比例	0.217 (0.779)	0.217 (0.779)	0.220 (0.814)	0.209 (0.791)	0.209 (0.791)	0.216 (0.841)
Ln（农村人均用电量）	-0.234 (-1.529)	-0.234 (-1.529)	-0.204 (-1.422)	-0.212 (-1.461)	-0.212 (-1.461)	-0.184 (-1.341)
常数项	10.94** (2.185)	10.94** (2.185)	11.25** (2.235)	9.828* (1.953)	9.828* (1.953)	10.11** (2.022)
观测值	483	483	483	483	483	483
R^2	0.7905	0.7905	0.7926	0.7934	0.7934	0.7954

注：考虑到本文所选取得两个关键解释变量可能会受到 PFR 和 PGDP 两个指标的显著影响，因此，用 LnPFR 及 LnPGDP 分别作为关键解释变量的替代指标进行检验，前者结果不显著，而后者影响显著。这在一定程度上说明，如果没有乡财县管改革的影响，在其他控制变量不变的情况下，地方财政状况不会显著影响县域城乡收入差距，这也进一步验证了本文选取指标的合理性。
***、**、* 分别表示在 1%、5% 和 10% 水平显著，括号内为 t 值。

1. 关键解释变量的影响分析

在表 2 中，本文关键解释变量"乡财县管改革"的两个替代指标对城乡收入差距的影响均显著为正。即便在考虑到"农村税费改革"和"扩权强县"两项改革的影响时，其影响方向及显著性均不变。这说明，虽然安徽省于 2004 年全面实施乡财县管改革，但在差别化的政策要求下，那些经济发展较为落后、财政收入规模较小的乡镇必须更加严格按照规定实施改革，因此受乡财县管改革的影响程度更强，而其中一个显著的结果是扩大了城乡收入差距。对于上述结果，至少需要从两个层面展开讨论：一是经济较为发达、财政收入规模较大的乡镇为何不愿贯彻落实乡财县管改革？二是乡财县管改革为何会扩大城乡收入差距？

其实，第一个问题比较容易理解和解释。乡财县管改革是以乡镇为单位推行的，若切实推行改革，乡镇的人、财、事三权实际上会被县级政府上收，乡镇政府一级财政地位将会被大大削弱，而这种代价换并不一定能换来利于乡镇发展的结果，甚至可能诱发县级政府伸出的"掠夺之手"而非"援助之手"。主要有三个原因：其一，"乡财县管"改革仅仅是县乡两级财政管理权限的改革，而乡镇财力规模并没有改变（杨之刚，2006），变化的是这些财力的分配和使用形式，即"自己的钱由别人花"，在没有转移支付等配套措施的情况下，这种变化只会对乡镇财政的独立性和日常运作产生严重的负面影响，而很难起到积极作用，这一点与周飞舟（2006）对县级政府实行乡镇人员工资统发制度的分析基本一致。其二，如果考虑到县级以上的转移支付，其结果是很可能出现"县卡乡、县刮乡"的情况。张光（2012）对此已进行了较为充分的论证，他通过研究取消农业税和乡财县管改革对农村公共品投资的影响，发现在乡财县管的制度条件下，县级政府截留了大量的中央对农村基层政府的财政援助，即起到"掠夺之手"的作用，从而导致农村公共物品和服务固定资产投资急剧下降。其三，"乡财县管"的实质其实是上级政府对乡镇领导的"不信任"，为不善理财甚至不会理财的乡镇政府请了一个"管家"——县级政府，由其制订乡镇财政预算指导意见。但根据经典分权理论，分权模式下的基层政府一般具备更强的信息优势和供给效率，即乡镇政府往往比县级政府更了解农民的偏好及诉求，请"管家"的做法可能更不利于乡镇本级的发展，反而"强镇扩权"可能更适合解决乡镇财权事权不匹配的问题（姚莉，2009）。因此，在允许经济较为发达、财政收支规模较大的乡镇可以在不实施改革的前提下,那些符合条件的乡镇一般是不会主动实施或严格落实改革的。

而对于乡财县管扩大城乡收入差距这一现象,本文在第三部分已提出可能的原因,即在乡财县管中,县级政府会按照"保工资、保运转、保重点"的支出顺序要求乡镇政府安排预算,为优先满足"保工资"的基本要求,财力不足的乡镇政府往往只能通过减少农村公共品的供给以便换取更多的资金发放工资,因此将增加机关事业单位人员工资收入,但不利于农民增收,从而扩大城乡收入差距。但这只是推测,需要得到进一步的数据论证,本文将在下一部分具体阐述。

2. 其他相关因素的影响

(1) 农村税费改革与扩权强县改革的影响。

表2显示,农村税费改革变量的估计系数仅在第(2)列中显著为负,但显著水平不高,其他回归的估计结果均不显著;而第(3)、(6)列的结果显示扩权强县改革对城乡收入差距没有显著影响。本文基于财政集权的研究视角,重点对具有财政收入集权特征的农村税费改革的估计结果进行分析:农村税费改革毫无疑问降低了农民税费负担,一些学者也通过实证研究论证了农村税费改革在减轻农民负担和提高农民纯收入方面取得的成效(周黎安,2005;张博骁、王辉,2015),既然如此,城乡收入差距貌似应该进一步缩小,但本文的估计结果却并不显著,这是否与已有的研究结论相违背?其实不然。仔细思考,至少有两个重要的原因可能会导致这种结果,一是农村税费改革虽然短期内降低了农民税费负担,但却造成了县乡财政的长期压力,导致农村公共品供给减少,长期来看不仅没有提高农民纯收入,甚至会适得其反;二是农村税费改革可能会使更多的农民因农业税费的降低而愿意留在农村务农,从而提高第一产业收入,但中国农业普遍存在经营规模小、方式粗放、生产效率低、专业化程度低的问题,机械化、集约化、现代化的农业发展模式尚未形成,因此,从整个社会发展进程来看,农民由第一产业增收所带来的总收入提高幅度要远低于城镇居民由第二、第三产业增收所带来的收入增幅,而导致第二、第三产业收入增加的一个重要因素是劳动力素质和技能,而提高劳动力素质和技能的关键教育资源恰恰是偏向城市的。由此我们可以推测,如果不是国家近年来加大对"三农"的支持力度,农村税费改革对城乡收入差距的实际作用很可能是扩大的。

已有研究已经对第一种可能性进行了充分论证,例如,周黎安(2015)用1997~2005年的县级面板数据进行实证研究,结果表明农村税费改革事实上造成了县级政府的财政压力,从而在长期内降低了公共服务的供给,而农村公共品必然首当其冲;张博骁和王辉(2015)指出农村税费改革降低了农村公共品的供给水平;左翔等(2011)研究表明,减免农业税后受到免征农业税影响较大的县农业支出显著增加,对教育的投入显著下降,前者主要是由"新农村建设"等政策压力造成的,这说明财政收入集权强化了那些易于考核的政策目标的执行力度。而对于第二种可能性,Benjamin等(2005)的研究表明,非农业收入是农村收入不平等的重要原因,无法获得农业以外的收入是广大中国农民贫穷的主要原因。

(2)其他控制变量的影响。

表2中,基本建设投资比重、财政支出规模、社保支出占比、中小学人数占比和城市化率这五个控制变量的估计系数均显著为正,即扩大城乡收入差距。而乡村从业人口比重和第一产业占比的影响则显著为负,即缩小城乡收入差距,其他控制变量的影响均不显著。对于扩大城乡差距的五个因素,可以放在同一背景下进行理解和分析,即中国式财政分权对地方政府的政治及财政激励均导致其资源配置严重的城市偏向,进而扩大城乡收入差距。基本设施投资和城市化建设本身就是将更多的资源投向城市(贺俊、吴照奕,2013),而随着城市化进程的推进,城市产业不断升级,对劳动者职业素质的要求也越来越高,导致城镇中职业素质普遍偏低的农民工出现结构性失业,使城乡收入差距进一步加大(王能、李万明,2016);由于经济的增长主要来自城镇地区的非农产业,因此,地方财政支出也必然带有城镇倾向,地方财政支出规模越大,城镇地区从地方政府支出中所得的好处越多,城乡收入差距就越大。而在城乡二元化的制度背景下,科教文卫事业支出和社会保障支出往往也集中于城镇地区,主要受益者是城镇居民而非农民,因此也会导致扩大城乡收入差距(陆铭、陈钊,2004)。

而对于缩小城乡收入差距的两个控制变量,其原因显而易见,在此不需赘述。这也从侧面反映出本文模型设计较为合理,其计量结果符合基本经济逻辑。

(三)稳健性检验

以上实证分析仍存在模型设计和计量处理等方面的潜在问题,进而可能影响结果的可信度。因此,本文主要采取分组检验和动态检验两种方法测度上述结果的稳健性。

1. 分组检验

尽管已有大量文献采取连续型双重差分法进行实证分析,其结果也基本得到认可,但如陈林、伍海军(2015)所言,这种方法因未能满足双重差分法的严格假定,其结果在一定程度上会受到质疑。因此,我们采取传统的双重差分法,在剔除2003年安徽省9个乡财县管试点县的基础上,分别按照县级人均财政收入排名和PGDP排名情况,将2004~2008年人均财政收入排名和PGDP排名后50%的两组县市分别作为处理组,将排名在前50%的两组县市分别作为控制组。

比较处理组和控制组在乡财县管改革前后城乡收入差距的变化差异,这样的离散化处理能降低解释变量与误差项的相关性(左翔,2011)。回归结果列于表3,可以发现所有变量的估计结果并没有显著变化,而且乡财县管改革效应的显著性水平得到了提高。

表3 乡财县管改革效应的分组检验结果

	以 PRF 排名分组			以 PGDP 排名分组		
	(1)	(2)	(3)	(4)	(5)	(6)
乡财县管改革	0.461*** (2.864)	0.461*** (2.864)	0.431*** (2.887)	0.559*** (3.841)	0.559*** (3.841)	0.542*** (3.825)
农村税费改革		-3.892* (-1.795)	-3.494* (-1.722)		-5.299** (-2.636)	-5.078** (-2.574)
扩权强县改革			0.213 (1.401)			0.300* (1.860)
PGDP	-0.595 (-1.373)	-0.595 (-1.373)	-0.644 (-1.483)	-0.301 (-0.734)	-0.301 (-0.734)	-0.320 (-0.773)
基本建设投资比重	0.0001** (2.345)	0.00001** (2.345)	0.0001** (2.534)	0.0000 (1.506)	0.0000 (1.506)	0.0000* (1.717)
年末贷款余额占比	-0.357 (-0.637)	-0.357 (-0.637)	-0.422 (-0.729)	0.179 (0.458)	0.179 (0.458)	0.131 (0.337)
第一产业占比	-3.892* (-1.795)			-5.299** (-2.636)		

续表

	以 PRF 排名分组			以 PGDP 排名分组		
	(1)	(2)	(3)	(4)	(5)	(6)
城市化率	3.681** (2.175)	3.681** (2.175)	3.416** (2.138)	3.187* (1.816)	3.187* (1.816)	2.849* (1.738)
乡村从业人口占比	-3.793* (-1.883)	-3.793* (-1.883)	-3.708* (-1.899)	-8.106*** (-3.174)	-8.106*** (-3.174)	-7.865*** (-3.212)
国有单位职工占比	0.0184 (0.045)	0.0184 (0.045)	0.0391 (0.097)	-0.208 (-0.323)	-0.208 (-0.323)	-0.197 (-0.315)
财政支出规模	0.284 (0.152)	0.284 (0.152)	0.293 (0.155)	0.255 (0.142)	0.255 (0.142)	0.273 (0.154)
Ln（人均转移支付）	-0.163 (-0.806)	-0.163 (-0.806)	-0.142 (-0.730)	-0.205 (-0.969)	-0.205 (-0.969)	-0.222 (-1.020)
支农支出占比	1.327 (0.755)	1.327 (0.755)	1.484 (0.827)	1.848 (0.913)	1.848 (0.913)	1.967 (0.946)
教育支出占比	1.758* (1.990)	1.758* (1.990)	1.984** (2.141)	0.554 (0.572)	0.554 (0.572)	0.674 (0.632)
社保支出占比	3.429** (2.187)	3.429** (2.187)	3.270** (2.201)	3.157** (2.073)	3.157** (2.073)	2.862** (2.076)
城市中小学人数占比	14.05** (2.049)	14.05** (2.049)	13.23** (2.056)	13.48* (1.995)	13.48* (1.995)	12.98** (2.019)
每万人拥有医院卫生院床位数	0.0008 (0.088)	0.0008 (0.088)	0.0001 (0.015)	0.0076 (0.513)	0.0076 (0.513)	0.0069 (0.479)
旱涝保收面积占比	-2.905 (-0.399)	-2.905 (-0.399)	-3.122 (-0.418)	-6.898** (-2.183)	-6.898** (-2.183)	-7.379** (-2.110)
自来水受益村比例	0.128 (0.425)	0.128 (0.425)	0.132 (0.458)	0.116 (0.375)	0.116 (0.375)	0.149 (0.507)
Ln（农村人均用电量）	-0.200 (-1.349)	-0.200 (-1.349)	-0.170 (-1.251)	-0.277** (-2.084)	-0.277** (-2.084)	-0.235* (-1.920)
常数项	12.09** (2.476)	12.09** (2.476)	12.07** (2.476)	13.51*** (2.973)	13.51*** (2.973)	13.33*** (2.929)
观测值	362	362	362	359	359	359
R^2	0.7913	0.7913	0.7942	0.8027	0.8027	0.8079

注：***、**、*分别表示在1%、5%和10%水平显著，括号内为t值。

2. 动态检验

由于改革影响在不同时间段可能有区别，而且一般认为经济、财政分权造成的经济活动空间再配置效应会逐步递减并消失（陈思霞、卢盛峰 2014）。因此，我们进一步将 Yearpost 拆分成 2004~2008 年五个年份的虚拟变量，建立模型如下：

$$y_{it} = \beta_0 + \sum_{t=2004}^{2008} \beta_1 TFC_{it} \times Yearpost_t + \beta_3 Yearpost_t + \rho\chi_{it} + \alpha_i + \mu_i + \varepsilon_{it} \tag{3}$$

加入农村税费改革和扩权强县两项改革的动态模型为：

$$y_{it} = \beta_0 + \sum_{t=2004}^{2008} \beta_1 TFC_{it} \times Yearpost_t + \beta_3 Yearpost_t + \sum_{T=2000}^{2008} \gamma_1 AR_{it} \times Post_t + \gamma_3 Post_t + \delta_1 RCR_{it} + \rho\chi_{it} + \alpha_i + \mu_i + \varepsilon_{it} \tag{4}$$

由表 4 可以看出，与乡财县管改革的总体效应（见表 2）相比，其分年动态效应则表现出些较大差异：以"Ln（1/PFR）X 乡财县管"作为改革替代指标的情况下，改革前两年对城乡收入差距的影响效果均不显著，而在此后三年均在不同水平上显著为正，但在加入农村税费改革和扩权强县改革的情况下，乡财县管的影响仅在第五年显著为正，且显著性较低；而在以"Ln（1/PGDP）X 乡财县管"为改革替代指标的情况下，只有第一年和第六年改革效应不显著，中间四年基本显著为正，显著性水平总体上是先升后降。

表 4　乡财县管改革效应的动态检验结果

	关键解释变量：Ln（1/PFR）			关键解释变量：Ln（1/PGDP）		
	（1）	（2）	（3）	（4）	（5）	（6）
乡财县管改革 第一年（2003）	-0.241 (-0.892)	-0.489 (-1.615)	-0.520* (-1.680)	0.181 (0.411)	0.520 (1.070)	0.546 (1.107)
乡财县管改革 第二年（2004）	0.154 (1.472)	0.190 (0.970)	0.169 (0.856)	0.286* (1.966)	0.455* (1.894)	0.446* (1.832)
乡财县管改革 第三年（2005）	0.282** (2.635)	0.341 (1.479)	0.320 (1.444)	0.754** (2.335)	1.027** (2.045)	1.017** (2.035)
乡财县管改革 第四年（2006）	0.244* (1.881)	0.350 (1.367)	0.336 (1.371)	0.574* (1.718)	0.834 (1.575)	0.792 (1.591)

续表

	关键解释变量：Ln（1/PFR）			关键解释变量：Ln（1/PGDP）		
	（1）	（2）	（3）	（4）	（5）	（6）
乡财县管改革 第五年（2007）	0.378** (2.463)	0.546* (1.814)	0.536* (1.818)	0.702** (2.080)	0.862* (1.706)	0.820* (1.727)
乡财县管改革 第六年（2008）	0.269 (1.566)	0.318 (1.165)	0.317 (1.158)	0.483 (1.469)	0.573 (1.342)	0.558 (1.345)
常数项	9.755** (2.174)	8.156* (1.749)	8.713* (1.825)	8.273* (1.992)	5.424 (1.181)	5.948 (1.282)
观测值	483	483	483	483	483	483
R^2	0.7932	0.7982	0.8005	0.7989	0.8057	0.8073

注：其他控制变量的系数及显著性情况也同表 2 十分一致，受篇幅所限，未列出。***、**、* 分别表示在 1%、5% 和 10% 水平显著，括号内为 t 值。

基于上述结果，我们发现虽然乡财县管改革的估计系数始终为正，但动态检验的结果使其显著性明显降低，这似乎对前文实证结果的稳健性提出了质疑。那究竟是什么情况造成这种结果？是模型本身确实不稳健，还是由于实证过程遗漏了一些重要的客观考虑？通过进一步思考，我们继续展开下一步的稳健性检验予以验证。

3. 剔除特殊年份数据的再检验

前面动态检验的结果似乎对基本回归分析结果提出了一定的质疑，但稍加思考便可以找到一个很重要的客观因素：安徽省乡财县管改革最早于 2003 年在 9 个县进行试点，2004 年全省推开，用连续型双重差分法进行检验时，2003 年的特殊性很可能是造成分年动态检验结果出现偏差的重要影响因素。因此，我们在剔除 2003 年这一特殊年份所有数据后，重新进行一次动态检验，结果如表 5 所示。

表 5　　　　　　　　剔除 2003 年数据后的检验结果

	关键解释变量：Ln（1/PFR）			关键解释变量：Ln（1/PGDP）		
	（1）	（2）	（3）	（4）	（5）	（6）
乡财县管改革	0.451*** (3.816)	0.451*** (3.816)	0.427*** (3.696)	0.810*** (3.109)	0.810*** (3.109)	0.778*** (3.135)
乡财县管改革 第二年（2004）	0.383*** (2.808)	0.403* (1.761)	0.380 (1.646)	0.569*** (2.908)	0.637** (2.053)	0.629** (2.005)

续表

	关键解释变量：Ln（1/PFR）			关键解释变量：Ln（1/PGDP）		
	(1)	(2)	(3)	(4)	(5)	(6)
乡财县管改革第三年（2005）	0.469*** (4.061)	0.538** (2.130)	0.514** (2.104)	1.072*** (3.054)	1.251** (2.245)	1.238** (2.231)
乡财县管改革第四年（2006）	0.433*** (3.148)	0.513* (1.886)	0.494* (1.895)	0.888** (2.426)	1.054* (1.802)	1.010* (1.816)
乡财县管改革第五年（2007）	0.582*** (3.651)	0.722** (2.326)	0.708** (2.320)	1.026*** (2.738)	1.068* (1.870)	1.021* (1.881)
乡财县管改革第六年（2008）	0.478** (2.492)	0.500* (1.731)	0.496* (1.710)	0.815** (2.116)	0.804 (1.586)	0.785 (1.586)
常数项	6.402 (1.255)/ 6.335 (1.218)	5.978 (1.123)/ 6.335 (1.218)	6.449 (1.190)/ 6.664 (1.281)	4.475 (1.001)/ 4.609 (0.893)	3.288 (0.646)/ 4.609 (0.893)	3.737 (0.730)/ 4.922 (0.967)
观测值	423	423	423	423	423	423
R^2	0.8151/ 0.8136	0.8162/ 0.8136	0.8182/ 0.8156	0.8211/ 0.8164	0.8227/ 0.8164	0.8243/ 0.8184

注：表5中每列的常数项和 R^2 值均有两个，前者为未分年份检验的模型结果，后者为分年份动态检验的模型结果。***、**、*分别表示在1%、5%和10%水平显著，括号内为 t 值。

结果表明，在剔除2003年数据之后，不管是乡财县管改革基本回归结果，还是动态检验结果，均呈现出显著为正。这一方面验证了模型构建及基本回归结果的稳健性；另一方面也说明，乡镇政府并未预计到乡财县管改革会于试点次年在省内全面推进，或者说明即便乡镇政府对改革的推进有所预期，但在省级政府尚未出台具体的硬性改革要求之前，大多数乡镇政府并没有主动地进行提前改革。换句话说，表5说明乡镇政府好像并没有表现出对落实乡财县管的积极意愿。其实这也不难理解，正如前文多次解释过，对具有财政支出集权特征的乡财县管改革，我们很难预判其落实是否会对乡镇带来好处，但能够确定的是，改革的实施必将削弱乡镇政府的财政地位，对其日常运转也会带来严重的负面影响。

五、机制识别

前文已经对乡财县管改革扩大城乡收入差距的事实进行了充分论证，

但更重要的是对其影响机制进行分析论证,只有完成此项工作,才能找到城乡收入差距被拉大的真正原因,进而为下一步改革如何"做好协调"提供改进建议。

(一) 替换因变量的思考

实施具有典型财政支出集权特征的乡财县管改革,乡镇本级的财政收支规模不会发生改变,只是其支出次序及结构安排受到县级政府这个"管家"的监管和指导。因此,在不考虑县级政府是否会伸出"掠夺之手"的情况下,乡财县管改革逻辑上只会对乡镇政府及其辖区的农民产生影响,而不会对城镇居民收入产生显著影响。由此推测,造成"乡财县管改革拉大城乡收入差距"的主要途径是城乡收入差距指标中的分母"农民人均纯收入"的下降,而其下降的主要原因应该是乡镇政府为执行上级"保工资、保运转、保重点"的支出次序要求,只能以减少农村公共品的提供保证机关事业单位人员工资的正常发放,从而造成农民人均第一产业收入的降低,进而扩大城乡收入差距。因此,下面我们将通过替换因变量(将分母"农民人均纯收入"替换为"农民平均第一产业收入"),以便考察上述机制分析是否正确。

遗憾的是,表6结果显示替换因变量之后,乡财县管改革对城乡收入差距的总体影响效应变为不显著。动态分年检验的结果也与表4、表5有很大差别,特别是以"Ln(1/PFR)×乡财县管"作为关键解释变量时,估计结果基本不显著。由此说明城乡收入差距的降低似乎并不是主要由农民人均第一产业收入的降低所导致,与上述推断相悖,至少不是十分一致。因此,我们需要进一步检验其影响机制。

表6 因变量为"城镇职工平均工资/农民平均第一产业收入"的检验结果

因变量:城镇职工平均工资/农民平均第一产业收入	关键解释变量:Ln(1/PFR)			关键解释变量:Ln(1/PGDP)		
	(1)	(2)	(3)	(4)	(5)	(6)
乡财县管改革	-0.0352 (-0.090)	-0.0352 (-0.090)	-0.0471 (-0.117)	0.650 (1.131)	0.650 (1.131)	0.643 (1.112)
乡财县管改革第一年(2003)	0.901 (1.497)	1.318* (1.773)	1.276* (1.697)	-1.034 (-0.980)	-1.559 (-1.379)	-1.542 (-1.354)

续表

因变量：城镇职工平均工资/农民平均第一产业收入	关键解释变量：Ln（1/PFR）			关键解释变量：Ln（1/PGDP）		
	（1）	（2）	（3）	（4）	（5）	（6）
乡财县管改革第二年（2004）	-0.398 (-0.815)	0.263 (0.372)	0.256 (0.359)	0.176 (0.255)	1.320 (1.430)	1.324 (1.439)
乡财县管改革第三年（2005）	0.0143 (0.037)	0.444 (0.646)	0.423 (0.614)	0.810 (1.306)	1.718** (2.196)	1.711** (2.176)
乡财县管改革第四年（2006）	0.0607 (0.105)	1.271 (1.443)	1.250 (1.411)	0.907 (1.081)	2.769*** (2.707)	2.743** (2.660)
乡财县管改革第五年（2007）	0.416 (0.499)	1.301 (1.219)	1.282 (1.174)	1.544 (1.301)	2.637** (2.172)	2.601** (2.513)
乡财县管改革第六年（2008）	0.248 (0.286)	1.667 (1.368)	1.672 (1.357)	0.992 (0.805)	2.422* (1.818)	2.408* (1.777)
观测值	401	401	401	401	401	401
常数项	32.58** (2.169)/ 27.29* (1.858)	32.58** (2.169)/ 29.80* (1.860)	32.76** (2.196)/ 30.80* (1.926)	24.99 (1.669)/ 20.16 (1.370)	24.99 (1.669)/ 21.92 (1.373)	25.05* (1.687)/ 22.43 (1.424)
R^2	0.6227/ 0.6253	0.6227/ 0.6414	0.6228/ 0.6418	0.6245/ 0.6273	0.6245/ 0.6468	0.6245/ 0.6469

注：表6中每列的常数项和R^2值均有两个，前者为未分年份检验的模型结果，后者为分年份动态检验的模型结果。***、**、*分别表示在1%、5%和10%水平显著，括号内为t值。

（二）影响机制分析

为尽量全面地分析乡财县管对城乡收入差距的影响机制，我们对可能为两者提供传导作用的中间变量进行了梳理，将城乡收入差距的分子（城镇职工平均工资）和分母（农民人均纯收入），以及对分子和分母可能产生影响的关键变量作为因变量，将其与乡财县管改革及相关控制变量进行双重差分，估计结果见表7及表8。

表7　乡财县管对城乡收入差距影响机制的检验结果（1）

	因变量：农民收支情况			因变量：城镇职工工资	
	农民人均纯收入	农民人均第一产业收入	农民人均税费支出	城镇职工平均工资	国有单位职工平均工资
乡财县管改革	-0.0296* (-1.837)	0.00334 (0.102)	0.172 (0.853)	-0.0100 (-0.596)	0.0003 (0.016)
农村税费改革	-0.0288 (-0.101)	0.0695 (0.155)	1.000 (0.278)	-0.467** (-2.173)	-0.344 (-1.534)
扩权强县改革	-0.0356*** (-2.989)	-0.0452 (-1.284)	-0.265 (-0.736)	-0.00165 (-0.064)	-0.00993 (-0.500)
PGDP	0.171 (1.446)	0.341*** (2.908)	0.334 (0.390)	0.0539 (0.988)	0.0902 (1.449)
基本建设投资比重	-0.0000 (-1.549)	-0.0000 (-1.402)	0.0000 (0.086)	0.0000 (1.274)	0.0000 (0.964)
年末贷款余额占比	0.0082 (0.163)	0.0569 (0.512)	0.106 (0.127)	-0.0690 (-1.506)	-0.0256 (-0.528)
城市化率	0.0765 (0.277)	-0.534 (-1.026)	5.846* (1.852)	0.317 (1.654)	0.171 (1.194)
财政支出规模	-0.210 (-0.764)	0.227 (0.504)	-3.616 (-0.926)	-0.0261 (-0.078)	0.160 (0.564)
Ln（人均转移支付）	-0.0090 (-0.521)	-0.0475 (-0.786)	0.705 (1.648)	0.0197 (0.654)	0.0042 (0.189)
教育支出占比	-0.178* (-1.809)	-0.437 (-1.606)	-1.418 (-0.561)	-0.0259 (-0.184)	0.232 (1.404)
社保支出占比	-0.311** (-2.156)	0.0332 (0.106)	2.928 (0.756)	0.122 (0.706)	0.166 (0.998)
城市中小学人数占比	-0.124 (-0.242)	1.070 (0.853)	6.013 (0.605)	1.617** (2.177)	0.839* (1.841)
每万人拥有医院卫生院床位数	-0.0009 (-0.599)	-0.0046 (-1.080)	-0.0296 (-0.838)	-0.0022 (-1.399)	-0.0016 (-0.976)
旱涝保收面积占比	-0.788 (-0.751)	0.404 (0.305)	11.75 (1.347)		
自来水受益村比例	-0.0297 (-0.658)	0.0776 (0.895)	1.299*** (2.938)		

续表

	因变量：农民收支情况			因变量：城镇职工工资	
	农民人均纯收入	农民人均第一产业收入	农民人均税费支出	城镇职工平均工资	国有单位职工平均工资
Ln（农村人均用电量）	0.0157 (0.985)	0.0355 (1.072)	0.432* (1.713)		
支农支出占比	-0.135 (-0.764)	-1.020** (-2.381)	1.024 (0.285)		
乡村从业人口占比	0.490* (1.957)	1.976*** (3.471)	-2.220 (-0.604)		
国有单位职工占比				0.0002 (0.003)	-0.131*** (-3.261)
常数项	6.520*** (5.544)	3.874*** (3.175)	-8.970 (-1.059)	9.117*** (16.935)	9.062*** (15.099)
观测值	483	401	388	543	543
R^2	0.9408	0.6515	0.8065	0.9739	0.9712

注：此表是以 Ln（1/PFR）为关键解释变量，而用 Ln（1/PGDP）作为因变量的回归结果同样一致，但受篇幅所限，未详尽列出。***、**、*分别表示在1%、5%和10%水平显著，括号内为 t 值。

表8 乡财县管对城乡收入差距影响机制的检验结果（2）

	因变量：农村公共品			因变量：财政支出结构			
	旱涝保收面积比重	农村人均发电量	自来水受益村比例	支农支出占比	教育支出占比	社保支出占比	行政支出占比
乡财县管改革	0.0004 (1.127)	-0.0358 (-0.522)	-0.0892*** (-3.058)	0.0070*** (2.801)	0.0276*** (4.116)	-0.0065 (-1.474)	-0.0027 (-0.596)
农村税费改革	0.0031** (2.259)	-0.410 (-1.280)	-0.239 (-0.588)	0.00192 (0.036)	-0.182* (-1.767)	0.131* (1.892)	-0.0574 (-1.063)
扩权强县改革	0.0003 (0.888)	-0.109* (-1.960)	-0.0020 (-0.064)	-0.0050 (-0.968)	-0.0109 (-1.538)	0.0091 (1.279)	0.0015 (0.234)
PGDP	0.0009 (0.832)	-0.318 (-1.109)	-0.206 (-1.380)	0.0129 (1.138)	0.0114 (0.505)	-0.0232 (-1.412)	0.0382** (2.246)
年末贷款余额占比	0.0006 (0.466)	0.0874 (0.396)	-0.0593 (-0.524)	-0.0219 (-1.429)	0.0052 (0.248)	-0.0093 (-0.663)	0.0021 (0.086)
城市化率	0.0038 (0.733)	-0.826 (-0.551)	0.607 (1.252)	0.0496 (1.253)	-0.160** (-2.009)	-0.110 (-1.261)	0.0044 (0.087)

续表

	因变量：农村公共品			因变量：财政支出结构			
	旱涝保收面积比重	农村人均发电量	自来水受益村比例	支农支出占比	教育支出占比	社保支出占比	行政支出占比
财政支出规模	-0.0068 (-0.775)	-1.061 (-1.512)	-0.0399 (-0.091)	0.237*** (3.079)	-0.485*** (-4.333)	0.0777 (0.752)	-0.0346 (-0.303)
Ln（人均转移支付）	0.0006 (1.276)	-0.128 (-1.630)	0.0260 (0.478)	-0.0007 (-0.124)	0.0139 (1.168)	0.0079 (0.935)	-0.0042 (-0.534)
第一产业占比	0.0028 (0.508)	0.383 (0.565)					
Ln（农村人均纯收入）	-0.0019 (-1.624)	0.293 (1.192)	-0.104 (-0.673)				
乡村从业人口占比	0.0004 (0.091)	1.292 (0.982)	0.755 (1.124)				
支农支出占比	0.0018 (0.423)	0.306 (0.539)	0.657** (2.031)				
教育支出占比	-0.0017 (-0.447)	-0.907 (-1.588)	0.0432 (0.152)				
社保支出占比	-0.0044 (-0.853)	-0.384 (-0.728)	-0.481** (-2.020)				
基本建设投资比重				0.0000 (0.510)	-0.0000 (-0.908)	-0.0000*** (-3.843)	0.0000 (0.148)
国有单位职工占比				0.0004 (0.057)	-0.0088 (-0.685)	-0.0054 (-0.553)	-0.0017 (-0.193)
城市中小学人数占比				0.146 (1.306)	-0.359 (-1.366)	-0.232 (-1.038)	-0.256 (-1.304)
每万人拥有医院卫生院床位数				-0.0005 (-1.158)	-0.0014 (-1.509)	-0.0008 (-0.956)	-0.0014* (-1.845)
常数项	0.0213** (2.125)	6.211*** (3.158)	2.564* (1.933)	-0.0551 (-0.550)	0.296 (1.470)	0.337** (2.205)	-0.113 (-0.777)
观测值	603	603	483	543	543	543	422
R^2	0.1108	0.5567	0.4426	0.6191	0.4446	0.8049	0.3763

注：由于缺少2007年、2008年两年的行政支出数据，因此在之前的回归中没有将行政支出占比作为控制变量加入估计，而仅表8在的估计中加入该因变量，考察乡财县管改革是否会减少行政浪费。***、**、*分别表示在1%、5%和10%水平显著，括号内为t值。

(1) 乡财县管改革显著降低了农民人均纯收入，而对农民平均第一产业收入和农民平均税费支出没有显著影响，说明乡财县管降低农民纯收入并非是由于农民从事农业相关的收支增减所导致的，这似乎也验证了前文所引用的 Benjamin 等（2005）的结论，特别是在发现旱涝保收面积和农村人均发电量两个指标没有对农民第一产业收入产生显著影响后，我们更坚定了之前的推测。教育支出比重和社保支出比重显著降低了农民人均纯收入，同样可以用前文提到的城市偏向的资源配置进行解释。

此外，结果显示扩权强县对农民人均纯收入产生显著负影响，我们对此给出的解释是：从扩权强县的"竞争效应"来看，扩权强县使改革县与非改革县的横向竞争及与地级市的纵向竞争均会被激化，为了能够在竞争中获胜，县级政府必然会将更多的财政资源用于城镇的发展，忽视对农村地区的投入，随着县级政府城市偏向程度的不断提高，城乡收入差距也必然被进一步拉大。

(2) 乡财县管改革对城镇职工和国有单位职工的平均工资总体上没有显著影响。由此说明，乡财县管扩大城乡收入差距的关键原因是农民收入的降低，而非城镇居民收入的增加，这种结果与我们之前的假设基本一致。而估计结果显示出的另外一个影响关系：城市中小学人数占比显著提高了城镇职工工资收入，也说明教育程度会对劳动力的收入产生显著影响。

(3) 在农村公共品的提供方面，乡财县管改革虽然对"旱涝保收面积比重"和"农村人均发电量"两个指标没有显著影响，但对"自来水受益村比例"而言则显著为负，这也说明乡财县管在一定程度上降低了农村公共品供给，但这种影响没有对农民人均纯收入及人均第一产业收入产生显著影响。

(4) 财政支出结构方面，乡财县管改革对教育支出和支农支出均产生了显著正效应，即提高了本县教育支出和支农支出的比重。我们对此解释如下：教育支出比重显著增加是因为在"以县为主"的教育财政体制下，乡镇中小学教育的责任主体不再是乡镇政府，而是县级政府，乡村教师工资的发放也由县级统筹，乡村教师工资拖欠问题是当时非常普遍的社会现象，而乡财县管要求的支出第一要务"保工资"的相当一部分受益主体就是乡村教师，即县级通过增加教师人员经费保证乡村教师工资发放，同时也必然提高了教育支出比重。另一种推测是，教育支出比重的提高也可能是县级政府伸出"掠夺之手"的结果，正如陆铭、陈钊（2004）指出科教文卫事业费也有明显的城市偏向,在"以县为主"的教育财政体制和"乡财县管"的财政支出体制共同的制度背景下,县级政府基于中国式财政分权的政治激励,有条件也有意愿提高教育经费支出规模,而教育支出规模的提高则会拉大城乡收入差距,这在表3中也得到结论验证。

而对于支农支出比重的提高,在一定程度上否定了我们之前认为"地方政府会通过减少支农支出和公共品供给达到保证财政人员工资发放和乡镇政府正常运转的目标"这一推测,不过这也让我们更加确信,乡财县管应该在"保工资"这一目标上做了更多的努力,并取得了一定成效,因为支农支出以及农村公共品供给都属于乡财县管中乡镇支出次序的末尾,在这两者均有增无减的情况下,作为第一支出要务的"保工资"自然更能得到保障。但是考虑到农村税费改革之后,为防止"黄宗羲定律"的出现,中央政府和安徽省政府都持续重视农村综合改革及开发工作,陆续推行农村税费改革财政专项补助管理办法、县级支农资金整合试点、财政补贴农民资金管理和支付方式改革等措施,很多项目制的支农资金直接到村,从而避免了上级政府"克扣"的情况,这些改革措施也可能是造成该结果的重要因素。

综上所述,可以将乡财县管对城乡收入差距扩大化的影响机制梳理如下:乡财县管拉大城乡收入差距的主要途径是显著降低了农民人均纯收入,但农民人均纯收入的下降并不是由支农支出和农村公共品提供的降低以及税费支出的增加所致(相反,乡财县管之后,支农支出比重有增无减,但并没有为农民增收提供直接帮助),而是由于城市化的发展以及城市偏向的资源配置,特别是财政资源配置(如教育支出)导致农村劳动力素质没有得到提高,反而与城镇劳动力素质差距越来越大,致使农村劳动力在快速转型升级的城市企业中收入无法增加,甚至增加结构性失业的可能,从而扩大城乡收入差距。而具备财政集权特征的乡财县管在其中所起到的作用很可能就是为县级政府伸出"掠夺之手",进而实行城市偏向的资源配置提供有利的制度条件。另外,虽然乡财县管并未对城镇职工工资收入产生显著影响,但通过对教育支出比重变化的分析,我们推测在乡财县管改革"保工资、保运转、保重点"的支出次序要求下,基层政府机关及事业单位人员工资水平有所提高。

六、结　论

近年来，有大量文献对中国式分权是否"做好协调"展开研究，且大多是从财政分权的视角考察其对城乡收入差距的影响，但到目前为止尚无定论。鉴于分税制改革之后，我国财政体制明显的集权特征，本文以乡财县管改革作为财政支出集权的典型自然实验，利用安徽省1998~2008年的县级数据，采取双重差分法检验财政支出集权是否会缩小城乡收入差距。本文研究发现：在实施财政支出集权特征的乡财县管改革之后，农民人均纯收入显著下降，成为城乡收入差距被显著拉大的主要原因。通过进一步的影响机制分析，我们发现农民人均纯收入的下降不是由支农支出和农村公共品提供的降低以及农民税费支出的增加所致，而可能是在乡财县管的制度便利下，县级政府更容易伸出"掠夺之手"，将更多的财政资源用于城市偏向的领域，不利于农村劳动力素质、岗位竞争能力及其收入的提高，在城市化进程和企业转型升级不断加速的社会背景下，必然导致城乡收入差距不断扩大。而政府机关及事业单位人员工资收入的提高，则主要受益于乡财县管改革中，县级政府要求乡镇政府按照"保工资、保运转、保重点"的支出次序安排预算的制度要求。

因此，乡财县管虽然在保障人员工资和基层政府正常运转方面发挥了一定的积极作用；但另一方面却显著扩大了城乡收入差距，说明财政集权改革并没有在"做好激励"的同时"做好协调"，反而会由于更加严重的财政垂直失衡的出现而损害下级政府及其辖区居民的利益。为缩小城乡收入差距，促进社会和谐发展，应该转变传统的单纯追求经济增长的政治和财政激励机制，在接下来的改革中，要将更多的教育资源投向农村，在增加农业支出和农村公共品供给的同时，更加注重财政支出的绩效评价，切实推进农业现代化的实现，以农民是否受益作为政策落实的根本标准。

参考文献

[1] 张军. 分权与增长：中国的故事 [J]. 经济学（季刊），2007（1）.

[2] 史宇鹏，周黎安. 地区放权与经济效率：以计划单列为例 [J]. 经济研究，2007（1）.

[3] 王永钦等. 中国的大国发展的道路——论分权改革的得失 [J]. 经济研究，

2007 (1).

[4] 马光荣,杨恩艳.中国式财政分权、城市倾向的经济政策与城乡收入差距[J].制度经济学研究,2010 (1).

[5] 赖小琼,黄智淋.财政分权、通货膨胀与城乡收入差距关系研究[J].厦门大学学报,2011 (1).

[6] 李永友,沈玉平.转移支付和地方财政收支决策——基于省级面板数据的实证研究[J].管理世界,2009 (11).

[7] 张文春,王薇,李洋.集权与分权的抉择——改革开放30年中国财政体制的变迁[J].经济理论与经济管理,2008 (10).

[8] 方红生,张军,财政集权的激励效应再评估:攫取之手还是援助之手?[J].管理世界,2014 (2).

[9] 左翔,殷醒民,潘孝挺.财政收入集权增加了基层政府公共服务支出吗?以河南省减免农业税为例[J].经济学(季刊),2011 (4).

[10] 陶然,刘明兴.中国城乡收入差距、地方政府开支及财政自主[J].世界经济文汇,2007 (2).

[11] 陈志勇,陈莉莉.财税体制变迁、"土地财政"与经济增长[J].财贸经济,2011 (12).

[12] 方红生,张军.攫取之手、援助之手与中国税收超GDP增长[J].经济研究,2013 (3).

[13] 袁飞,陶然,徐志刚,刘明兴.财政集权过程中的转移支付和财政供养人口规模膨胀[J].经济研究,2008 (5).

[14] 傅勇.财政分权、政府治理与非经济性公共物品供给[J].经济研究,2010 (8).

[15] 陆铭,陈钊.城市化、城市倾向的经济政策与城乡收入差距[J],经济研究,2004 (6).

[16] 解垩.财政分权、公共品供给与城乡收入差距[J],经济经纬,2007 (1).

[17] 杨其静.分权、增长与不公平[J],世界经济,2010 (4).

[18] 迟诚,马万里.财政分权对城乡收入差距的影响机理与传导机制[J],经济与管理研究,2015 (9).

[19] 储德银,韩一多,张景华.中国式分权与城乡居民收入不平等——基于预算内外双重维度的实证考察[J].财贸经济,2017 (2).

[20] 赵海利,童光辉.地方财政自主率、社会性支出与城乡收入差距——基于1995~2014年省级面板数据的经验分析[J].经济社会体制比较,2017 (2).

[21] 肖育才.中国式分权、基本公共品供给偏向与城乡居民收入差距[J].四川大学学报(哲学社会科学版),2017 (4).

[22] 储德银,迟淑娴,纪凡.中国式分权、转移支付与居民收入不平等[J].财

经论丛, 2017 (6).

[23] 李伶俐, 谷小菁, 王定祥. 财政分权、城市化与城乡收入差距 [J]. 农业技术经济, 2013 (12).

[24] 王能, 李万明. 财政分权、城市化与城乡收入差距动态关系实证分析——基于向量自回归模型 [J]. 农业经济问题, 2016 (9).

[25] 周黎安, 陈烨. 中国农村税费改革的政策效果: 基于双重差分模型的估计 [J]. 经济研究, 2005 (8).

[26] 谭之博, 周黎安, 赵岳. 省管县改革、财政分权与民生——基于"倍差法"的估计 [J]. 经济学 (季刊), 2015 (3).

[27] 刘明兴, 徐志刚, 刘永东. 农村税费改革、农民负担与基层干群关系改善之道 [J]. 管理世界, 2008 (9).

[28] 徐琰超, 杨龙见, 尹恒. 农村税费改革与村庄公共物品供给 [J]. 中国农村经济, 2015 (1).

[29] 张博骁, 王辉. 取消农业税、财政集权与农村公共品 [J]. 经济学报, 2015 (1).

[30] 陈硕, 高琳. 央地关系: 财政分权度量及作用机制再评估 [J]. 管理世界, 2012 (6).

[31] 杨之刚, 张斌. 中国基层财政体制改革中的政府级次问题 [J]. 财贸经济, 2006 (3).

[32] 管荣开. "乡财县管" 不宜急于推行——对安徽省基层财政改革的合理性与非理性质疑 [J]. 农村财政与财务, 2004 (8).

[33] 夏杰长, 陈雷. "乡财县管" 改革的社会学分析——以安徽省 G 县为例 [J]. 经济研究参考, 2005 (77).

[34] 侯经川, 杨运姣. "乡财县管" 制度对乡镇财政支出的约束效果——基于湖南两试点乡镇的实证分析 [J]. 公共管理学报, 2008 (1).

[35] 汪伟, 艾春荣, 曹晖. 税费改革对农村居民消费的影响研究 [J]. 管理世界, 2013 (1).

[36] 陈晓光. 财政压力、税收征管与地区不平等 [J]. 中国社会科学, 2016 (4).

[37] 张光, 陈杰. 援助之手还是掠夺之手? 取消农业税和乡财县管对农村公共物品投资的影响 [J]. 复旦公共行政评论, 2012 (1).

[38] 刘冲, 乔坤元, 周黎安. 行政分权与财政分权的不同效应: 来自中国县域的经验证据 [J]. 世界经济, 2014 (10).

[39] 陈林, 伍海军. 国内双重差分法的研究现状与潜在问题 [J]. 数量经济技术经济研究, 2015 (7).

[40] 陈思霞, 卢盛峰. 分权增加了民生性财政支出吗?——来自中国 "省直管

县"的自然实验 [J]. 经济学（季刊），2014（4）.

[41] 陈工，洪礼阳. 财政分权对城乡收入差距的影响研究 [J]. 财政研究，2012（8）.

[42] Khan, AR., Riskin, C., 2007, Growth and distribution of household income in China between 1995 – 2002, In. B Gustafsson et al (eds), Inequality and Public Policy in China, Cambridge University Press.

[43] Edmund Malesky, Cuong Nguyen, Anh Tran, 2014, The Impact of Recentralization on Public Services: A Difference – in – Differences Analysis of the Abolition of Elected Councils in Vietnam, American Political Science Review, 108（1）.

[44] Zhang T, Zou H, 1998, Fiscal decentralization, public spending, and economic growth in China, Journal of Public Economics, 67.

[45] Huang, B. H., Chen, K., 2012, Are Intergovernmental Transfers in China Equalizing, China Economic Review, 23（3）.

[46] Qian Y, Weingast B., 1997, Federalism as a commitment to preserving market incentives, Journal of Economics Perspectives, 11（4）.

[47] Weingast, B., 1995, The Economic role of political institutions: market – preserving federalism and economic development, Journal of Law Economics & Organization, 11（1）.

[48] Bahl, R., Martinez Vazquez, J., Wallace, S., 2002, State and local government choices in fiscal redistribution, National Tax Journal, 4.

[49] Bardhan, P., 2002, Decentralization of Governance and Development, Journal of Economic Perspectives, 16.

[50] Kappeler, A., Timo Valila., 2008, Fiscal Federalism and the Composition of Public Investment in Europe, European Journal of Political Economy, 24（3）.

[51] Bardhan Pranab, Mookherjee Dilip, 2005, Decentralizing Antipoverty Program Delivery in Developing Countries, Journal of Public Economics, 89（4）.

[52] Neyapti, B., 2006, Revenue decentralization and income distribution, Economics Letters, 92（1）.

[53] Gruber, J., 1994. State Mandated Benefits and Employer Provided Insurance, Journal of Public Economics, 55（3）.

[54] Chongen Bai, Binzhen Wu, 2011, Tax Reduction and Household Consumption and Investment Decisions in Rural China, Tsinghua University Working Paper.

[55] Card, David, 1992, Using Regional Variation to Measure the Effect of the Federal Minimum Wage. Industrial and Labor Relations Review, 46.

[56] Benjamin D, Brandt L, Giles J, 2005, The evolution of income inequality in rural China, Economic Development and Cultural Change, 53（4）.

山东省财政支农支出经济效率实证分析

浙江财经大学东方学院财税分院教师　崔红霞[①]

摘　要　纵观中华文明5000年，我国是世界农业大国的事实没有改变，农业在国民经济中的基础地位依然稳固。农业的发展不仅与经济增长息息相关，而且对社会安全稳定、政治文化的发展有着重要影响。山东省是我国的农业第一大省，财政收入逐年提高，各地市财政支农支出规模不断扩大，如何运用有限的社会资源提高农业经济效益，这需要政府进行合理的规划和安排。本文运用DEA - Tobit模型，通过定量分析和定性分析对山东省财政支农支出经济效率进行全面深入研究，从整体和区域两个层面分析山东省财政支农支出的经济效率，并给出政策建议，对政府合理控制支农支出具有一定的借鉴意义。

关键词　财政支农　经济效率　DEA效率值　山东省

本文对山东省财政支农经济效率的实证分析，利用山东省17个地市2007~2013年的平衡面板数据，进行DEA - Tobit分析。本文首先是对DEA - Tobit模型的指标体系以及变量进行设定，其次是根据数据指标以及分析方法进行实证分析，最后根据实证结果做出一定的解释并给出政策建议。

---

① 崔红霞，浙江财经大学东方学院教师，研究方向为财税理论与政策。

一、研究方法及指标

（一）DEA 模型的评价角度

对于 DEA 模型而言，一般有两种评价角度：一种是以投入为导向，另一种是以产出为导向。以投入为导向的评价角度是假设产出一定，而最小化投入，而以产出为导向的评价角度是假设投入一定，而最大化产出。对于本文所研究的财政支农支出而言，根据近年来中央关于"三农"问题的"一号文件"，强调"促进农民持续增收""稳定发展粮食生产"以及"加大对农业的财政扶持力度"等，这些都是从结果上考虑最大化产出，并没有从减少投入的角度出发。本文的 DEA 模型的评价角度是以产出为导向的。

（二）模型指标及变量的设定

1. DEA 模型的评价指标

如前所述，对于 DEA 模型来说，对变量的要求不高，也不需要分析投入产出之间确定的参数关系，同时需要将指标分为两类，即投入指标和产出指标。

对于财政支农此类财政支出而言，其口径有大、小之分。大口径的财政支农是指国家对于扶持"三农"事业的全部政策优惠和投入，按用途分类，可以简单分为农村医疗卫生支出、农村教育支出、农村基础公共服务支出以及对扶持或者加强农业产出的支出等，因此，其目标也是多元化的，有经济效益目标、社会效益目标以及生态建设目标，包括有教育、医疗卫生、文化事业、农村基础设施以及农业产值等指标。而小口径的财政支农主要是分析对增加农业产值或者其他经济效益的财政支出。对于本文而言，涉及数据的收集工作，本文主要关注是小口径的财政支农支出，即主要关注经济效益目标。

我国预算法中对支农支出的分类历经几次改变，统计口径发生变化，原有财政支农支出分为五个部分：支援农村生产支出和农林水利气象等部门的事业费、农业基本建设支出、农业科技三项费用、农村救济费用和其他支出等，2003 年将支援农村生产支出和农林水利气象等部门的事业费用和农业相关的费用转移到农业支出科目中。到2006年政府预算收支科目中关于农业的科目主要有:农业支出、林业支出以及水利和气象支出。2007年我国进行了政府预算收支科目类改革,将原来的农业基本建设支出、农业科技三项费用的支出归并到农林水事务支出科目。

农林水事务支出反映政府农林水事务方面的支出,具体包括农业、林业、水利、扶贫支出、农业综合开发支出等,可以视为小口径财政支农支出的代表性指标。因而选用作为DEA模型中的投入指标,另外,为便于不同规模的城市之间具有可比性,本文将采用相对值指标,即以农业从业人数来作为基数,计算各个城市的农业从业人口平均的农林水事务支出,单位为元/人。

对于产出指标的选取而言,根据前文的说明,本文主要研究小口径的财政支农支出,即主要关注的目标与经济效益有关。自2004年以来,中央"一号文件"连续关注"三农"问题,可以看出加快农业发展、保障粮食安全、提高农民收入始终是研究的重点。在结合数据的可获得性以及前人的研究基础,本文主要采用以下三个产出指标。

第一,人均农林牧渔业总产值,该指标反映各个城市农业经济的发展情况。根据统计指标的描述说明,所谓农林牧渔业总产值是指"以货币表现的农、林、牧、渔业全部产品和对农林牧渔业生产活动进行的各种支持性服务活动的价值总量,它反映一定时期内农林牧渔业生产总规模和总成果"。然后用农业从业人员作为人口变量,计算出人均农林牧渔业总产值。

第二,单位面积的粮食产出,考虑到不同的城市拥有的耕地数量不同,因此采用相对指标来进行比较粮食产出的大小。粮食作物的选择主要以夏、秋粮食作物为主,包括小麦、玉米、稻谷、高粱以及其他谷物。用此指标来反映各地粮食产量水平。

第三,农民人均纯收入。这里的人口指标不再只是农业从业人员,而是广义的农民人口。对于农民群体来说,农业收入在其收入中占比较大,因此根据"促进农民增收"的政策目标,用该指标来反映各地市的农民经济收入情况。

2. Tobit模型中的控制变量

在面板数据的Tobit模型中,需要选择影响DEA效率值的变量,观测每个变量对DEA效率值的影响程度与方向。首先根据相关文献以及前人研究的基础,选取对财政支农资金使用效率常见影响因素,主要有以下几个因素。

第一，户均农业机械总动力。农业机械总动力是指"指主要用于农、林、牧、渔业的各种动力机械的动力总和。包括耕作机械、排灌机械、收获机械、农用运输机械、植物保护机械、牧业机械、林业机械、渔业机械和其他农业机械"。为了相对比较，采用农村户数做均化处理。

第二，平均耕地使用化肥吨数。这一指标反映农村年耗费化肥数量，平均到每公顷耕地上的数量。对于农业产出而言其具有重要的影响，因此一般会采用该项指标。

第三，地区人均GDP。该指标可以综合反映出一个地区的综合经济实力，对于财政支农支出的影响会有很大的关系，一般认为，如果该地区人均GDP较高，说明该地区经济较为发达，居民对财政资金的使用效率要求会较高，有较高的监督政府行为的能力，可以提高财政支农资金的使用效率，预计该指标的系数为正。

第四，城镇化水平。目前我国正在加速城镇化的建设，因此，从城镇化辐射的范围来看，对农村地区会产生一定的影响。已有研究发现，城镇化水平的提高，会对农业科技的传播和创新，产生巨大的影响，继而会影响财政支农支出的效率。

除了上述四个常见影响因素外，还有部分学者对影响财政支农支出效率的因素做了进一步的划分，例如，从农民个体特征考虑，如年龄、性别比例、平均受教育年限等，也有从受灾面积的角度出发，分析可能会对财政支农支出产生影响，还有分析农村基础设施建设水平，医疗卫生条件等。在后续研究中，本文没有考虑这些影响因素，主要原因有两点：其一，上述这些影响因素基本是从大口径的财政支农支出角度考虑的，本文主要研究小口径的财政支农支出，目标也只是其经济效率，故没有考虑这些因素。其二，本文主要数据来源是山东省统计年鉴，基于数据的可获取性，如农民个体特征等，难以获取全面数据，因此，没有加入上述等影响因素。

上述四个指标是常见的影响因素，本文在此基础上在增加两个指标：其一，农林水事务支出占财政支出比，该指标反映各个地市对于农业产业发展的重视程度，可以从某种角度看，也可以对各个地市财政支农支出绝对规模上的比较。其二，出于本文研究对象的特殊性考虑，山东省历来是粮食产业大省，而且与其他内陆省份不同，山东省可以分为内陆地区和沿海地区，我们可以设计出一个地区虚拟变量，来捕捉可能会发生的地区聚类效应。

二、山东省财政支农支出经济效率评价的实证分析

(一) 山东省财政支农支出的 DEA 模型分析

本文对山东省财政支农支出经济效益分析主要以产出为导向的 BCC 模型为主,根据上文介绍,主要利用山东统计年鉴的数据,时间跨度为 2007~2013 年。选取 2007 年为研究起点的主要原因有两点:首先,我国在 2006 年取消了农业税,根据大量的文献研究,这一政策措施的实施,改变了农业经济发展的模式,为了与后期数据做时间上做对比,因此选取 2007 年为研究起点。其次,根据前文说明,我国的预算收支科目在 2006 年发生了比较重大的改变,原有的财政支农科目包括有农业支出、林业支出以及水利和气象支出。到 2007 年就统一变为农林水事务支出。为了统计口径上的一致性,所以选取 2007 年为研究起点。

本文 DEA 操作利用的软件是基于 Excel 文档的 DEA – Sovler 软件包,不同于常见的 DEAP 软件包,DEA – Sovler 软件分为两个版本,其一是学生版,其二是专业版。学生版可以运行简单的 DEA 模型,如 CCR、BCC 以及 ADD 模型等,可用于评价的决策单元即 DMU 少于 50 个。专业版则不受任何限制,几乎可以运行所有的 DEA 模型,并不受 DMU 个数的限制。由于学生版是免费提供的,而专业版是需要付费使用,另外,由于本文考虑的 DMU 个数为山东省的 17 个地市,同时采用的模型是以产出为导向的 BCC 模型,因此,采用学生版的 DEA – Sovler 软件包就能运行。

BCC 模型将综合效率分解为纯技术效率和规模效率,所以下文分别从这三个效率值出发,总结山东省 17 个地市 2007~2013 年每年财政支农支出的 DEA 效率变化情况。

1. 综合效率分析

表 1 就是山东省 17 地市 2007~2013 年,综合效率的变化情况。从表中可以看出,随着时间的演变,大多数地市的综合效率值在增加。说明财政支农支出的使用效率在不断上升,如济南、枣庄、潍坊、济宁、临沂、德州、聊城和菏泽。其中,济南市和菏泽市,分别在 2012 年和 2013 年其效率值明显上升。同时也要注意烟台、威海、日照市的综合效率随着时间

的演变，而不断下降，呈现出较明显的地区差异，因为这几个城市和青岛市都属于沿海城市，虽然青岛市的综合效率值没有逐年下降，但其上升区间非常有限，在2013年才达到0.78。因为在我们的产出指标中，考虑过粮食的亩产值，然而对于沿海城市而言，其农业总产量中渔业占比要比内陆高。可能会对总效率值产生一定的影响。在后文的Tobit模型中，我们可以考虑加入地区虚拟变量，来观察地区差异是否会对综合效率值产生影响。另外，也有如青岛、淄博、泰安、莱芜、滨州等市，虽然其综合效率值在上升，但是幅度有限，表明仍有进一步完善财政支农支出使用效率的余地。而对于东营市而言，其值基本稳定在0.4以下，说明相对而言，其财政支农支出的使用效率非常低。通过观察原始数据可以看出，东营市的财政支农支出绝对值很高，但是其产出值却很低，从而造成了其综合效率值一直低下。根据前面介绍可知，综合效率值可以分解为纯技术效率和规模效率，为了进一步探明各个地市在综合效率值上的差异，我们还需进一步分析它们的纯技术效率和规模效率。

表1　2007～2013年山东17地市财政支农支出的DEA综合效率表

	2007年	2008年	2009年	2010年	2011年	2012年	2013年
济南市	0.56	0.52	0.64	0.72	0.75	0.92	0.99
青岛市	0.47	0.42	0.52	0.66	0.64	0.85	0.78
淄博市	0.47	0.54	0.51	0.51	0.43	0.46	0.62
枣庄市	0.71	0.79	0.76	0.88	0.83	0.89	0.94
东营市	0.35	0.36	0.40	0.41	0.35	0.40	0.42
烟台市	1.00	1.00	0.80	0.69	0.56	0.63	0.62
潍坊市	0.87	0.79	0.88	1.00	0.87	0.91	0.91
济宁市	0.72	0.84	0.94	0.94	1.00	1.00	1.00
泰安市	0.60	0.59	0.60	0.70	0.65	0.78	0.81
威海市	0.63	0.64	0.75	0.70	0.49	0.49	0.57
日照市	1.00	1.00	0.93	0.70	0.55	0.65	0.57
莱芜市	0.51	0.51	0.61	0.64	0.63	0.75	0.85
临沂市	0.93	0.94	0.98	1.00	1.00	1.00	1.00
德州市	0.76	0.83	1.00	0.87	0.86	0.91	0.98
聊城市	1.00	1.00	1.00	1.00	1.00	1.00	1.00
滨州市	0.66	0.67	0.62	0.62	0.58	0.65	0.72
菏泽市	0.77	0.70	0.73	0.68	0.72	0.76	1.00

2. 纯技术效率分析

根据前文所述,综合效率值可以分解为纯技术效率和规模效率。而所谓纯技术效率是指从技术的角度出发,考虑投入与产出之间的技术关系。在不考虑规模变化的基础上,当纯技术效率越接近1时,说明越有效率。对于财政支农支出中的纯技术效率变化,可以在一定程度上反映对财政支农支出资金管理效率上的差异。

由表2可知,多数城市在历年来的纯技术效率值为1,说明纯技术效率有效。根据上文对综合效率值变化的分析,可知在沿海部分城市,只有日照市在2013年的纯技术效率值为0.59,下降幅度巨大。除此之外,沿海城市在大多数年份,其纯技术效率均为1。这就说明这些城市综合效率值低的主要原因是由规模效率造成的。除沿海城市外的其他城市,其技术效率值也大多稳定在1左右。这些数据说明,对于山东省而言,大多数城市在财政支农支出的资金管理上是有效率的,不同城市之间的综合效率值差异,主要是由各个城市的规模效率造成的。

表2　2007~2013年山东17地市财政支农支出的纯技术效率表

	2007年	2008年	2009年	2010年	2011年	2012年	2013年
济南市	0.94	0.94	0.92	0.94	1	1	1
青岛市	1	1	1	1	1	1	1
淄博市	1	1	0.94	0.98	0.98	0.98	0.73
枣庄市	0.94	0.95	0.89	0.94	0.93	0.95	0.97
东营市	0.99	1	0.97	0.96	1	1	0.65
烟台市	1	1	1	0.99	0.96	0.96	0.91
潍坊市	0.96	0.97	1	1	1	1	1
济宁市	1	1	0.99	1	1	1	1
泰安市	0.96	0.98	0.94	0.96	0.97	1	0.92
威海市	1	1	1	1	1	1	1
日照市	1	1	1	0.92	0.89	0.91	0.59
莱芜市	0.83	0.83	0.84	0.88	0.89	0.93	0.9
临沂市	0.95	0.96	1	1	1	1	1
德州市	1	1	1	1	1	1	1
聊城市	1	1	1	1	1	1	1
滨州市	0.97	0.96	0.91	0.9	0.92	0.92	0.79
菏泽市	0.86	0.83	0.79	0.79	0.84	0.86	1

3. 规模效率分析

由表 3 可知，山东省 17 地市 2007~2013 年财政支农支出规模效率的变化情况。规模效率的变化与综合效率变化较一致，再根据前文对纯技术效率的分析，可知大多地市的纯技术效率基本在 1 左右。所以不同地市之间综合效率的异同可以由规模效率的变化来说明。例如，对沿海城市而言，其规模效率相对较低，这说明对于这些城市，财政支农支出在不断加大的基础上，忽视了结构的优化，没有使生产处于有效的规模之上，没有完全发挥出规模效率带来的好处，提醒我们应该在加大财政支出扶持力度的同时，要进行结构的优化，使生产处在最优的规模上，而不是一味地增加投入。

表 3　2007~2013 年山东省 17 地市财政支农支出的规模效率表

	2007 年	2008 年	2009 年	2010 年	2011 年	2012 年	2013 年
济南市	0.59	0.55	0.69	0.77	0.75	0.92	0.99
青岛市	0.47	0.42	0.52	0.66	0.64	0.85	0.78
淄博市	0.47	0.54	0.54	0.52	0.44	0.47	0.85
枣庄市	0.76	0.82	0.85	0.93	0.89	0.94	0.98
东营市	0.35	0.36	0.42	0.43	0.35	0.40	0.65
烟台市	1.00	1.00	0.80	0.70	0.59	0.66	0.68
潍坊市	0.90	0.81	0.88	1.00	0.87	0.91	0.91
济宁市	0.72	0.84	0.95	0.94	1.00	1.00	1.00
泰安市	0.62	0.60	0.64	0.73	0.66	0.78	0.88
威海市	0.63	0.64	0.75	0.70	0.49	0.49	0.57
日照市	1.00	1.00	0.93	0.77	0.62	0.71	0.98
莱芜市	0.61	0.61	0.72	0.73	0.71	0.81	0.94
临沂市	0.98	0.98	0.98	1.00	1.00	1.00	1.00
德州市	0.76	0.83	1.00	0.87	0.86	0.91	0.98
聊城市	1.00	1.00	1.00	1.00	1.00	1.00	1.00
滨州市	0.68	0.70	0.68	0.69	0.63	0.70	0.91
菏泽市	0.90	0.84	0.92	0.86	0.87	0.88	1.00

4. 从全省平均变化来看

从全省平均变化来观察，综合效率、纯技术效率和规模效率随时间演变而变化的轨迹。

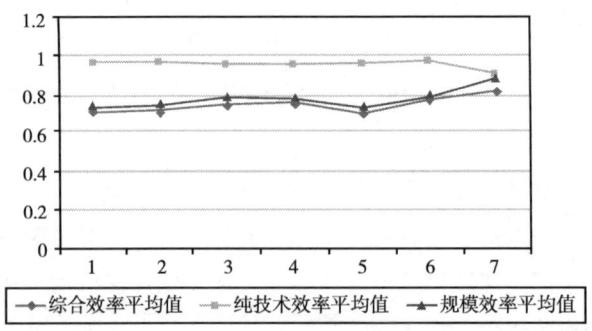

图1 变化轨迹

从图1可以看出：第一，从全省平均来看，综合效率值处于不断上升的趋势，这说明随着时间的演变，山东省对财政支农支出使用的效率不断上升。第二，平均的纯技术效率基本在1左右，说明对于财政支农资金的使用处于技术有效的状态，能够在有限的投入下，最大化产出。第三，由于纯技术效率基本为1，因此综合效率的变化与规模效率的变化趋势基本一致。

（二）山东省财政支农支出的 Tobit 模型分析

从上述的 DEA 模型中可以看出，山东省17个地市2007~2013年 DEA 综合效率值的差异。其中既有像聊城市一直处于 DEA 有效的城市，也有像东营市 DEA 效率值一直偏低的城市。对于这些效率值变化的具体原因，有必要进行进一步的分析。然而 DEA 模型无法捕捉各种影响因素的变化，因此，我们在 DEA 模型的基础上引入回归方法，去评估各个变量的影响程度和方向。因此将前文中求出的 DEA 综合效率值作为被解释变量，同时采取前文中分析的控制变量作为解释变量。因为被解释变量的值是 DEA 效率值，所以我们采用截取回归的方法，即 Tobit 模型。数据来源是山东省17个地市2007~2012年的平衡面板数据（2013年的《山东省统计年鉴》中没有包括农村基本建设条件，故没法计算户均机械总动力指标）。对于控制变量中的地区人均 GDP 指标，为了减少异方差的出现，取其对数值。最后构建出的模型方程如下：

$$Y_{it} = \alpha + \beta_{1it}HJD_{1it} + \beta_{2it}GHF_{2it} + \beta_{3it}\ln(RJG_{3it}) + \beta_{4it}CZH_{4it} + \beta_{5it}ZCB_{5it} + \beta_{6it}D_i + \varepsilon_{it}$$

上式就是最终需要估计的 Tobit 模型，其中，Y_{it} 代表的是第 i 个城市在第 t 年的 DEA 效率值，解释变量包括：HJD_{1it} 代表第 i 个城市在第 t 年的户均机械总动力，GHF_{2it} 代表的是第 i 个城市在第 t 年的耕地平均化肥施用量，Ln（RJG_{3it}）代表人均 GDP 取对数值，CZH_{4it} 代表城镇化建设水平，ZCB_{5it} 代表的是农林水事务支出占财政支出的比例，D_i 代表的是地区虚拟变量，若为沿海地区，则取值为 1，否则为 0。根据山东省各地市的地理位置，本文选取青岛市、烟台市、威海市、东营市和日照市为沿海地区城市。

上述数据来源均来自历年的《山东省统计年鉴》。由于选取的数据是平衡面板数据，那么对应于 Tobit 模型的求解，主要利用的是随机效应的 Tobit 模型。利用 Stata 11.0，可以直接得到基于面板的随机效应 Tobit 结果，如表 4 所示。

表 4　基于面板的随机效应 Tobit 结果

	模型（1）DEA	模型（2）DEA	模型（3）DEA
户均机械总动力	0.0439* (1.90)	0.0856*** (3.26)	0.0893*** (3.50)
平均耕地施用化肥量	-0.00917 (-0.13)	-0.0496 (-0.67)	
人均 GDP 对数值	-0.0882 (-1.52)	0.160** (2.57)	0.172*** (2.82)
城镇化水平	0.0749 (0.46)	0.106 (0.86)	
农林水事务支出占比		-4.848*** (-7.57)	-4.693*** (-7.63)
虚拟变量		-0.296* (-1.74)	-0.322** (-2.04)
常数项	1.437** (2.22)	-0.744 (-1.17)	-0.950* (-1.71)
sigma_u_cons	0.174*** (4.24)	0.286*** (5.02)	0.282*** (5.07)
sigma_e_cons	0.115*** (11.23)	0.0796*** (11.53)	0.0803*** (11.54)
N	102	102	102

注：t statistics in parentheses，* $p<0.1$，** $p<0.05$，*** $p<0.01$。

表 4 是三个模型综合显示的结果，其中模型（1）是考虑了一般文献常采用的四个影响因素对 DEA 效率值的影响程度。模型显示四个影响因素中只有户均机械总动力在 10% 的显著性水平上显著，且对 DEA 效率值的影响方向为正。即平均每增加一个单位的户均机械总动力，能提高 0.04 单位的 DEA 效率值。其余三项影响因素对 DEA 效率的影响程度均低，且不显著。因此，在模型（2）中增添了农林水事务支出占财政支出比重以及代表地区差异的虚拟变量。从模型（2）中可以看出以下几点。

第一，户均机械总动力、地区人均 GDP 对 DEA 效率值有显著的正向影响。这一结论符合以往文献得出的结论，也符合常识。首先，户均机械总动力在 1% 的显著性水平上对 DEA 效率值有显著的正向影响。这说明随着机械化以及农业现代化的发展，对于机械动力的大力推广和使用能够显著提升财政支农资金对农业产业的扶持效率。同时与模型（1）相比，其系数上升一倍，说明在模型（1）中由于忽视了某些影响因素，使得其低估了户均机械总动力对财政支农支出效率的影响。其次，人均 GDP 对财政支农支出效率的影响在 5% 的显著性水平上显著。这说明地区经济越发达，对财政支农资金的使用监督力度以及要求就越高，从而能够较大幅度地提高对财政支农资金的使用效率。

第二，农林水事务支出占比以及地区虚拟变量对 DEA 效率值有显著的负向影响因素，其中农林水事务占比每提高一个单位，会显著降低 4.8 的 DEA 效率值（由于样本数据中各地农林水事务支出占财政支出比均在 0.01 水平之下，一般不会大幅提高或降低一个单位的水平，因此对 DEA 效率值的实际影响应该也是在 0~1 之间，并更接近于 0）。这一结论与其他研究财政支农支出的经济效率情况不同。但是仔细分析我们可以看出，首先，对于山东省而言，其本身就是农业大省，对农业产业的扶持力度就绝对规模而言，已经超过全国其他地区的水平。因此，在现阶段对于山东省而言，其财政支农资金已经完成了对绝对规模的要求，而现在的奋斗方向应转为对相对规模、支出结构更为合理的规划和使用上。这一结论反映在前文中可以以东营市为例，通过对样本数据分析，东营市对财政支农资金无论是绝对量还是相对量都处于全省前列，但是在这种支出规模下，东营市的产出指标却是在全省靠后的位置，DEA 效率评价的是在投入和产出之间的对应关系，DEA 有效的情况是要么一定投入最大化产出，要么一定产出最小化投入，对于东营市而言，其投入相对较大，而产出相对较小，因此 DEA 效率值维持在一个较低的水平。这也提醒我们应该在此后多关注财政支农资金的结构问题，优化支出结构从而最大化资金的利用效率。

另外，地区虚拟变量在10%的显著性水平上，对DEA效率值有负向的影响因素，这也符合前文DEA模型中得出沿海地区城市的DEA效率值偏低的现象，在Tobit模型中，我们可以证实这一现象，主要原因可能在于沿海地区相对于农业产业而言其渔业水平较为发达，在总产值中占相当部分的比例。而在我们前文的DEA分析中，粮食产量是作为三个产出指标的一项。相对内陆城市而言，沿海地区城市的DEA效率值相对较低。

第三，平均耕地施用化肥量以及城镇化水平对财政支农支出的效率值没有显著性的影响。首先，对于平均耕地施用化肥量而言，它属于在农业生产过程中必不可少环节，无论是否会有财政支农资金的投入，该项始终存在，故其对财政支农效率没有产生显著性的影响。对于城镇化水平而言，我们得出的结论也基本符合以往文献的研究，虽然可以肯定城镇化能够辐射到农村地区，会对农业技术的传播以及创新创造有利条件，但是不可否认的一点是，当前我国的城市化建设水平还没有达到能够有效辐射农村的程度，因此虽然能够得出正向的影响方向，但是没有通过显著性水平的检验。

模型（3）是撤去模型（2）中不显著的控制变量，重新计算Tobit模型，得出最终结论，其相关指标无论是影响大小还是影响方向几乎与模型（2）一致，且地区虚拟变量在5%的显著性水平上通过，因此，可以认为在山东省各地市存在着一定的聚类效应，沿海地区城市的DEA效率值普遍低于内陆城市，这一结论也符合我们前文中通过DEA模型得出的结论。

三、实证结论分析

通过两个模型即以产出为导向的BCC模型以及Tobit模型，利用山东省17个地市2007～2013年的数据，基于经济效率目的，实证分析山东省各地市对财政支农资金的使用效率，得出了一些结论。

首先，通过BCC模型发现，山东省大多数地市在财政支农支出资金的使用效率较高，且随着时间演变，逐渐提高，但是同时要注意到一些问题，如资金的结构优化问题，对于山东省而言，财政支农资金的绝对规模已经达到一定程度，要想进一步优化资金的使用效率，需要优化支出结构。

其次，DEA模型的结果说明，对于大多数地市，其纯技术效率程度几乎能够达到有效，因此综合效率基本与规模效率保持一致变化，此后地区的聚类效益较为明显，沿海地区城市的DEA效率值普遍低于内陆城市。

最后，通过Tobit模型，进一步分析了可能影响DEA效率值的各个因素，在考虑已有文献的基础上，根据研究主体的特征，增加了农林水事务支出占比以及地区虚拟变量，利用面板数据的随机效应的Tobit模型得出，平均耕地化肥施用量以及城镇化水平对DEA效率值没有显著性的影响，而户均机械总动力、地区人均GDP对DEA效率值有显著的正向影响，而农林水事务支出占比以及地区虚拟变量对DEA效率有显著的负向影响。这些结论说明，一方面，我们应该继续加大对农业机械化、现代化的水平建设，发展地区经济水平，这有利于增加财政支农支出资金的使用效率；另一方面，现阶段应该对财政支农支出从增大规模的角度转化为优化结构的角度，只有这样，才能使得财政支农支出资金的使用效率达到最优状态。

四、提高山东省财政支农支出的政策建议

（一）强化财政支农资金的应用管理

财政支农资金能否得到有效使用，直接反映到财政支农支出的投入产出率上。在财政支农资金的使用过程中出现的浪费、挪用、挤占等现象，会增添政府发展农业的阻碍力度，从而降低财政支农支出的效率。加强对这些地市的财政支农资金的管理水平能切实提高其规模效率和技术效率，从而有效提高财政支农支出的经济效率。

首先，进一步规范财政支农资金的项目立项、审批管理工作。具体的农业建设项目是财政支农资金推动农业经济发展的载体，支农项目是否科学合理直接影响财政支出资金的使用效率。财政部门和农口部门应通过公示公告、公开招标、实地调研、专家评审等方式对支农项目进行严格审批，确保支农项目立项的科学性和公平性。同时应完善财政支农支出项目库，将符合条件的项目纳入项目库，进行集中储备和管理，择优选取支农项目，可有效避免多头申报、重复投入等问题，提高财政支农资金的使用效率。

其次，建立负责人责任制，将责任落实到相关管理人员。在财政支农

资金使用的各个环节，项目建设的各个环节确立相关负责人。审计部门应该对农口部门的财政支农资金进行财务审查，对查出的账实不符的情况，应及时追究相关负责人的责任并进行相应的处罚。

最后，加强财政预算公开工作，提高财政支农支出的预算透明度，让资金得到有效监督。目前，山东省的政府预算报告只对重大农业发展政策的资金安排情况进行了说明，省财政厅公布的财政预算执行进度中也只给出了农林水事务支出的总量执行情况。因此，山东省应该进一步提高财政支农资金的预算透明度，公开农业部门的事业费用、农业生产建设支出、农业扶贫支出、农业综合开发支出、重大农业发展项目资金安排及执行情况。针对农业部门事业费部分，应加强部门人员经费、三公经费等支出的公开工作。

（二）加大财政农业基本建设投入量和使用率

农业基本设施是指为了扩大农业再生产而进行的用于改善农业生产条件的固定资产建设。近年来，山东省不断加大对农业基本建设的投入，在农田水利建设、农业机械化等方面取得了一些成就，但还是存在设施不完善、耕地有效灌溉率低、农机利用率低等问题，不能有效促进农业经济发展，从而降低了财政支农资金使用效率。因此，山东省应通过加大财政农业基本建设投入，提高农业生产设施利用率，进而提高财政支农资金效率。

首先，保持财政对农业基本生产设施建设的投入力度。山东省近年来在农业基本生产方面的投入不断加大，取得了一定的成就，但仍需保持对农业的重视程度。完善的农业基础生产设施可以推动农业经济发展，从而提高财政支农支出的经济效率。

其次，有重点的加大财政农业基本建设支出。针对山东省的实际情况，应重点加强农田水利以及农业机械方面的综合投入。在农田水利的基本建设方面，应根据山东省的地貌特征，改进适合丘陵、平原的灌溉技术，提高农田灌溉率。在农机方面，一是要努力提高农业生产的规模化水平，为农机使用效率的提高奠定前提；二是加大对丘陵山区的农机补偿比例，为农机配备提供可行性，切实提高机械器具的利用率、使用率和维持寿命；三是加强先进适用的农业机械的研发；四是完善并创新农机社会化服务水平，推进新型现代化农村的建设。

最后，在加强财政支农基本建设支出的同时，也要注重对农业生产技术的培训，并使之常态化，正所谓"授之以鱼不如授之以渔"。对农业基本生产设施的建设只是固定资产的形成，只有跟与时俱进的劳动力相结合才能创造出更多的价值。

（三）促进城镇化和农村现代化的协调发展

随着城镇化的发展，农村大量剩余劳动力转移到城镇，与此同时，农村中有文化的青壮年劳动力也随之流失，由于农业的比较收益相对较低，资本也并不青睐于农业，使得城镇化进程对农业发展产生一定的负面影响。同时城镇化水平的提高，有利于优化农业结构，扩大农业规模化经营、促进农业生产技术的进步，从而促进农业经济的发展。目前，山东省城镇化率对财政支农支出效率有负面影响，表明城镇化对农业的辐射带动作用较小，农业未得到有效的反哺。山东省应该以城镇化发展为契机，扩大城镇化对农业发展的正向效应，将先进的科学技术、农机设备、管理方法运用到农业生产中，发展现代农业提高农业的劳动生产率、土地产出率和农产品商品率，改善目前财政农业支出规模报酬递减的状况。

一方面，大力发展小城镇，提高其对农业发展的带动能力。小城镇是城乡的纽带，可以将城市的经济辐射作用传送到农村。山东省小城镇数量多但规模小、基础设施不完善、经济实力弱，不能充分发挥对农业经济的带动作用。因此，省政府应该根据不同地区的发展水平合理规划小城镇的发展数量和规模，提高建设质量。同时努力扶持乡镇龙头企业，提高小城镇的经济辐射能力，加大对农村剩余劳动力的吸收并为农业发展提供资金、技术和人才支持，推动农业产业化发展。

另一方面，推动现代农业发展，促进传统农业转型。发展现代农业不仅要加大前文提到的农业基础设施建设投入，还应该提高农业科技支出比重。农业科技是农业现代化建设的决定性力量，政府可以通过创建农业科技研发、引进和推广的相关基金，引导社会资本参与农业科研投资，鼓励农业企业、农业科研组织、农民合作组织开展农业科技创新活动。发展农业生态科技加强良种培育，改进农业加工技术提高农产品附加值，在农业生产中推广信息技术及农业生态环境保护技术的应用，并加强农业技术人才培养。同时，政府可以通过财政补贴和税收优惠等政策，进行招商引资吸引企业资金，培养、扶持龙头企业，发展"企业+基地+农户"的农业生产组织形式，培育地方农业品牌提高农产品的商品化率。此外，应推动农业合作经济组织发展，将单个分散的农户集中起来形成一定的规模优势，提高市场竞争力。

参考文献

［1］（美）威廉姆·A. 尼斯坎南著. 王浦据等译. 官僚制与公共经济学［M］. 中国青年出版社，2006.

［2］Campbell R. McConnell, Stanley L. Brue, Canlpbell R. R. Microeonomics: principles, problems, and policies.［M］. McGraw – Hill Professional. 2004.

［3］Olmstead, A. L. Agricultural Mechnization, Productivity Growth, and Labor Displacement. University of Califomia, 1989. 9.

［4］Soyder, A., Eiling, H. Targeting A Company's Real Core Competences. Journal of Business Strategy, 1992, 13（6）.

［5］安广实. 我国财政对农业投入的问题及对策思考［J］. 中国农村经济，1999（9）：43 – 47.

［6］侯石安. 中国财政农业投入的目标选择与政策优化［J］. 农业经济问题，2004（3）：40 – 43.

［7］陈明星，李铜山. 财政支持新农村建设的效率评价标准探析［J］. 兰州学刊，2007（7）：111 – 112.

［8］李洪涛. 财政支农支出绩效评价的理论基础［J］. 中国农业会计，2009（5）：4 – 5.

［9］王远航. 财政支农绩效理论述评［J］. 经济论坛，2009（23）：18 – 21.

［10］钟德仁，刘朝臣. 财政支农资金低效问题研究综述［J］. 财会月刊，2011（4）：84 – 85.

［11］王飞. 财政支农研究：一个文献综述［J］. 物流工程与管理，2013（10）：179 – 182.

［12］魏朗. 财政支农支出对西部农业经济增长的贡献［J］. 财经科学，2006（4）.

［13］魏朗. 财政支农支出对我国农业经济增长影响的研究——对1999～2003年农业生产贡献的实证分析［J］. 中央财经大学学报，2007（9）：11 – 22.

政府间支出责任垂直分工文献述评

耿立娟[①]

摘　要　政府间财政关系是一国制度设计的关键，其中政府间支出责任分工因直接关系到公共品提供状况进而影响民众福利水平显得格外重要。这一领域也是近年来我国政府着力改革的方面。当前政府间支出责任划分是否有效促进政府履职尽责？已有研究尝试对这一问题进行了多角度讨论，并得出一系列有价值的结论。本文旨在通过梳理现有文献，力求做到对该政府间职能分工主题有更清晰的认识，同时也为开展后续研究打下坚实基础。

关键词　财政体制　支出责任划分　制度设计

一、引　言

当前财政在大国治理中的作用已成为推进我国经济社会发展的重要议题。党的十八大报告《决定》全文中指出："财政是国家治理的基础和重要支柱"，并且要求建立"事权与支出责任相适应"的政府间财政关系，由此财政体制的构建属于财政改革乃至国家治理中的关键一环。党的十九大报告明确提出"加快建立现代财政制度，建立权责清晰、财力协调、区域均衡的中央和地方财政关系……赋予省级以下政府更多自主权"。由此

---

① 本文为2014年浙江省社科联重点课题"后土地财政时代地方财政能力研究——基于浙江省的调查研究"（项目编号：2014Z036）研究成果。耿立娟，浙江财经大学东方学院财政系讲师，研究领域为财政理论与政策。

可见，当前财政体制改革思路越来越明晰，同时也逐渐转变到从国家治理这一开阔视角，来进行制度设计。值得注意的是，民众福利水平很大程度上依赖于各级政府提供的公共产品状况，在当前民众对政府职能重新思考和各级政府财政收入逐渐受限的双重背景下，清晰认识政府间财政职能垂直分工问题对实现经济社会的持续、健康发展具有重要意义，也对思考当前政府转型具有重要启示。

本文基于对政府间财政支出职能分工已有文献的梳理，旨在厘清学者们对政府间支出责任垂直分工问题研究脉络，力求对这一主题有较为客观、深刻的认识。同时，通过归纳分析现有文献，发现目前研究存在的不足，在明晰研究趋势的基础上进一步为个人开展相关研究提供思路，也为学者研究我国财政体制改革问题提供丰富、翔实的材料。围绕这一系列重要问题开展的讨论，对思考新时期财税领域改革，以及进一步提升财政治理水平乃至国家治理能力都有非常重要的现实意义。

本文剩余部分结构如下：首先，梳理当前文献，对已有研究做客观的呈现；其次，对已有研究进行深入剖析，重点在于从中发现有价值的结论并得出启示；最后，结合当前研究不足，对这一主题的研究进行展望。

二、文献梳理

改革开放40年来，我国财政体制改革始终是推动经济和社会发展的一股重要力量，也是理解社会治理和政府转型的重要线索。多层级政府背景下，如何确保中央政府宏观调控能力，同时又能让地方政府有充分的自由度、灵活性实现区域发展，在此协同、激励机制的设计非常关键（曹正汉、薛斌锋、周杰，2014）。在目前体制和央地关系框架下，政府间收入划分和职能分工分别对应权力、责任的配置（邓晓兰、陈宝东，2017）。在历次财政体制改革中，政府间收入划分始终是着力解决的重点。但是对于政府间支出职能配置的关注相对不足，在改革思路和改革内容上都缺少相应体现。需要说明的是，这一问题直接关系到财政体制改革目标及改革次序，也直接影响到地方政府治理效率和经济社会发展。由此厘清目前研究情况很有必要，以下对已有研究做出梳理。

财政体制的核心内容即收支职能在政府间的配置，至于如何配置实现最优，一直是财政联邦理论热衷讨论的经典问题。结合各国现实，学者们研究发现财政支出和收入失衡是财政分权体制司空见惯的现象，并将这一情况成为财政垂直不平衡（VFI）。目前国内关于政府间支出责任分工现状的认识，很多学者认为体现出典型的失衡特征（何艳玲、汪广龙，2016），即当前我国政府事权与支出责任不匹配的特征较为突出（李飞跃、张冬、刘明兴，2014）。不过国内学者们多数停留在定性分析层面上，针对财政失衡，国内首次采取定量分析的是江庆（2007）。他借鉴了Hunter（1977）中的方法，结合中国财政现实，从三个维度刻画中国纵向财政不平衡程度，并指出中国纵向财政失衡呈现出逐步扩大趋势。由此实现了对财政失衡由定性拓展到了定量的研究领域。尽管中间采取的刻度指标能否做到精准刻画我国财政收支配置情况，学者们认识不一，但这一突破无疑为后续研究奠定了基础。

分税制改革以来，国内较早在分权背景下针对政府财政职能问题开展研究的是《分权的底限》（王绍光，1997）。该报告将政府从社会经济中动员财力的能力即"调控能力"作为衡量国家能力的核心指标，这为后续研究提供了很好的借鉴。国内外深入研究政府间财政职能垂直分工有关论述主要集中在以下几个方面：首先是探究财政职能垂直分工的决定机制，由此延伸出探索实现财政职能配置的优化路径。现有研究一般从经济发展状况（产业结构等）、财力汲取规范性和努力程度等去构造地方财力函数（Hill et al., 2009），进而去考虑政府尽责履职的现实问题。多数研究表明地方政府的税收努力程度会影响规范的收入水平（卢洪友等，2009），而鉴于"理性人"的角色，各级地方政府也会通过策略性行为影响财政支出规模与结构。在税收收入有限的情况下，地方政府往往会采取策略性手段，如倾向于提供经济型公共品（陶然，2007），这在现实中突出表现在各地热衷的"经营城市"发展模式（徐建炜，2012；周黎安，2010）。当前学者们普遍认为此种发展模式在短期内保障了政府落实支出责任，在长期却扭曲了政府职能（贾康等，2009），也让政府在权责边界不清晰的制度背景下逃避责任。这进一步引致上级政府选择把界定不清晰的支出责任推至下级政府。学者们针对目前财政支出责任分工这一问题，普遍认为当前分工失衡程度超过了适度水平，降低了地方政府财政绩效，也大大限制了地方治理效率的提升。

至于政府间支出责任垂直分工不平衡的原因，多数学者（李永友，2017；马光荣、郭庆旺、刘畅，2017）指出1994年分税制改革下事权和支出责任下放，导致地方层面存在大量向下沉淀的支出责任。政府间支出责任分工不合理也会影响到各级政府的财政支出结构。过度失衡体制下的地方政府因对中央转移支付的长期依赖致使民生性支出占比进一步下降：一方面中央政府未在全国范围内对承担正外部性公共产品供给责任的地方政府构建相应的成本补偿与分摊机制，而且地方政府"自给收入"的筹资能力相对有限；另一方面，鉴于地方官员和辖区居民在利益诉求上的差异性，地方政府不仅更加注重其财政支出的短期效应，而且更偏好尝试激进的支出政策，从而导致地方政府的内在财政平衡被打破（范子英、李欣，2014）。

在政府间财政关系中，除了财政收入、支出职能划分外，还有一项补充性制度——转移支付制度。若能进行科学的设计进而充分发挥作用，财政转移支付也能促进优化政府间支出职能分工。目前也有较多文献集中讨论政府间支出责任失衡的这一重要矫正机制。学者们普遍认为虽然转移支付在平衡地方财力和激励地方政府提供公共品方面取得一定成效，但这一制度对平衡政府间财政能力作用有限，存在"与财政事权和支出责任划分改革衔接不够"等问题（肖捷，2017），也不能促使政府间支出责任有效分工（贾晓俊、岳希明，2012；范子英，2014；储德银，2017）。很大程度上，这源于当前财政顶层设计中只涉及了财政改革的价值导向，但并未就改革步骤及推进路径进行说明，也没有针对转移支付进行明确功能定位（李永友，2017）。这进一步引致地区间恶性竞争，使得财政资源分配不公，加剧了支出责任分工失衡状况，这明显背离了转移支付制度设计初衷。由此可见，本应立足于纠偏的财政转移支付制度并未切实发挥作用，反而进一步加剧了政府间财政支出责任不平衡程度。

三、主要发现及启示

不难发现，当前国内针对政府财政支出责任分工的研究多集中于经济方面的形成原因，多数研究给出的结论是分税制改革背景下地方财权事权不对等导致政府通过粗放创收渠道履行支出责任（陶然，2007；钱先航、曹廷求、李维安，2011）。由此针对政府财政支出偏好（傅勇等，2007）以及内在机理（贾康等，2012）的研究也是学者们讨论的重点。此外，考虑到地方财政的可持续性，需要政府转变职能，寻求科学、合理的发展模式，积极回应社会民众关切的公共问题，并积极回应百姓诉求（李永友，

2012)。

总的来说，当前学者集中于在政治和经济一体化框架下研究政府垂直结构及其权责配置（平新乔、白洁，2006；皮建才，2012），却忽视了政府责任边界这一重要前提。鉴于政府责任边界是建立事权和支出责任相适应财政体制的前置条件（乔宝云、范剑勇、冯兴元，2015），已有研究存在明显缺陷——利用正向思维政府能干什么和应该干什么出发，罗列政府职责，政府职能边界始终无法明确界定，由此得出的结论可能偏离于现实。为了突破这一难题，后续研究可采用逆向思维——从民众权利视角提出民众应该享有什么样的基本权利，以此为依据界定各层级政府责任边界，在此基础上再来讨论政府间支出职能配置问题才具有根基。而基于民众的需要来关注政府间分工效率问题更符合社会改革的核心要义。

值得关注的是，随着经济和社会的发展，当前民众对公共品的需求规模、结构较以往发生显著变化，一个突出的表现是对公共品需求从"经济型"转向"社会型"（庞明礼、石姗、金舒，2013）。而推进民生财政建设使得地方政府面临更多的支出责任，长期以来经济类公共品支出偏好模式的弊端逐渐显现。此外，考查各级政府能否基于这一现实和财政职能垂直分工，积极回应辖区百姓的诉求，即是否致力于尽责履职非常关键。但已有文献侧重于探究财政支出职能配置在经济方面的影响，并没有对是否促进政府履职尽责这一关键问题进行讨论，这也将是后续研究不容忽视的切入点。

四、研究展望

政府间财政关系是国家治理体系的重要组成部分，其中财政支出责任垂直分工问题至关重要，将会直接影响到国家治理绩效等。一直以来，学者们都很关注这一重要的现实问题，开展了一系列有价值的研究。较为严谨的研究框架应首先通过对我国财政支出职能配置现实进行客观、全面的呈现，明晰当前政府财政支出行为在国家治理中发挥作用的深度与广度；其次通过对我国财政支出职能配置现实的深入分析，厘清其决定因素和内在作用机理；最后鉴于各层次政府权责边界的重要性，后续研究从民众权利的维度，通过量化呈现我国财政支出职能配置现实对政府履职尽责程度的影响，以便寻求政府间财政关系的完善策略和优化路径。但是对照已有研究并没有严格遵循这样的逻辑框架和研究脉络,且没有切实回答"我国各层级政府财政支出职能的垂直分工现实如何"这一问题。实际上,这一问题在当前"事权与支出责任相适应"改革背景下亟待解决。由此延伸出另一个问题——我国政府间财政支出职能垂直分工的影响因素有哪些,各自发挥作用的大小怎样?这样的研究脉络能帮助我们立足于社会现实,有助于我们思考如何通过制度建设完善当前国家治理。而在我国当前的政府间权责划分现实下,支出功能的垂直分工是否促进了各级政府尽责履职也将是进一步研究的重要切入点。

综上所述,后续研究可在明晰各级政府权责边界的前提下,清晰呈现我国财政支出职能的垂直分工状况,并厘清其形成机制。鉴于民众权利的重要性,应在已有研究基础上深入考虑当前政府间财政支出职能分工是否促进了政府积极尽责履职。这对思考重构我国政府间财政关系进而实现长期可持续发展并进行政府职能转变具有重要意义。

由此需要做的准备工作有:首先,清晰呈现政府间财政支出职能垂直分工现状,准确测度各影响因素的贡献率。先应通过明确政府权责边界的基础上,讨论政府间财政支出职能垂直配置的现实。之后通过量化呈现影响因素的贡献程度,便于采取科学性、针对性、灵活性的策略优化我国政府间财政关系。其次,基于当前民众关切的核心话题,量化呈现我国政府间财政支出职能配置的影响。其中,准确刻画政府尽责履职这一重要变量——采用民众对公共品的满意度进行刻画才真正符合财政的核心要义,也与当前顶层设计中对财政的功能定位内涵上保持一致。据此才能实现优化政府间财政关系进而提升社会治理水平。

鉴于当前研究侧重定性分析的现实,后续研究应实现实证研究和规范分析相结合,两者相互补充,严谨的规范分析为实证研究奠定基础,而实证研究结论也进一步支持了理论分析。实证分析部分,在考虑政府间财政支出职能配置现实的影响因素时,应比较各影响因素的作用差异,找出其中的决定力量,为完善策略提供经验支持。其中实证分析部分,可把影响政府间财政支出职能的主要因素纳入同一分析框架,并对比分析,同时把考察样本由常用大中城市置换为五级政府,由此分析得出的结论更具可靠性、针对性。在量化呈现政府因素。在控制内生性影响的前提下,重点考察财政支出职能垂直分工的影响。

由此才能在理论分析与实证研究基础上,系统认识我国财政支出职能配置的现状、形成机制及其效应。鉴于"中国式分权"和我国财政现实,基于民众权利的视角研究政府责任及其政府间支出职能配置这一核心问题，并通过建立财政支出职能效应识别机制进一步探索其内在作用机理，才能实现触及中国财政支出职能配置的核心问题，并在此基础上寻求中国财政体制重构的策略和可行路径。

参考文献

[1] 梁平汉，高楠．实际权力结构与地方政府行为：理论模型与实证研究．经济研究，2017（4）.

[2] 马光荣，郭庆旺，刘畅．财政转移支付结构与地区经济增长．中国社会科学，2016（9）.

[3] 李永友，张子楠．转移支付提高了政府社会性公共品供给激励吗．经济研究，2017（1）.

[4] 付敏杰．分税制二十年：演进脉络与改革方向．社会学研究，2016（5）.

[5] 李飞跃，张冬，刘明兴．实际政治权力结构与地方经济增长：中国革命战争的长期影响．经济研究，2014（12）.

[6] 尹恒，朱虹．县级财政生产性支出偏向研究．中国社会科学，2011（1）.

[7] 尹恒，杨龙见．地方财政对本地居民偏好的回应性研究．中国社会科学，2014（5）.

[8] 郭庆旺，贾俊雪．财政分权、政府组织结构与地方政府支出规模．经济研究，2010（11）.

[9] 贾俊雪，宁静．纵向财政治理结构与地方政府职能优化——基于省直管县财政体制改革的拟自然实验分析．管理世界，2015（1）.

[10] 贾俊雪，郭庆旺，宁静．财政分权、政府治理结构与县级财政解困．管理世界，2011（1）.

[11] 傅勇．财政分权、政府治理与非经济性公共物品供给．经济研究，2010（8）.

[12] 陶勇．政府间财力分配与中国地方财政能力的差异．税务研究，2010（4）.

[13] 贺大兴，姚洋．社会平等、中性政府与中国经济增长．经济研究，2011（1）.

[14] 高鹤．财政分权、经济结构与地方政府行为：一个中国经济转型的理论框架．世界经济，2006（10）.

[15] 何茵，沈明高．政府收入、税收结构与中国经济增长．金融研究，2009（9）.

[16] 周黎安．中国地方官员的晋升锦标赛模式研究．经济研究，2007（7）.

[17] 郭峰，石庆玲．官员更替、合谋震慑与空气质量的临时性改善．经济研究，

2017（7）.

［18］王克敏，刘静，李晓溪．产业政策、政府支持与公司投资效率研究．管理世界，2017（3）.

［19］黄寿峰．财政分权对中国雾霾影响的研究．世界经济，2017（2）.

［20］何艳玲，汪广龙．中国转型秩序及其制度逻辑．中国社会科学，2016（6）.

［21］曹正汉，薛斌锋，周杰．中国地方分权的政治约束——基于地铁项目审批制度的论证．社会学研究，2014（3）.

［22］邓晓兰，陈宝东．经济新常态下财政可持续发展问题与对策——兼论财政供给侧改革的政策着力点．中央财经大学学报，2017（1）.

［23］高楠，梁平汉．为什么政府规模越来越膨胀？——部门利益分化的视角．经济研究，2015（9）.

不充分就业问题研究评述

杨红伟[①]

摘 要 不充分就业作为劳动力要素利用不充分的重要现象之一。与失业相比,不充分就业所涵盖的内容和结构都显得更为复杂多样,对其准确度量也变得困难重重,通常研究者倾向于选取某一类型不充分就业者进行针对性的分析和测算,目前问卷调查仍是获得基础数据的主要方式,但这一方法成本较高且受样本差异影响较大,利用复杂系统仿真模型对现有不充分就业率进行测算是一种值得深入探讨的方法。

关键词 不充分就业 隐性失业 时间关联型

受金融危机的长期影响,世界各国就业形势不容乐观。近年来,全球经济虽出现回暖迹象,但美、英、法、日等多个发达国家的失业率仍在高位徘徊。一些研究人员认为,这一现象背后的一个十分重要的原因是不充分就业率(underemployment rate)的变化。

根据经济合作与发展组织(OECD)提供的 34 个国家的兼职就业率(part-time employment rate)数据显示,自 2008 年以来,有 28 个国家存在规模不断扩大的时间关联型(time-related)不充分就业群体,甚至有些国家 20% 以上的就业者处于非自愿兼职状态。例如,澳大利亚在 1982~1983 年、1990~1991 年及 2008~2009 年的经济衰退中,不充分就业率显著增加(Tony Kryge,2000),不充分就业者的数量已经超过了失业者,2010 年不充分就业率为 7.2%,超过了当年 5.2% 的失业率[②];美国不充分就业者的人数和占劳动市场比例分别从 2000 年的 322 万余人、2.26%,上

[①] 作者简介:杨红伟,男,(1980.01—),重庆人,浙江财经大学中国政府管制研究院助理研究员,研究方向:劳动经济、经济发展。项目来源:浙江省教育厅科研项目"不充分就业的界定与估算方法研究"(Y201329421)。

[②] 数据来源于《ABS Australian Social Trends 4102.0 June 2010》。

升到 2011 年的 856 万余人、5.58%，2011 年本科毕业生失业或不充分就业人数超过 50%①，他们从事的工作大多只需要高中或高中以下文化；英国 2012 年不充分就业率为 10.5%，许多人从全职变成了非全职，众多经历了一段失业后重新就业者发现，他们只能找到非全职工作。此外，过度教育型（over-education）、资质过高型（over-qualified）、低收入型（low-Income）等不充分就业者由于度量方法仍存在可操作性差、数据交叉重叠、标准不被广泛认同等问题，并未统计在内。

由此可见，随着社会的不断发展和经济的周期性波动，不充分就业者这一庞大的劳动力群体与社会经济之间的关系越发密切，对劳动力市场均衡的影响也愈发显著。对不充分就业问题的研究不仅可以有助于判断失业率解释宏观经济现象时是否出现偏差，从而更为精确地判断社会劳动力资源的有效利用情况，对劳动力流动和地区经济发展的分析也具有重要参考意义。本文从不充分就业的含义界定、对经济社会的影响、统计与度量方法等三个方面，梳理并讨论了近年来国内外有关研究。

一、不充分就业的含义界定

按照 1966 年第 11 届国际劳动统计会议（ICLS）的决议，考虑到就业者的职业技能（包括培训和工作经历），从专业标准和可选择职业来衡量，如果一个人的就业是不适当的，那么就被认定为处于不充分就业状态。1982 年，第 13 届 ICLS 又将不充分就业划分为两大类：有形的不充分就业和无形的不充分就业。前者以工作量不足为特征，是指统计参考期内正在寻找适合附加工作的人；后者以收入低，技能利用程度低，劳动生产率低为特征。时至 1998 年，第 16 届 ICLS 将不充分就业又分为两个主要部分——与工作时间相关的不充分就业的测量和就业不足状况。

国外学者在研究不充分就业的过程中，根据外在表现的差异，将其划分为 6 种类型：(1) 时间关联型：非自愿兼职劳动者，愿意且能够提供更多劳动；(2) 过度教育或素质过高型：教育水平或能力、技术等高于所从事工作的需要，且愿意从事更好的工作；(3) 个人—工作不匹配型：个人拥有的知识、技能或能力（KSA）与工作不匹配；(4) 低收入型：赚取贫

---

① 数据基于西北大学《2011 年当期人口调查》（2011 Current Population Survey）得出。

困水平的报酬或者比同辈更少的报酬;(5)相对剥夺感型:与自己之前、与同辈或与某一标准进行比较,认为自己有资格或能力获得更好的工作。不难发现,这一系列不充分就业类型的共同之处,是劳动者对当前工作状况不满,愿意并且能够提供更多或更匹配自身 KSA 的工作以获取更高的报酬。

失业表明劳动者没有工作,而不充分就业则意味着劳动者正处于就业状态。两者在概念上存在本质区别,但在性质上却又有相近之处,前者缺少工作,后者缺少工时或技能利用不足。学术界经常提及的隐性失业 (hidden unemployment) 与不充分就业的概念比较接近,但前者内涵更宽泛,不但包含不充分就业,还包括丧志工人、再就业培训中的学员、非自愿提前退休者等。通过对比可以发现,不充分就业与隐性失业之间最显著的差异,就在于是否将劳动者对于自身就业不足状态的主观意愿纳入考虑,即不充分就业者是非自愿的,他们正在寻找(或希望获得)更多工时的工作或更匹配自身劳动素质的岗位,而隐性失业者则可能是非自愿也可能是自愿的。前者愿意付出更多劳动,一旦匹配恰当或提供更多的工作时间,能够立刻转化为产出;而隐性失业中所包含的一部分缺乏付出更多劳动意愿的工人,即便给他调换工作、增加工作量,也无法转化为产出。因此,对不充分就业的测量和研究能够更为准确地描述劳动力要素的利用情况。

我国在不充分就业领域的研究,基本上与上述的诠释和界定相仿。1995 年劳动部和国家统计局确定了不充分就业人员的定义(即工作时间不足就业人员、收入不足就业人员及就业不足人员),并提出要对不充分就业人员予以特别关注。2003 年劳动部又进一步将不充分就业界定为:劳动时间少于法定工作时间,且劳动报酬低于当地最低工资标准,高于城市居民最低生活保障标准,本人愿意从事更多工作的,为不充分就业。然而,因其涉及"最低工资标准"和"最低生活保障标准",不具有横向可比性(王慧,2008)。何景熙等(1999,2000,2010)在考虑便于计量和可比性之后,将我国城乡劳动力年标准充分就业工作时数定为 2000 小时每人,将工时处于 1~1999 小时/年区间定义为不充分就业。此外,也不应忽略,不充分就业的条件之一是劳动者具有就业愿望,只有那些非自愿的非全时就业和阶段性就业才属于不充分就业范畴(董克用、崔鹏,2009)。

二、不充分就业对经济、社会的影响

从政府的角度出发，基于政治上的考虑，调控宏观经济和劳动力市场的首要目标往往是追求更低的失业率。为了实现这一目标，政府有时甚至会主动降低劳动者的就业质量，容忍各种不充分就业的存在。然而，随着信息技术的拓展，不充分就业者更容易认识到当前社会为其提供的工时太少或岗位不足以完全发挥其能力，导致这一群体普遍产生程度不同的负面情绪，进而影响劳动的效率效果与社会的和谐稳定。

同时，不充分就业也反映了社会劳动力的使用效率未达到最优。劳动力要素的巨大浪费被高就业率的数字所掩盖，因而劳动力市场的结构性问题容易被学术界所忽视。不充分就业率测量的正是劳动力市场闲置的生产能力，它对劳动力市场的健康状态给出了一个内部结构性变化的描述，与失业率一起构成了反映劳动力市场状况的综合性指标。因此，对不充分就业问题的深入研究，有利于更全面地探索劳动力市场与经济发展的关系，有利于政府缓解社会矛盾和提高劳动力使用效率的政策制定，也为及时掌握经济发展状况提供重要依据。

不充分就业作为"正常就业"① 与失业之间的一种特殊状态，也可能会部分地压缩失业率变化的幅度，导致失业率在经济陷入低迷或回暖时与预期存在差异。一方面，当经济陷入衰退时，不充分就业者的规模迅速扩大，能够有效阻止失业率的大幅上升，也有些国家为了较低的失业率主动扩大不充分就业率；另一方面，在经济复苏阶段，他们中的一部分比失业者更有可能快速获得全职工作，导致部分失业者面临选择不充分就业和继续失业的窘境。所以该群体整体规模的扩大与不充分就业率高位运行，对失业率短期内居高不下起到了一定的推动作用。此外，大量劳动者处于不充分就业状态，也会通过各种方式影响经济的发展。例如，劳动者的不充分就业状态对其工作态度存在负面影响，同时对收入、同事、公司等都会感到不满，消极的工作态度抑制了劳动产出（Maynard et al., 2006）；这一就业群体规模的扩张是对全社会人力资源的浪费，进而影响社会总产出；不充分就业是导致农村劳动力外流的经济驱动力（何景熙，1999），

---

① 正常就业：本文指"非不充分就业"的就业状态。

而农民工流入城市又推动了社会经济的发展；不充分就业率处于较高水平也会导致低收入劳动力的广泛存在（Bell et al., 2018）。由此可见，不充分就业率的变化不仅可能导致失业率解释宏观经济现象时出现偏差，对劳动力的流动和经济发展都会产生重要影响。

就我国而言，不充分就业同样也是一种普遍现象。王诚（1996）认为，我国企业、机关、学校或文化单位等国有经济部门的就业者，都以不同形式经历过或经历着不充分就业，不充分就业是我国劳动力从隐蔽失业转向公开失业或市场化就业的过渡就业状态。宋长青（1997）将其归类为四种人员：一是机关事业单位的富余人员；二是企业的富余人员；三是处于停产半停产状态的企业职工；四是乡村的剩余劳动力。然而随着经济持续高速增长，2012年，我国已迈入中等收入国家的门槛。不充分就业者群体和类型正逐渐发生着变化，不再单单是由传统体制的就业向新体制的就业转变过程中发生的普遍而大量的因经济不发达导致的收入低下阶层，而是与逐步完善的市场经济基础上的劳动力资源浪费并存的情形。随着国内经济的发展与刘易斯拐点的到来，劳动力红利会逐渐消失，不充分就业情况对社会经济发展的影响势必将进一步凸显，成为制约我国社会主义现代化建设的重要因素之一，对不充分就业现象的研究将会提上重要议程。

三、不充分就业的统计与度量方法

对不充分就业状况的分析和研究，必然要对其规模与比率进行统计和测算。在数量庞大的不充分就业者中，既有无地可种的农民，又有停职待业的下岗工人，或工资低廉的低收入者；既有无所事事的在岗冗员，又有无法发挥全部能力的高素质人才。其成分的多样性和广泛性使统计工作异常困难。自1998年第十六届国际劳工统计学家大会通过了衡量不充分就业和不适当就业状况的决议以来，国际上通常采用的度量方法仍是针对时间关联不充分就业劳动时间或人数的加总，却对就业质量缺乏足够关注。因此，不充分就业率的测算结果的可靠性及对经济变动的解释并不为学术界广泛接受。2008年国际劳工组织出炉的 *Beyond Unemployment：Measurement of Other Forms of Labour Underutilization* 报告中，要求维持标准的失业率指标的同时，引入体现各种不充分就业的补充指标。2011年，该组织又发表了 *Beyond the measurement of unemployment and underemployment：the case for extending and amending labour market statistics* 一文，进一步强调对不充分就业率的度量，不能仅仅局限于数量，更应建立一系列包含就业质量的指标来反映劳动力市场的状况。

与失业状况相比，不充分就业所涵盖的内容和结构都显得更为复杂多样。相应地，对其度量也变得困难重重，通常研究者倾向于选取某一类型不充分就业者进行针对性的分析和测算。目前，国外一般采用问卷调查的方式获得基础数据，进而整理计算。

首先，由于工作时间具有可分割性，且存在被广泛认同的标准工时，因此时间关联型不充分就业者成为度量的主要对象。但不同国家和地区的度量方法并非一致，例如，美国劳工统计局只计算愿意提供更多时间工作的兼职者，而澳大利亚还会将非自愿兼职者细化为愿意从事更多的兼职工作和愿意从事全职工作两类。此外，也有一些文献认为应调整时间关联型不充分就业率的度量方法，采用更为精确的人数乘以平均工时的方法进行测算，提供内容更为丰富的图示来描述劳动力市场（William F. Mitchell and Ellen Carlson1, 2000）。

其次，对于收入型不充分就业，Jacques Gauded 等（1992）认为，许多发展中国家虽然公布的失业率很低，但低收入劳动者大量存在，他们仍处于严重贫困中。因此，有必要将赚取贫困水平报酬的劳动者计入不充分就业。Hyun H. Son 等（2006）基于"社会对最贫困的人给予最大程度关注"的假设，构建了将贫困劳动者依照不同权重纳入度量的不充分就业率。用这种方法度量巴西劳动市场之后，他们发现估算值的变动和对比在一定程度上反映了社会贫困程度变化和区域间比较，与贫困程度存在稳定的正相关。

最后，对教育过度型不充分就业的测量，Verhaest 和 Omey（2006）总结了四种不同的方法。其中两种客观的方法包括：分析工作所需职称和胜任工作的平均教育水平。间接的自我评测包括询问受访者他们的教育程度和所从事工作需要的教育水平，而最后主观自我评测是询问他们的教育程度与其工作比较，是超出、不足还是正好匹配。而对资质过高型不充分就业，除了对受访者的问卷调查之外，也可以通过测量九项因子估算雇员对自身相对于当前岗位所需教育、经验及 KSA 的剩余（surplus）的认知（Maynard, Joseph and Maynard, 2006）。

除此之外，Feldman 等（2002）还提出相对剥夺感可通过评估雇员对更好工作的渴望、自身是否有资格获取更好工作的认知来测算。一些文献也尝试引入人口学特征因子,对不同性别(Jefferson and Preston, 2010; Jensen and Slack, 2003 等)、年龄(Feldman and Turnley, 2004; Tam, 2010)、种族(Jensen and Slack, 2003)工人的不充分就业情况进行度量。但上述方法大多难以操作、数据交叉重叠或标准不被广泛认同。

目前,我国官方还没有正式公布的不充分就业率数据,对如何度量不充分就业规模的研究文献也寥寥无几。可以找到的仅有何景熙教授(1999)对成都平原及周边地区不充分就业状态的度量。他以三个假设(即农民都是"理性的经济人"、工时有效及劳动力利用效率最大化倾向)为前提,以年标准工时 2000 小时为基础,对四种程度不同的不充分就业状态进行抽样调查测算。

也正是由于国内相关数据的难以获取,因此学者很少对我国不充分就业进行研究,而测算农村剩余劳动力和隐性失业的文献数量则较为丰富。农村剩余劳动力时常被看作是农民不充分就业的估计,测算方法可归纳为:国际比较法、生产函数法、耕地劳动比例法(胡鞍钢,1997)、直接计算法(王诚,1996)、农户劳动力模型(刘建进,1997)等;隐性失业由于涵盖了不充分就业,也可以作为不充分就业的有限比较,测算方法包括:抽样调查法、有效工时法、比较分析法、供求差量法、计量模型构造法、劳动边际生产率法和生产函数法等(隗斌贤,1999,2000;孙立,2005;沈东伟,2009)。

四、结论与展望

目前,学术界关于不充分就业的研究文献比较丰富,从不充分就业理论、分类、度量方法及与经济增长的关系等方面进行了大量的理论和实证研究,为深入剖析和缓解不充分就业问题奠定了基础。然而,现有研究成果也存在一些不足之处,突出问题集中体现在不充分就业规模的测量方面。

其一,不充分就业度量方法单一。不充分就业包含多种类型,但目前的度量主要集中在时间关联型。国外一些文献中提出的少量对低收入型、过度教育型的测算方法,存在标准不被认同、适用性不广、不同类型重复计算以及劳动者就业意愿非线性等问题,并未被广泛接受。

其二,对不充分就业问题的研究以现状和宏观变化为主,而对自下而上的不充分就业演变机制则研究的较少。

其三,由于不充分就业与隐性失业之间存在重要的特征差异,我国学术界对隐性失业的测算方法并不能直接照搬过来度量不充分就业规模。

有鉴于此,笔者认为对不充分就业的后续研究,应基于对劳动力就业意愿演变的驱动机制的深入分析,结合宏观经济指标与微观层面变化的交互影响,进一步探索新的不充分就业现象分析模型。

第一,劳动力就业意愿分析。根据经济主体行为有限理性(bounded rationality)理论可知,劳动者的就业意愿具有复杂适应性,受经济环境、当前岗位、工资率、总资产、失业率、与他人比较及随机因素等多种因素影响呈非线性动态变化。

第二,通过构建计算机仿真模型估算各种类型不充分就业规模。目前,针对复杂性系统的计算机仿真建模技术越来越成熟,而不充分就业现象的描述涉及劳动力市场中以下几个特征:分散异质主体的相互作用、全局控制者的缺失、组织结构的层次交叉、连续的适应性、系统状态始终动态发展变化、偏离均衡的动态、主体行为决策的有限理性等。可见,不充分就业现象是一个复杂的适应系统,更适合采用计算机仿真建模方法来分析研究。例如,系统动力学模型以反馈控制理论为基础,能方便地处理不充分就业率估算中的非线性和时变现象,能对不充分就业问题进行长期的、动态的战略性的仿真与分析;而多主体模型中对劳动者、工作岗位、用人单位等主体的设计可遵循特定的规则,通过主体间的交互导致高一层次新的现象涌现,以便探讨不充分就业存在内在原因,并测算不充分就业规模。

参考文献

[1] Tony Kryger, Underemployment and Overworked, Research Note 27 1999~2000, Statistics Group, http://en.wikipedia.org/wiki/Underemployment, 14 March 2000.

[2] International Labor Office (ILO), (1966). 11th International Conference of Labor Statisticians in Geneva, which adopted the measurement and analysis of underemployment and underutilization of manpower, employment, unemployment and underemployment. See the 1966 resolution.

[3] International Labor Office (ILO), (1982). 13th International Conference of Labor Statisticians in Geneva, which adopted statistics of the economically active population, employment, unemployment and underemployment. See the October 1982 resolution.

[4] International Labor Office (ILO), (1998). 16th International Conference of Labor

Statisticians in Geneva, which adopted the measurement of underemployment and inadequate employment situations. See the October 1998 resolution.

［5］王慧. 关于不充分就业定义的争议［J］. 技术与市场, 2008 (12): 46 – 47.

［6］何景熙. 不充分就业及其社会影响——成都平原及周边地区农村劳动力利用研究［J］. 中国社会科学, 1999 (2): 34 – 50.

［7］何景熙, 罗蓉. 西部农业发达地区劳动力不充分就业问题初探［J］. 管理世界, 1999 (2): 166 – 172.

［8］何景熙. 不充分就业: 中国农村劳动力剩余的核心与实质——农村剩余劳动力定义与计量新探［J］. 调研世界, 2000 (9): 9 – 11.

［9］何景熙, 李晓梅. 关于中国城乡劳动力就业、失业和不充分就业的统一计量探讨［J］. 统计与决策, 2010 (16): 7 – 10.

［10］董克用, 崔鹏. 就业不充分问题的公共政策分析［J］. China employment, 2009 (4): 51 – 53.

［11］Maynard, D. C., Thorsteinson, T. J., & Parfyonova, N. M. 2006. Reasons for working part – time: Subgroup differences in job attitudes and turnover intentions. Career Development International, 11: 145 – 162.

［12］Bell D N F, Blanchflower D G. Underemployment and the Lack of Wage Pressure in the UK ［J］. National Institute Economic Review, 2018, 243 (1): 53 – 61.

［13］王诚. 中国就业转型: 从隐蔽失业、就业不足到效率型就业［J］. 经济研究, 1996 (5): 38 – 46.

［14］宋长青. 就业、就业不足、"隐性失业" 与失业——浅议四种提法的不同［J］. 中国统计, 1997 (1): 23 – 24.

［15］Sengenberger, Werner, International Labour Organization. 2011. Beyond the measurement of unemployment and underemployment: the case for extending and amending labour market statistics. Retrieved from http: // www. ilo. org/publns.

［16］William F. Mitchell and Ellen Carlson1, Beyond the unemployment rate-labour underutilisation and underemployment in Australia and the USA, Centre of Full Employment and Equity, Working Paper No. 00 – 06, November 2000.

［17］Jacques Gaude, Steven Miller. International Labor Office. (1992). "Productive Employment for the Poor", International Labor Review, Vol. 132, No. 1.

［18］Hyun H. Son and Nanak Kakwani: A NEW MEASURE OF THE UNEMPLOYMENT RATE: WITH APPLICATION TO BRAZIL, A paper presented during the 5th PEP Research Network General Meeting, June 18 – 22, 2006, Addis Ababa, Ethiopia.

［19］Verhaest, D., & Omey, E. 2006. The impact of overeducation and its measurement. Social Indicators Research, 77: 419 – 448.

［20］Maynard, D. C., Joseph, T. A., & Maynard, A. M. 2006. Underemployment, job attitudes, and turnover intentions. Journal of Organizational Behavior, 27: 509 – 536.

[21] Feldman, D. C., Leana, C. R., & Bolino, M. C. 2002. Underemployment and relative deprivation among reemployed executives. Journal of Occupational and Organizational Psychology, 75: 453 – 471.

[22] Jefferson, T., & Preston, A. 2010. Labour markets and wages in Australia in 2009. Journal of Industrial Relations, 52: 335 – 354.

[23] Jensen, L., & Slack, T. 2003. Underemployment in America: Measurement and evidence. American Journal of Community Psychology, 32: 21 – 31.

[24] Feldman, D. C., & Turnley, W. H. 2004. Contingent employment in academic careers: Relative deprivation among adjunct faculty. Journal of Vocational Behavior, 64: 284 – 307.

[25] 胡鞍钢. 中国就业状况分析 [J]. 管理世界, 1997 (3): 36 – 54.

[26] 刘建进. 一个农户劳动力模型及有关农业剩余劳动力的实证研究 [J]. 中国农村经济, 1997 (6): 15 – 22.

[27] 隗斌贤. 隐性失业的经济分析与统计测算 [J]. 财经问题研究, 1999 (7): 47 – 52.

[28] 隗斌贤. 对我国隐性失业状况的实证分析 [J]. 统计与决策, 2000 (8): 10 – 12.

[29] 孙立. 转型中国之隐性失业分析与治理 [M]. 北京: 中国经济出版社. 2005.

[30] 沈东伟. 关于隐性失业的定量研究方法探讨 [J]. 统计与决策, 2009 (16): 34 – 35.

[31] 张江, 李学伟. 人工社会——基于 Agent 的社会学仿真. 系统工程, 2005 (1): 13 – 20.

重度残疾人托养研究述评

李媛媛　惠文[①]

摘　要　残疾人的异质性很强，重度残疾人的托养必须考虑其异质性。本文对当前重度残疾人的托养需求和政策实施情况做了相关文献进行梳理，最后发现在重度残疾人托养方面还存在着诸多概念的界定不清、政府角色定位边界不清、政策多样但未见有政策评估等多重值得进一步研究的问题。

关键字　重度残疾人　托养　异质性

由于受残疾等级、类别、性别、年龄、婚姻及地域等因素的影响，残疾人呈现较大的差异性，这种差异性具体体现在残疾人的生活支配能力、社会参与能力以及既有制度安排与残疾人需求间的吻合程度等方面（贾玉娇、宋宝安，2011）。如果忽视了这种巨大差异性而将残疾人简单地作为一个社会保障的整体对象进行制度设计及安排，容易导致残疾人需求供给的错位及实质公平的缺失，因此需要制定因人而异的弹性政策以满足不同残疾人的不同需求（刘婧娇，2014）。然而目前以残疾人为对象的社会政策，往往将残疾人的需求进行一般化、简单化的处理，没能针对上述残疾人群体内部间的异质性进行细化的政策设计（张希，2015）。

残疾等级即残疾程度，是导致残疾人差异的一个重要因素。按照残疾程度可将残疾人分为重度残疾人和非重度残疾人，前者的活动能力受限程度尤其是其生活自理能力、社会参与能力以及对家庭和社会的依赖程度均高于后者。其中重度残疾人在中国是一个不容忽视的庞大群体，根据第六次全国人口普查及第二次全国残疾人抽样调查，2010 年年末我国残疾人总人数达到 8502 万人，残疾等级为一、二级的重度残疾人为 2518 万人，残

[①]　李媛媛，浙江财经大学东方学院讲师；惠文，浙江财经大学东方学院讲师。

疾人总人口的 29.62%，即约占残疾人的三成。

重度残疾人是残疾人中最弱势的群体，是"弱势群体中的弱势群体"，满足重度残疾人的特殊需求应该是社会保障"底线"和"实质公平"的内在要求。随着残疾人事业的不断发展，中央政府及各地政府相继出台了一些专门针对重度残疾人的政策，如 2016 年 1 月 1 日开始实行的重度残疾人护理补贴制度。但是，应当注意到目前国家针对残疾人的服务体系构建仍然十分落后，尤其是重度残疾人托养服务。本文对当前重度残疾人及其托养的相关文献进行梳理，主要包括重度残疾人的界定、托养需求、托养政策、实施现状及存在的问题，最后对现有研究进行简要评价并指出当前研究中存在的若干问题。

一、重度残疾人的认定

重度残疾人的界定是有关重度残疾人政策实施对象的重要依据。根据中国残疾人残疾评定等级标准，各类残疾按照残疾程度均可分为四级，残疾一级、残疾二级、残疾三级和残疾四级，其中残疾一级为极重度，残疾二级为重度，残疾三级为中度，残疾四级为轻度。残疾等级为一级和二级的残疾人是本文所研究的重度残疾人。

当前的一些研究以及政府出台的一些政策文件对重度残疾人的界定存在不清晰或者与残疾类别交叉重叠的问题，如部分文献把重度残疾人简单等同于重度肢体残疾人。另外，2012 年中国残联与财政部组织实施的"阳光家园计划"政策文件将托养服务对象规定为"智力、精神和重度残疾人"，这种界定与残疾类别存在着交叉，因为每一种类别的残疾人都存在重度残疾人，将残疾类型与残疾等级并列的提法显然是不妥的。

二、重度残疾人托养需求研究

（一）托养需求产生的原因

1. 传统托养方式面临诸多挑战

直接探讨重度残疾人托养原因的文献比较少，但是关于重度残疾人生存现状的文献可以归纳出托养的必要性。传统的家庭保障弱化是重度残疾人社会化托养需求的重要原因。无论过去还是现在,家庭对重度残疾人来说是最重要的社会支持,是其重要的福利资源,任何家庭关系以外的社会支持都无法取代其重要地位(章程,2015)。目前家庭供养也是重度残疾人最主要的保障方式,但是这种方式正面临诸多挑战,家庭规模的缩小、劳动力流动频繁和婚姻状况的不稳定使得重度残疾人照料服务支持的家庭内部资源和本土资源越来越匮乏(张希,2015)。重度残疾人在老年期致残其配偶在正常情况下也应进入老年期,就会出现"一老养一残"的状况,其配偶也会出现力不从心的状态,尤其是当重度残疾人出现丧偶时,重度残疾人的看护资源就更为缺乏(陈欣、王家宝、赵青,2016)。

2. 解放残疾人家庭劳动力

解放家庭劳动力以缓解家庭贫困是重度残疾人托养需求的另一个重要原因。重度残疾人不仅自身难以参加劳动而且对家庭护理需求迫切,常常拖累至少一个家庭成员全天候照料,从而实际上减少了家庭劳动力,加之长期的照料和治疗需要更多成本;在医疗保健、看护、辅助用具等方面有持续的必要支出,会进一步加深家庭的贫困程度(刘婧娇,2014)。高贫困率、低就业率、生活压力大、经济承受能力低、抵御风险能力弱就是重度残疾人的真实写照(陈欣、王家宝、赵青,2016;杜丽,2016;石岩,2016;张希,2015)。

3. 重度残疾人及其家庭精神健康的改善需求

改善重度残疾人及其家庭成员的精神健康也要求对重度残疾人进行托养。照料重度残疾人是其家庭经济和精神压力的最主要来源,长时间、高强度的照料不仅束缚了家庭的劳动力,使家庭收入来源减少,同时也使照料者缺少了正常的社会交往机会,容易引发其情绪问题,并造成对重度残疾人的不良影响(章程,2015;张东枚,2003)。贾玉娇、宋宝安(2011)的调查结果显示重度残疾人经常感到孤独的占62.4%,不好说的有15.2%,不觉得有孤独感的有22.4%。杜丽等(2016)也发现重度残疾人家庭的其他成员,不仅要承受较大的经济压力,更要承担较大的精神与心理压力,这也导致了重度残疾人家庭生活满意度低于国内平均水平。

(二) 托养需求内容和所处的顺位

残疾人托养需求的具体内容学界研究得比较少，也是非常有争议之处，但是关于重度残疾人的一般需求探讨得比较多。程凯（2012）认为重度残疾人的需求是多方面的，既包括生活及护理、医疗及康复等生理需求，也包括无障碍环境、教育及就业等社会尊严需求。残疾人需求的内容还与社会的残疾人观有一定的关系。杨立雄（2009）认为残疾的实质是残疾人与环境互动时产生的矛盾，残疾人应当像一般社会成员一样享有决定自己生活的权利（杨思斌、吕世伦，2008）。陈图和马瑛（2015）从新公共服务理论、社会支持网络理论、增能理论、回归社会理论等多个理论出发论证重度残疾人除了满足重度残疾人基本的生活护理需求外，还须提升残疾人的正常交往能力，并且协助残疾人挖掘自身潜能，建立自信，消除无助感、疏离感、无从自主感等精神层次的需求，提高重度残疾人的生活质量。但是，托养需求具体指什么却鲜有明晰界定，仅仅包含生活照料护理还是包括康复娱乐等一揽子服务？

另外，研究发现重度残疾人的诸多需求会表现出一定的顺位，但是学界并没有得到一致的排序，托养需求是否是其首要的需求仍然存在争议。贾玉娇、宋宝安（2011）对吉林省十县（市、区）93356人农村重度残疾人调查数据分析发现一级和二级以上重度残疾人的需求依次为：医疗服务与救助、贫困残疾人救助与扶持、辅助器具、康复训练与服务和生活服务。黄骏敏和杨文健（2015）对南京市200个残疾人进行调查也发现重度残疾人的福利需求主要是医疗、贫困救助和辅助器具。何东云（2011）认为由于客观原因，多数的重度残疾人已无法进行康复治疗，因此养护工作成为他们最关心的问题。

(三) 重度残疾人托养理念及实践

1. 重度残疾人托养的提出

中国的残疾人托养起步比较晚，而且多以政府主导推行。自1975年联合国《残疾人权利宣言》最早提出残疾人一词以来，对残疾的认知经历了医疗模式、慈善模式、社会模式的变迁（彭宅文，2008），基于认知模式的指引，我国对残疾人托养模式进行了探索实践。

20世纪80年代是我国残疾人托养服务的萌芽和雏形阶段，一开始多为针对精神残疾的托养，如通过附属精神病医院的工疗车间、街道举办的工疗站、精神病患者多的单位建立的精防康复小组和工疗站进行托养，主要还是以医疗康复为目的，覆盖面窄，功能单一，并存在二元结构，农村地区几乎空白（张芳芳，2012）。历经十多年的发展，各地基于慈善模式的认知，开展了一些残疾人托养的实践，如广州市2000年成立安养院、民政部2001年推出"星光计划"、上海市政府2005年推出了"智障人士阳光行动"，是全国较早开展智障人士托养服务的地区。北京"温馨家园"、福建"福乐家园"、江苏2006年"苏馨家园"，2012年中国残联和财政部联合推出"阳光家园计划"等，中央和多地的实践探索出主要的三种残疾人照料模式：集中托养、日间照料、居家托养。重度残疾人托养并没有单独与残疾人托养提出，但由各地实践可知，残疾人托养偏重于或仅针对重度残疾人。

2007年中国残联发布《中国残疾人联合会关于印发全国智力和精神残疾人托养服务工作会议精神主要文件的通知》，"残疾人托养服务"才正式提出，规定符合托养服务机构服务的对象分为智力、精神、重度肢体三类。随后，国家又相继出台了多项有关残疾人托养的政策文件，对残疾人托养服务越来越重视，如2008年《中共中央国务院关于促进残疾人事业发展的意见》、2012年《残疾人托养服务工作"十二五"实施方案》、2012年《关于加快发展残疾人托养服务的意见》、2012年中国残联和财政部联合推出《阳光家园计划——智力、精神和重度残疾人托养服务项目实施方案》、2013年《2013年全国残疾人康复工作要点》、2016年"十三五"残疾人托养服务工作计划等。

2. 重度残疾人托养的含义

2007年《中国残疾人联合会关于印发全国智力和精神残疾人托养服务工作会议精神主要文件的通知》对"托养"一词的含义进行了解释，即"托养"不仅包含生活照料和护理等基本"养"的含义，还包含对其进行生活自理能力的训练、运动能力的训练、社会发展能力的训练、职业发展和劳动技能训练等康复、治疗、教育、就业、培训这一"社会培育"的含义。

学界也对重度残疾人托养做出了若干界定，但是并没有统一的界定。吕明晓（2010）认为残疾人托养照料是指残疾人及其亲人将残疾人的经济资源委托专门的机构，由其代以完成对残疾人的托养责任。在残疾人家庭不具备足够经济资源的情况下，残疾人托养照料往往需要社会给予的救助帮扶，主要有3种形式：一是政府、残联等直接成立托养照料机构；二是政府、残联等出资向社会机构或公司购买服务；三是由慈善机构出资购买或者直接成立托养机构。李婷（2014）认为残疾人托养是由专门机构或社区通过机构托养、社区照料和居家安养等形式为智力、精神和其他重度残疾人提供的包括生活照料、职业康复、辅助性就业和工疗、农疗、文化体育、心理疏导、娱乐等服务的残疾人社会服务保障。徐宏和任涛（2015）认为残疾人托养服务工作是指基于智力残疾、精神残疾和重度残疾人的特殊需求，提供诸如生活服务、护理服务、康复服务、技能培训、心理疏导等一系列托养服务；托养对象是处于就业年龄阶段且处于不在业状态的智力、精神和丧失劳动能力的重度残疾人。

由此可见，重度残疾人照料如果不凭借家庭一己之力，而是由政府和社会机构以设立专门机构、提供特定服务或服务人员等方式救助帮扶，则为重度残疾人托养。另外，居家托养与单纯给予补贴主要由家人照料的居家安养相区别，居家托养是政府购买托养服务，向重度残疾人发放服务代金券，组织服务人员上门提供生活照料、康复训练、心理疏导等。

3. 重度残疾人托养的模式

范莉莉、张浅浅（2012），陈玉国、周云尧、吕明晓（2009）对重度残疾人托养模式进行了介绍。居家托养服务模式，主要针对无生活自理能力，长期需要专人照料，家庭有照料条件，适合在家庭托养的重度残疾人；日间照料托养模式，一般为日间家庭无人照料的中、轻度智力残疾人、精神（病情稳定）的残疾人；寄宿托养服务模式：日常饮食起居需要专人护理而家庭护理有困难的重度残疾人；庇护就业托养服务模式：病情稳定的精神残疾人和具有一定劳动能力的智力残疾人。每一种模式针对一些特定的残疾类型选择倾向，并有其优势和不足（见表1）。

表1　　　　　　　　　四种托养模式的比较

托养模式	政府角色定位	服务人员服务水平	家庭负担
居家托养	购买服务的主体	专业要求不高	主要减轻家庭经济负担，现有监护人可申请为居家托养护理员
日间照料	指导和监督作用	专业要求高于居家托养	减轻了一定的家庭照护负担

续表

托养模式	政府角色定位	服务人员服务水平	家庭负担
寄宿托养	指导和监督作用	专业要求高于日间照料	主要减轻家庭照护负担
庇护就业	指导和监督作用	专业要求高	主要减轻家庭照护负担和经济负担

资料来源：经整理《关于残疾人托养服务工作的思考——以残疾人托养服务模式为视角》所得。

由表1可知，各类托养模式的政府角色定位尚未清晰，主要有财政补贴和购买服务（邬广勇，2015），特别是2016年1月1日起实施《关于全面建立困难残疾人生活补贴和重度残疾人护理补贴制度的意见》后，从制度上强调了对重度残疾人的经济补贴，但淡化了对重度残疾人托养的概念，另外，从托养服务的提供和现有模式对服务人员专业现实要求来看，托养服务的需求和供给仍存在较大的错位。

4. 重度残疾人托养实施现状

自残疾人托养服务提出以来，残疾人托养服务得到了快速发展，无论是托养服务机构总数还是托养人数，都逐年上升（见表2）。残疾人托养服务机构不断完善，残疾人托养服务比率逐步提升，残疾人托养服务模式相互借鉴（徐宏、任涛，2015）。

表2　　　　2013~2015年全国托养机构发展统计

年份	托养服务机构总数	机构托养人数（万）	寄宿式托养机构（个）	日间照料机构（个）	综合性托养机构（个）	居家托养服务人数	托养服务设施（个）	总建设面积（万平方米）	总投资（亿元）
2013	5677	16	1750	2000	1927	78.4	353	78.2	19.6
2014	5917	16.1	1758	2132	2027	77.1	442	101.39	25.71
2015	6352	19.1	2242	1971	2139	81.5	500	115.37	29.92

资料来源：经2013~2015年残疾人事业统计公报整理。

5. 重度残疾人托养存在的问题

我国残疾人托养工作虽然处于起步阶段但取得了较大的进步，同时，许多学者也发现我国重度残疾人托养还存在诸多的问题和挑战。其中比较突出的问题有：一是托养人才不足、专业化和服务水平低；二是托养资金不足、渠道单一；三是托养覆盖面小、供给缺口大；四是托养发展不平衡、城乡和地区差异较大；五是政府角色定位不清，缺乏顶层设计。在此基础上，为进一步完善中国残疾人托养服务工作，学者和相关实务部门工作人员也提出了许多政策建议，如培养专业化服务人员，构建残疾人托养服务网络模式，投入机制长效化，服务标准规范化，协调好政府与社会、民政与残联、个人与家庭的关系，要健全政策扶持机制、社会互助机制和院所创新机制等（陈欣、张家宝和赵青，2016；徐宏、任涛，2015；张希，2015；朱宋娟，2015；刘婧，2012；杨立雄，2011；姜以文、刘丹林，2010）。

在如何完善残疾人托养的对策建议上，学者研究主要集中在以下几个方面：各级政府应当以残疾人的特殊需求为导向，应当致力于构建"政府主导、社会参与、市场运作"的服务供给模式，应该在坚持政府主导的原则下，充分发挥民间自发组织、社区与家庭的作用（周林刚，2011；张希，2015；陈玉国、周云尧、吕明晓，2012；徐宏、任涛，2015）；加大财政投入、根据残疾人福利需求偏好，有针对性地增加相应福利供给，还应注意不同残疾群体的特征（性别、婚姻、家庭收入状况）提升残疾人托养服务专业化水平；统筹城乡，推进地区间残疾人托养服务同步发展（黄骏敏、杨文健，2015）。

三、重度残疾人托养研究中面临的问题

通过以上文献回顾我们发现，现有关于重度残疾人托养的研究为了解重度残疾人这一群体和目前中国的残疾人托养情况提供了有益的借鉴和思考，但是，现有研究对重度残疾人这一特殊群体关注度不高，对其托养仍停留在表面的描述，一些基础性及未涉及的问题值得进一步的探究。

第一，重度残疾人与非重度残疾人以及健全人相比，其需求的特殊性、需求的内容和顺位仍没有讨论清楚。部分文献认为救助和医疗服务是重度残疾人比较靠前的需求，但是没有进一步分析原因或根源，我们就无从知道贫困是因为家庭劳动力受到束缚还是照顾者由于年老等原因没有劳动能力导致的，医疗需求是否因为医疗保障不完善导致的。托养需求具体指什么需求以及重度残疾人托养处于怎样的一个需求顺位上仍需要进行研究。

第二，残疾人托养对象界定比较含糊且不全面。按照残联及各地实践，残疾人托养主要面对智力、精神和重度残疾人，这一托养对象界定并不清晰，因为它既包含残疾类别又包括残疾等级，尤其是多篇文献中对重度残疾人的界定是重度肢体残疾人，这与《残疾人保障法》对重度残疾人的界定不吻合。例如，浙江省2012年实施的重度残疾人托（安）养工程对托养对象进行了年龄限制，18周岁以下和60周岁以上的重度残疾人被排除在外，这与其他相关社会保障制度如何对接，是否合理仍有待商榷。另外，一些地方如浙江省的托（安）养工程将失能即生活不能自理的重度残疾人列为托养对象，如果能够自理则被排除在外。

第三，政府、家庭和社会等主体在重度残疾人托养问题上的责任和定位没有专门的讨论。重度残疾人托养其实不单单是某一个主体的责任，而是多元主体共同参与的（杨玉宏，2013），政府、家庭和社会分别应当承担什么样的责任及其边界需要进一步探讨，如何引入社会组织等，提供高质量的托养服务也是亟待研究的方向。

第四，服务供给的内容和形式需要理论上的讨论。由于对残疾人托养的含义理解和界定不同，各地在具体操作时在服务内容上有较大的差异，总体上是重照料。另外，服务模式有四种，但是居家托养发展是相对最落后的。居家托养是指由社会组织上门进行多方面托养服务的提供，这里涉及政府、家庭、市场三方面的角色定位和功能发挥，从残疾社会观的理念及西方国家的实际来看，居家托养是最为推崇的一种托养方式，而这恰恰是目前最被忽略也是最薄弱的一种形式。

第五，政策效果缺乏评估。研究内容主要集中在重度残疾人现状、托养政策、存在的问题及政策建议等，近年来，各省相继推出重度残疾人的托养政策，但尚缺乏对政策效果的评估，尤其是没有一套清晰且可操作的评估标准和指标。

第六，研究方法定性比较多，定量研究比较少。现有研究文献中往往采用访谈法、文献法等对重度残疾人进行研究，计量或定量研究托养政策的文献较少，导致难以量化重度残疾人的托养实施效果。

参考文献

[1] 贾玉娇, 宋宝安. 农村重度残疾人社会保障问题分析——基于吉林省十县（市、区）的调查[J]. 华南农业大学学报（社会科学版），2011（2）：77-81.

[2] 刘婧娇. 从形式平等到实质平等——需要视角下中国残疾人特殊社会保障研

究［D］. 吉林大学，2014.

［3］张希. 农村重度残疾人居家服务体系的构建——基于东北地区的调查数据［J］. 经济视角，2015（4）：60-68.

［4］章程. 社会质量视角下我国残疾人社会保障困境研究［D］. 吉林大学博士论文，2015.

［5］古天玉. 哈尔滨市主城区智力残疾人托养需求的调查与对策研究［D］. 吉林大学，2013.

［6］陈欣，王家宝，赵青. 浅析重度残疾人居家托养服务的问题与对策［J］. 辽宁教育行政学院学报，2016（3）：90-92.

［7］杜丽. 重度残疾人护理费用对家庭生活的影响研究［J］. 中华现代护理杂志，2016（9）：1230-1235.

［8］石岩. 重度残疾人护理补贴实施状况研究——基于江苏省宿迁市的实证调查［J］. 残疾人研究，2016（4）：36-41.

［9］张东枚. 残疾人日常生活能力与家庭负担研究［D］. 暨南大学，2003.

［10］程凯. 中国残疾人社会保障与服务状况及其发展对策. 第三届中国残疾人事业发展论坛，2009：28-32.

［11］杨立雄. 中国残疾人托养服务标准化研究［J］. 残疾人研究，2011（4）：19-25.

［12］杨思斌，吕世伦. 论和谐社会背景下我国弱势群体保护与政府责任［J］. 北京行政学院学报，2008（3）：77-81.

［13］陈图，马瑛. 新疆残疾人托养机构现状与对策研究［J］. 特区经济，2015（4）：125-127.

［14］黄骏敏，杨文健. 残疾人福利供需差距分析及对策研究——以江苏省南京市为例［J］. 社会保障研究，2015（6）：75-85.

［15］何东云. 转型期重度残疾人托养工作探讨［J］. 中国城市经济，2011（6）：258-259.

［16］彭宅文. 残疾、社会排斥与社会保障政策的干预［J］. 中国人民大学学报，2008（1）：16-21.

［17］张芳芳. 河南省残疾人托娅巴根服务机构现状及对策研究［D］. 吉林大学，2012.

［18］吕明晓. 浙江省残疾人托养照料模式：评估、比较与展望［J］. 社会保障研究，2010（5）：75-81.

［19］李婷. 残疾人托养中政府与NGO的联动迁入合作模式研究［D］. 江西财经大学，2014.

［20］徐宏，任涛. 残疾人托养服务体系：意涵、建构挑战及政策选择［J］. 井冈山大学学报，2015（3）：85-93.

[21] 范莉莉,张浅浅. 关于残疾人托养服务工作的思考——以残疾人托养服务模式为视角 [J]. 社会福利,2012:34-37.

[22] 陈玉国,周云尧,吕明晓. 构建六大机制完善托养照料服务体系 [J]. 社会福利,2012(5):26.

[23] 邬广勇. 地方政府购买残疾人公共服务问题研究——以无锡市为例 [D]. 西北师范大学,2015.

[24] 姜以文,刘丹林. 制约托养服务业发展的三个问题 [J]. 中国残疾人,2010(1):62.

[25] 周林刚. 残疾人社会保障体系与公共服务体系建设研究 [J]. 中国人口科学,2011(2):93-101.

[26] 杨玉宏. 城市残疾人社区服务多元主体建设探讨——社会互构论视角下Z社区为例的社会学研究 [D]. 华中师范大学,2013.

[27] 朱宋娟. 残疾人托养服务机构绩效评估研究——以苏州市为例 [D]. 苏州大学,2015.

[28] 刘婧. 残疾人托养服务网络模式研究 [D]. 重庆大学,2012.

[29] 刘雪. 残疾人康复和托养设施需求与供给研究——以山东省为例 [J]. 经济与社会发展,2014(3):93-97.

以国家公园理念带动浙江省"大花园"建设的思考

刘 颖[①]

摘 要 党的十八届三中全会提出建立国家公园体制,加快推进生态文明建设。2016年钱江源国家公园体制试点区获批,是浙江省以及长三角地区唯一一个试点区域,2017年省第十四次党代会作出了谋划实施"大花园"建设行动纲要的重大部署,以国家公园的思路打造"大花园"、带动"大花园"建设具有重要现实意义。本文首先说明我国建立国家公园体制的背景和改革思路,其次在分析比较基础上提出可供借鉴的几点国外经验,并对国内试点区域的进展情况进行总结,最后提出以国家公园理念带动浙江省"大花园"建设的逻辑思路体系。

关键词 生态文明 "大花园" 国家公园 对策建议

社会主义生态文明观是党的十九大确立的习近平新时代中国特色社会主义思想的重要内容。"坚持人与自然和谐共生"在党的十九大报告中作为基本方略提出,并在其"加快生态文明体制改革,建设美丽中国"中强调"我们要建设的现代化是人与自然和谐共生的现代化,既要创造更多物质财富和精神财富以满足人民日益增长的美好生活需要,也要提供更多优质生态产品以满足人民日益增长的优美生态环境需要",明确要求"建立以国家公园为主体的自然保护地体系"。建立国家公园体制是党的十八届三中全会提出的重点改革任务,是我国生态文明制度建设的突破口。浙江省在"八八战略"之绿色浙江的基础上,省第十四次党代会作出了谋划实施"大花园"建设行动纲要的重大部署,"大花园"是浙江省深入践行"两山""两鸟"理论,谋划建设的绿色发展大平台。钱江源作为浙江乃至

---

① 刘颖,浙江财经大学东方学院财税分院副教授。

长三角地区唯一、全国十家之一的国家公园体制试点区域,正致力于打造成为浙江省"大花园"里最亮的金名片。

一、我国建立国家公园体制的背景和思路

世界自然保护联盟(IUCN)对国家公园的定义是:大面积的自然或接近自然的区域,设立的目的是保护大范围的生态过程,以及相关的物种和生态系统特性。这些自然保护地提供了环境和文化兼容的精神享受、科研、教育、游憩和参观的机会。国家公园是保护自然生态系统的重要方式,我国的国家公园体制建设是在各类保护地已经广泛建立的背景下提出的,目的是通过国家公园体制建设带动保护地体系的完善,建立以国家公园为主体的自然保护地体系,加快推进我国的生态文明制度建设。

(一)自然保护地现状

我国自1956年建立自然保护区以来,经过六十多年的发展,已基本形成以自然保护区为主体,以多部门分管、地方管理为主的自然保护地体系,包括自然保护区、风景名胜区、国家级森林公园、地质公园、湿地公园、自然遗产等类型,约占我国陆地国土面积的18%,其中国家级自然保护地约占12%(自然保护区占10%,风景名胜区、森林公园和地质公园各占1%)。

(二)存在问题

一是由于地理单元与行政区划不一致而带来的跨区域管理问题。行政区划多以山脊线、河流为界,造成同一生态系统因行政区划分界的碎片化,缺乏统一的生态保护和资源利用规划,生态系统的完整性和原真性难以得到有效保护。以行政区划地方管理为主,由于自然资源保护具有正的外部性,保护地与受益地不一致使地方缺乏保护动力,产生保护不足的问题,导致对生态系统服务功能保护作用没有充分体现。

二是由于自然资源按资源类型分别由多个部门管理与山水林田湖草一个生命共同体不一致而带来的跨部门管理问题。我国在2018年之前自然保

护地的管理权限分散在水利部、环境保护部、国土资源部、住房和城乡建设部、文化部、旅游局、林业局等多个部门，缺乏集中统一管理，尤其在一地多牌的情形下势必造成多头管理、条块分割，部门分工不合理，部门之间缺乏协调，从而形成事实上的管理缺失或重复管理[①]。

三是由于国家生态安全利益与原住民生存发展权益不一致而带来的人地关系紧张问题。我国人口众多，尤其在东部地区人口密集，国家公园内部和周边存在大量原住民，会出现自然保护地因土地涉及的拆迁、征用和使用等问题与周边地区居民发生矛盾，以及对自然资源的保护管理与周边社区经济发展的冲突等，都会对自然保护地的管理造成阻力。

四是由于事权与管理主体、支出责任不一致而带来的"逆向选择"问题。如国家级自然保护地事权在中央，而管理机构和资金投入则主要在地方，保护责任主体不够明确，责任、义务、受益不对等容易产生通过经营收入补贴保护和管理经费，管理与经营不分的情形，进而易造成旅游开发强度过大等问题。

（三）改革思路

党中央将建立国家公园体制放到科学保护和合理利用自然资源，推进美丽中国建设，促进人与自然和谐共生的高度予以推进。习近平总书记作出一系列重要指示，"要着力建设国家公园，保护自然生态系统的原真性和完整性，给子孙后代留下一些自然遗产。""探索解决跨地区、跨部门的体制性问题。""建立国家公园是保护生态系统，不是为了搞旅游开发。"

中央深改组第 19、30、36、37 次会议对建立国家公园体制作出一系列决策部署。2017 年 7 月 19 日，中央深改组第 37 次会议审议通过了《建立国家公园体制总体方案》，提出"坚持生态保护第一、国家代表性、全民公益性的国家公园理念，坚持山水林田湖草是一个生命共同体，对相关自然保护地进行功能重组，理顺管理体制，创新运营机制，健全法律保障，强化监督管理，构建以国家公园为代表的自然保护地体系。"2017 年 10 月 18 日党的十九大报告提出"建立以国家公园为主体的自然保护地体系"，这标志着中国特色国家公园体制的系统解决方案已经形成。

---

① 根据 2018 年 3 月中共中央关于《深化党和国家机构改革方案》，组建自然资源部、生态环境部、文化和旅游部等，着力推进重点领域、关键环节的机构职能优化和调整。

二、国家公园建设的国际经验借鉴及国内试点进展

从美国 1872 年创立全球第一个国家公园——黄石国家公园以来，国家公园已在全球 150 多个国家普及推广。我国自 2013 年党的十八届三中全会决定首次提出建立国家公园体制以后，中央及有关部委出台了一系列文件，2015 年启动试点工作，2017 年通过总体方案，2018～2020 年，在国家公园体制试点中率先建成生态文明制度成为实践工作和学术研究的重点。

（一）国际经验总结与借鉴

国家公园作为对自然保护地有效治理的模式，各国依据本国国情探索适合自身发展的管理体系，体制设计和治理模式不尽相同。经过对代表性国家的比较分析，有如下可供借鉴的几个共同特点：

一是在核心理念上，各国都将保护自然生态系统及有关生物、资源作为首要的管理目标，作为国家公园的第一使命，以保护自然生态系统的原真性、完整性和可持续发展，同时将保护与利用、发展相结合，兼顾科学研究、自然教育、旅游休憩等多样功能，限制旅游开发强度，核心区域以外可进行旅游开发的面积各不相同。在资源保护机制上各国做法不尽相同，如美国综合运用依法保护机制、科学保护机制、科学规划机制、合作研究机制和协商保护机制，而澳大利亚则主要采取依法保护机制。

二是在制度设计上，以完善的法律体系和由国家授权管理机构落实自然资源归属管理和用途管制为保证，以政府预算投入为主，社会捐助和市场经营收入为辅，公平保证多方参与。欧美国家公园均已建立较为完善的法律体系，不仅有国家统一立法，而且几乎每个国家公园都有独立立法，财政支出绝大部分来自中央（联邦）政府，同时赋予执法权力，突出国家公园的法律财政地位。

三是在资产权属上，坚持国家公园的公产属性，将其作为全民财产进行管理和使用，以保证全民利益优先、长远利益优先。但为了更方便处理与当地关系，英国、日本、澳大利亚等国的国家公园内土地存在多种所有制，其中日本国家公园私人所有土地占 20% 以上，澳大利亚等大多数国家

公园对原住民土地通过租赁实施管理。

四是在管理模式上,实行管理与经营相分离,国家公园管理机构主要受人民委托负责资源保护和公共服务等,不允许谋取私利,公园内营利性商业服务等通过特许经营方式进行招标。如美国1965年通过《特许经营法》,国家公园内全面实行特许经营制度,实现管理与经营分离,以避免重经济效益而破坏资源的弊端。

五是在监督机制上,强调公众和社区参与,将社会大众和地区居民纳入监督体系,保证监督机制的具体有效。以美国为代表的中央政府主导模式被认为是最有效和最恰当的治理方式,除此之外,也有许多国家为了保障社区发展利益,牺牲一部分治理效率,采用联合治理、社区主导等社会参与度高的模式。如澳大利亚国家公园建立了利益相关者的决策实体,出现争议时,原住民、政府官员、非政府组织都可以参加裁决。

(二) 国内国家公园体制建设试点进展

一是建立省级政府垂直管理的直属机构,实现自然资源资产统一管理。在十个试点区中,青海三江源、大熊猫(川、陕、甘)、东北虎豹(吉、黑)、祁连山(甘、青)由中办批复试点实施方案,青海三江源、东北虎豹、福建武夷山、湖北神农架、湖南南山、北京长城均组建了省级以上政府垂直管理的直属机构,其中东北虎豹属中央直接管理。目前浙江钱江源管理机构为市级政府派出机构。

二是着力优化重组保护地,增强自然生态系统联通性和完整性。试点实施方案明确跨省共建的有大熊猫、东北虎豹、祁连山,其中大熊猫国家公园整合了80余个保护地,东北虎豹国家公园整合了40余个保护地。钱江源国家公园先后多次对接交流毗邻的江西婺源、德兴和安徽休宁,主动走出了全国跨区域合作的第一步,依靠村级自治组织签订《生态保护与可持续发展合作协议》促成毗邻地区协同保育,推动生态系统整体性保护。

三是建立生态保护与经济社会协调发展机制,促进人与自然和谐共生。各试点区采取的措施主要是生态移民、分散居民点的集中居住、提供公益岗位、招募志愿者等,有序疏解园区居民,在核心保护区和生态修复区开展生态移民,控制科普游憩区和传统利用区人口规模。如青海三江源国家公园设立了7000多个公益岗位,四川《大熊猫国家公园体制试点实施方案（2017~2020年）》提出"推动社区可持续发展"。浙江、四川、陕西、甘肃、吉林、黑龙江都在编制试点区范围内居民搬迁、集中居住的方案。

四是突出有效保护生态，因地制宜探索多样化保护管理模式。如东北虎豹国家公园，国有林地占比较高，由中央政府统筹整合，探索由全民所有的保护模式；浙江、福建、湖南则针对集体林地占比较高的问题，探索用租赁、置换的方式对集体土地进行管理，或按要求逐步降低试点区集体土地占比。

2016年钱江源国家公园体制试点区成为全国第四个获批的试点区域，是浙江省以及长三角地区唯一一个试点区。试点区面积252平方公里，涉及开化县4个乡镇19个行政村。比较而言，浙江钱江源国家公园在科研合作基础、生态文明制度实践等方面具有一定优势，而在生态系统功能重要程度、生态系统效应外溢广度等方面的国家代表性则并不突出，亟待充分发挥浙江省体制机制创新优势以提升核心竞争力和公认度。

三、加快钱江源国家公园体制试点区建设的对策建议

钱江源国家公园试点区是浙江省重点生态功能区，试点区建设对探索生态保护与利用相协调的绿色经济发展模式，促进我国东部地区生态文明制度建设具有示范意义；对健全生态治理体系、推动浙江"大花园"建设将发挥重要作用。

（一）探索建立基于自然的保护方案，构建科学保护机制

国家公园以保护为首要任务。秉承道法自然的理念，充分利用中科院院士工作站、中科院植物研究所、浙江大学生命科学院对试点区核心区域的累积研究成果和前沿技术支撑，针对保护对象的类型、敏感度、濒危度和分布特征，制定山水林田河草一体化的保护办法，整合碎片化区域，对国家公园实行分区管控。建议将主要制度成果反映为省级条例和规划，实行依法依规的最严格保护，以期为生态系统的原真性保护提供全国示范。

（二）探索跨省多中心联合治理的新模式，构建合作保护机制

为了有效保护重点生态功能区，应从一个生态系统的视角整合各类保护地。现有三个跨省级行政区的国家公园试点区均由中办直接批复，体现了中央对该问题的高度重视支持。在试点面积仅为 252 平方公里、生态系统与周边地区密不可分的钱江源国家公园体制试点中，能否实现真正意义上的跨省合作尤为重要。在试点区省际毗邻社区签订合作保护协议的基础上，可考虑进一步推动浙江基层主动跨省合作上升为县级、省级层面，探索跨行政区管理的有效途径。研究制定跨省合作生态补偿办法，保护钱江源生态系统的完整性。

（三）探索厘清纵横权责清单，构建协同管理机制

"纵向到底"，建议顶层设计事权和支出责任相匹配、充分调动两个积极性的激励兼容机制；试点期内，省政府将试点区作为深入践行"两山""两鸟"理论、孵化生态文明制度最新成果的"聚宝盆"和"样地"，集成体制机制创新优势倾力支持，如优化组建既符合中央要求又具有浙江特色的管理体制，全额保障试点方案的资金投入计划，优先支持试点区自然价值的保值增值和财政实现，加大对试点区所在地绿色产品的财税金融支持和政府采购等力度。"横向到边"，按照自然的保护职能统一由国家公园管理机构行使、人的社会职能由当地政府管理的原则，明确责任清单和权力边界，实现统一规范高效管理。

（四）促进社区居民增收，构建利益分享机制

国际经验表明，生态共同体在于达成利益共同体。为此，要让原住民与周边社区享受到创建国家公园的"溢出效应"，形成利益共同体，使其由衷地拥护和参与到保护和建设工作中来。在人多地少、寸土寸金的东部发达地区，针对集体林地占比高、原住民具备生态自律意识、核心区原始林得以长期维护的现实，有条件在征收、租赁、置换等多种方式中优选解决方案，如探索地役权改革，针对保护对象和需求，明细制定行为负面清单，对因保护而使用受限的产权人给予合理经济补偿和特许经营机会；筹

划国家公园产品品牌增值体系，带动周边社区居民增收致富。

（五）推广自然生态教育，构建国民共享机制

坚持国家公园的全民公益性，推行国家公园低票价和预约制，公开招募志愿者加入宣教讲解、生态监测、资源调查和游客服务等岗位，提升志愿者服务与管理机制。促进试点区同高等院校、科研机构之间的联系，建立试点区教育、科研基地，以"互联网+"建设国内一流的自然科普系统，建设多元化的向导式解说系统，让公众更多了解和参与到国家公园的建设和管理中来，不断提高公众的生态保护意识、民族认同感和自豪感。

四、结束语

"大花园"建设牵动一系列生态文明体制改革，及时总结国家公园体制试点经验做法，借鉴国家公园理念，以"国家公园+"复制推广到全省"大花园"建设中，进而谋划实施浙江省"大花园"建设行动。以"国家公园+美丽城市+美丽乡村+美丽田园"为空间形态打造浙江省"大花园"，将"大花园"建设过程作为钱江源国家公园体制试点经验的复制推广过程，加快实现浙江省内生态功能区的绿色崛起，把生态经济培育成为发展的新引擎。"大花园"建设应立足主体功能区战略，借鉴国家公园的生态保护第一理念，突出保护优先，严守红线实行科学保护；借鉴国家代表性理念，突出区域特色，避免为美整形"千人一面"的同质化现象；借鉴全民公益性理念，突出"公园城市"、复兴乡村、现代田园。

参考文献

[1] 苏杨，何思源，王宇飞，魏钰. 中国国家公园体制建设研究. 社会科学文献出版社，2018.

[2] 肖练练，钟林生，周睿，虞虎. 近30年来国外国家公园研究进展与启示. 地理科学进展，2017（2）.

[3] 朱春全. 关于建立国家公园体制的思考. 生物多样性，2014（4）.

[4] 孙琨，钟林生，马向远. 钱江源国家公园体制试点区扩源增效融资策略研究. 资源科学，2017，39（1）.

［5］李俊生，朱彦鹏．国家公园资金保障机制探讨．环境保护，2015，43（14）．

［6］杨开华，许杨．国家公园管理体制的域外实践及借鉴．光华法学，2015（1）．

［7］沈兴兴，马忠玉，曾贤刚．我国自然保护区资金机制改革创新的几点思考．生物多样性，2015，23（5）．

［8］吴承照．中国国家公园模式探索．中国建筑工业出版社，2017．

［9］Weiler B，Moore S A，Moyle B D. Building and sustaining support for national parks in the 21st century：Why and how to save the national park experience from extinction［J］. Journal of Park and Recreation Administration，2013，31（2）．

［10］Kruger J M，MacFadyen S，Roux D J，et al. Science support within the South African national parks adaptive management framework［J］. Koedoe，2011，53（2）．

中国财经类大学校训解析及其比较研究

郑彬博　张雷宝①

摘　要　校训是传承大学文化并弘扬大学精神的重要载体。本文借助校训这个特殊的观测"窗口",对我国财经类大学校训的陈述风格、价值取向和特色差异进行剖析。研究发现:我国财经类大学校训更偏好二言八字的语句表达形式;校训内涵也并非绝对或完全的实用主义和实利主义价值导向,但能真正反映财经或商道特色的个性化校训依然较少(如占比不到16%)。大学校训的面貌相似且内容相近,在某种程度上违背了校训本质的特殊规定性。最后,本文结合"大众创业、万众创新"国家战略以及新时代和新征程带来的各种挑战,提出国内财经类大学校训应反映时代要求并与时俱进等创新性观点。总体上,本文对改进财经类大学校训的教育导向功能并助推"大众创新、万众创业"国家战略具有重要的启示和借鉴意义。

关键词　财经类大学　校训主题词　价值取向　"两创"战略　比较研究

一、问题的提出

在我国,财经类大学是培养各类型和各层次财经专业人才的主力军,而校训则是观测和考察不同财经类大学人才培训理念的重要"窗口"。通常,高等教育目标具有传播专业知识和培养文化品格(即人文素养)的基

---

① 郑彬博,男,经济学硕士,浙江财经大学东方学院财税分院助教。张雷宝,男,经济学博士,浙江财经大学研究生院教授、博导。

本特征。显然，校训的文化表征、价值取向与深层底蕴会对财经类专业学生的专业知识学习以及文化品格塑造都产生重要影响。在某种程度上，校训是大学文化的重要载体，具有潜移默化、润物无声的特殊育人效果。例如，早于1928年中华书局出版的《辞海》对校训的解释为："学校为训育上之便利，选若干德目制成匾额，悬之校中公见之地，是校训，其目的在使个人随时注意而实践之。"基于上述认识，借助校训这个特殊的观测"窗口"，我国财经类大学的办学理念、个体特色以及价值取向到底如何？不同区域、不同校龄、不同层次的财经类大学之间是否存在显著差异？特别是，立足我国高等财经教育所处的新时代和新征程，财经类大学校训的教育导向功能与我国目前自上而下深入实施的"大众创业、万众创新"国家战略（简称"两创"战略）是否相适应或相匹配？这些都是值得高等财经教育界关注和思考的现实问题。因此，本文的研究对进一步提升财经类人才培养质量具有重要的启示借鉴意义。

二、文献梳理与研究思路

已有相关文献表明，校训比较研究是探讨国内外不同高校文化背景、培养理念及其价值取向的重要渠道。例如，林为连等（2005）通过对比评析国内外知名高校的校训，研究发现我国高校校训注重道德义务和内心修养，国外高校则侧重对知识、真理和自由的追求（欧美一流高校尤其如此）[1]。耿富云等（2015）以200所美国大学为研究样本，发现美国大学校训表述相当多元化，句式结构自由但内涵丰富，个性张扬而不失本质，内部稳定而又外部和谐，注重求真、求知、服务人类且宗教色彩强烈[2]。董召锋（2016）从历史发展的角度，梳理了校训演变历程，对比分析了中西方大学校训的异同点，指出西方高校追求真理、崇尚自由、服务社会的价值取向共性，而中国大学的校训随着历史变迁已由新中国成立前的爱国、民主、团结、自强到新中国成立以后的服务奉献，再到改革开放以及思想解放后的追求知识、崇尚美德和勤奋务实[3]。周谷平等（2005）重点讨论了清华大学、浙江大学、南开大学等几所中国近代大学的校训，发现校训深度融合了中国古代经典和西方教会文化，同时提及当代中国大学校训高度雷同的不足和向传统回归继承的发展趋势[4]。当然，除了中外大学之间的校训对比研究之外，国内教育界也不缺少针对国内高校校训的实证研究。例如，李翚（2005）通过整理我国大学校训的历史演变,认为在中国大学校训百余年的发展中,早期是"百花齐放",随后经历了动乱迷失和自我意识觉醒的阶段,21世纪后再次繁荣但又缺少新的教育理念[5]。唐智松(2010)对109所国内"211"大学校训进行了统计分析,发现"211"大学校训形式简洁、引经据典,突出主体、追求自强,律己爱群、服务社会,德才兼修、以德驭学,实事求是、创新未来,但同时也存在雷同、跟风和浅薄的缺点[6]。同样,庞晓东(2012)分析"211"大学校训词频、表达方式及其内涵,提出缺少对美育和学术自由的重视[7]。此外,夏秋(1010)、王洪波(2013)等学者对"211"高校校训的内容特色进行了统计分析[8][9],廖茂吉等(2016)则针对我国2359所大学校训中的诚信文化进行了有益的探讨[10]。

不难发现,上述研究通常都是站在较宏观层面对全国高校或"211"高校校训展开综合探索或比较研究,总体讨论相对宽泛,且针对性地对某一类高校校训进行专门研究的文献较为稀缺。应指出,韩树林(2010)以高职院校校训为研究对象进行的专业性研究,具有一定的代表性[11]。财经类大学是我国高等教育事业的中坚力量,其培养的各类财经类人才也在我国经济现代化建设以及创新创业大潮中发挥着极其重要的作用。基于此,本文力图以国内主要财经类大学为研究样本,着重对其校训进行解析研究,并对不同财经类大学校训的形式、内涵及其特色展开较全面的比较研究。显然,本文既是对国内相关研究的有益补充,也有助于进一步了解和深刻理解我国高等财经人才培养理念及其特色差异。

在研究样本方面,本文着重选取国内财经界较认可的《2017中国财经类大学排行榜》(艾瑞深中国校友会网)中上榜的相关高校,该榜是目前中国大学评价指标相对较为系统全面、评价思想与方法与世界接轨、涵盖大学核心职能评价的排行榜,一级评价指标主要由人才培养、科学研究和社会影响三大指标构成,二级评价指标覆盖教学水平、培养质量(杰出校友)、杰出师资、学科建设、科研成果、科研项目、创新基地、办学层次、社会声誉和国际化水平等十大核心质量指标,涵盖的三级评价指标有200多项。本文基于此榜单,以2017年财经类大学排行榜中所涵盖的55所财经类本科院校为样本,通过门户网站搜集其校训资料,经核实后开展相关比较研究。总体上,上述55所大学较全面地涵盖了全国各地的财经类大学,其中既有上海财经大学、中央财经大学等全国"双一流"财经类大学,也有各省属财经类本科院校,还包括前身是财经学校或主要学科为经管类学科的一些高校(如郑州航空工业管理学院、河北地质大学、桂林旅游学院等）。显然，本文选取的研究样本比较好地代表了国内主流的财经类大学，比现有其他财经院校排名涵盖的样本范围更大且更全面（表1即相关财经类大学综合实力排名情况及其校训的全景式呈现）。

表1　　　　国内55所财经类大学校训的全景呈现

名次	名称	校训	名次	名称	校训
1	上海财经大学	厚德博学、经济匡时	18	云南财经大学	好学、笃行、厚德、致远
2	中南财经政法大学	博文明理、厚德济世	19	河南财经政法大学	博洽、通达、弘毅、致远
3	西南财经大学	严谨、勤俭、求实、开拓	20	山西财经大学	修德、立信、博学、求真
4	对外经济贸易大学	博学、诚信、求索、笃行	21	广东财经大学	厚德、励学、笃行、拓新
5	中央财经大学	忠诚、团结、求实、创新	22	河北经贸大学	严谨为师、勤奋为学、诚信为人
6	东北财经大学	博学、济世	23	吉林财经大学	明德、崇实
7	浙江工商大学	诚、毅、勤、朴	24	天津商业大学	笃学、弘毅、明德、济世
8	江西财经大学	信、敏、廉、毅	25	湖南商学院	至诚至信、为实为新
9	首都经济贸易大学	崇德尚能、经世济民	26	贵州财经大学	厚德、博学、笃行、鼎新
10	北京工商大学	求真、立德、勤奋、创新	27	南京审计大学	诚信、求是、笃学、致公
11	天津财经大学	学、思、达、信	28	河北地质大学	达观、博物
12	安徽财经大学	诚信博学、知行统一	29	新疆财经大学	经世济公、至善至诚
13	山东财经大学	克明峻德、格物致知	30	兰州财经大学	博修商道
14	浙江财经大学	进德修业、与时偕行	31	上海立信会计金融学院	立信
15	南京财经大学	自谦、自信、务实、超越	32	嘉兴学院	方正为人、勤慎治学
16	哈尔滨商业大学	求真、至善、修德、允能	33	内蒙古财经大学	崇德、尚学、明理、包容
17	上海对外经贸大学	诚信、宽容、博学、务实	34	广东金融学院	明德、敏学、笃行、致远

续表

名次	名称	校训	名次	名称	校训
35	广西财经学院	诚以修身、信以立业	46	铜陵学院	明德、尚能、博学、日新
36	湖北经济学院	厚德博学、经世济民	47	哈尔滨金融学院	以诚为金、礼融天下
37	郑州航空工业管理学院	严谨求实、开拓进取	48	辽东学院	明德、笃学、践履、惟新
38	北京物资学院	厚德、博学、笃行、日新	49	吉林工商学院	博学、善思、厚德、自强
39	西安财经学院	博学、明理、立诚、济世	50	武汉商学院	商道惟诚、知行致远
40	上海商学院	厚德博学、经世济民	51	山东管理学院	明德、弘毅、博学、笃行
41	河南牧业经济学院	尚严、崇实、善知、敏行	52	桂林旅游学院	修身、立志、敬业、创新
42	中国劳动关系学院	刚健创新、和而不同	53	贵州商学院	尚信、塑品、致用、立身
43	河北金融学院	明德、守信、求真、尚行	54	河南财政金融学院	明德笃学、知行合一
44	福建江夏学院	博学于文、修身以德	55	福建商学院	明德、诚信、勤敏、自强
45	湖南财政经济学院	正德厚生、经世济用			

资料来源：排名源自艾瑞深中国校友会网《2017中国财经类大学排行榜》，校训源自各大学官网。

三、国内财经类校训的解析：从形式到内涵

通常，国内外的大学校训都是某种意义上的育人格言。在英文中，校训 School Motto 中的 Motto 一词意为"格言"，即指可引导行为规范且言简意赅的语句。韩延明曾在《大学理念论纲》中描述校训"是一所大学独立思想、传统精神和办学特色的集中标书，是一种赋予大学以生命、品格与规范并深刻体现其办学宗旨、治学传统、文化底蕴、团体精神、社会责任和学校个性化特色的校园精神文化形态"[12]。类似的也有王刚（2011）认为大学校训是大学在办学实践基础上根据一定社会目标要求和遵循大学本质逻辑所拟订的以表征大学独立思想、传统精神和办学特色，并对师生行为具有导向性、规范性和勉励性作用而高度凝练的一种办学格言[13]。李承

先等（2005）认为校训的意义就在于通过几个简短的词汇来反映学校丰富的精神和传统，激励师生继承学校传统，发扬学校特有的精神气质[14]。综上所述，作为格言的校训通常需要满足三个条件：（1）校训用语通常言简意赅；（2）校训通常体现学校的办学宗旨（即体现学校文化氛围的"应然"之风[15]）；（3）校训通常阐述学校的办学特色。事实上，只有那些通过对自己办学理念的倡导，对自己办学特色、办学传统的提炼，并形成自己特色的价值取向的校训，才能成功地升华到学校精神的核心层面[16]。

（一）校训文本的表述形式：二言八字最流行

什么样的校训文本表述更受国内财经类大学的青睐和欢迎？为此，本文对国内55所财经类大学的校训用词进行了整理、归类和分析，试图找寻其中的规律（见图1）。需要说明的是，为更精准进行类别研究，本文以"短语是否可以独立表达一个意思"为标准对所有财经类大学的校训进行断句，如"厚德博学、经济匡时"中"经济匡时"表达一个层面的意思，不易拆分，前后对称，属四言八字形式；而"求真至善，修德允能"中"求真至善"和"修德允能"都表示两个层面的意思，便可在"求真"和"至善"以及"修德"和"允能"中间作停顿，实属二言八字形式。按上述方法进行统计分析，研究发现：从用词形式来说，国内财经类大学更习惯或偏好二言八字的校训文本表述（即使用频率约占"半壁江山"），而二言八字和四言八字两种校训表述形式合计则占总体的83.64%。二言八字表述何以能够成为校训用词的主流？对此，可能的解释是：二言八字表述对称工整，言简意赅，朗朗上口，节奏感强，可能更符合财经教育工作者的语言审美。

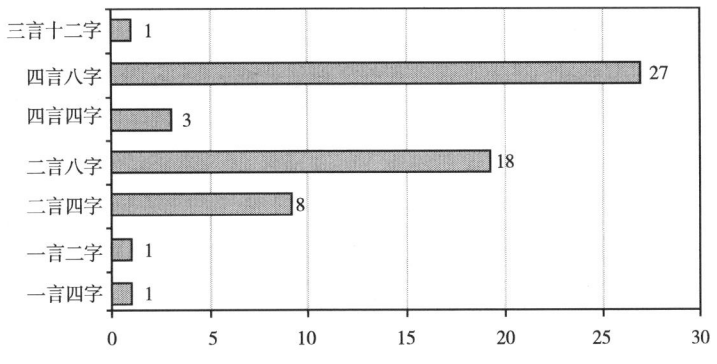

图1 国内财经类大学校训的用词形式及其类别分析

(二) 校训蕴藏的内在价值与精神:重德胜于劝学

本质上,任何一所中外高校的校训都具有一定的价值取向和精神追求。也就是说,校训反映的是大学的存在价值,时刻提醒着学校究竟要培育什么样的人以及怎样培养人等核心功能实现问题。因此,统计分析校训的用词内容,剖析其主题词及其出现频率,显然有助于探讨和比较不同财经类大学人才培养的价值取向及其文化差异。

本文按主题词对所有财经类大学的校训进行了归类整理和类别统计,背后所遵循的基本原则是:(1) 按照校训研究惯例,这里的主题词仅选取一个词组中的重点词,非重点词则进行舍弃处理。例如,"勤奋为学"只取"勤奋"两字;(2) 相同或相近的校训表述同词则归为同类,如广西财经学院校训"诚以修身、信以立业"则概括为"诚信",在统计分析中记为"诚信";贵州商学院校训"尚信、塑品、致用、立身"中"塑品"与"立身"均属"厚德"主题词下,故将两者合并归类于"厚德"(3) 语义表达存有多重解释的校训,则按其直接释义进行归类处理。例如,校训用词"敬业"意为遵守职业道德的工作态度,归属道德范畴并放在"厚德"主题词门下亦可,但本文仅取校训用词的直接释义,将其单列处理。显然,校训分类的明细化和精细化有助于校训精神的明确体现(见表2)。当然,针对一些校训用词的宽泛化以及概念模糊化后文会做进一步的探讨。

表2　　　　国内财经类大学校训中的主题词及其频率统计

主题词	相同或相近词语(频次)	总频次	频率
厚德	厚德(9)、崇德(2)、立德(1)、达(1)、克明峻德(1)、进德(1)、通达(1)、塑品立身(1)、修德(2)、明德(9)、达观(1)、修身以德(1)、正德厚生(1)、修身(1)	32	58.18%
博学	博学(13)、博文明理(1)、学(1)、敏学(1)、格物致知(1)、修业(1)、好学(1)、博洽(1)、博学明理(1)、励学(1)、笃学(4)、博物(1)、博修商道(1)、尚学明理(1)、博学于文(1)、善知(1)	31	56.36%
诚信	诚信(7)、忠诚(1)、诚(1)、信(1)、立信(2)、至诚至信(1)、至诚(1)、立诚(1)、守信(1)、以诚为金(1)、商道惟诚(1)、尚信(1)	19	34.55%

续表

主题词	相同或相近词语（频次）	总频次	频率
创新	创新（4）、开拓（1）、求索（1）、与时偕行（1）、超越（1）、拓新（1）、为新（1）、鼎新（1）、日新（2）、惟新（1）、开拓进取（1）	15	27.27%
求实	求实（3）、朴（1）、求真（4）、务实（2）、崇实（2）、为实（1）、求是（1）	14	25.45%
济世	济世（4）、经世济民（3）、致公（1）、经世济公（1）、经世济用（1）、经济匡时（1）	11	20.00%
笃行	笃行（7）、敏行（1）、尚行（1）、践履（1）	10	18.18%
坚毅	毅（2）、弘毅（3）、自强（2）、刚健（1）	8	14.55%
勤奋	勤（3）、勤奋（2）、勤敏（1）、敏（1）	7	12.73%
严谨	严谨（4）、慎（1）、尚严（1）	6	10.91%
理想	致远（4）、立志（1）	5	9.09%
尚能	尚能（2）、允能（1）、致用（1）	4	7.27%
至善	至善（2）、宽容（1）、包容（1）	4	7.27%
知行合一	知行（1）、知行统一（1）、知行合一（1）	3	5.45%
正直	廉（1）、方正（1）	2	3.64%
思考	善思（1）、思（1）	2	3.64%
团结	团结（1）、和而不同（1）	2	3.64%
自信	自信（1）	1	1.82%
节俭	俭（1）	1	1.82%
自谦	自谦（1）	1	1.82%
尚礼	礼融天下（1）	1	1.82%
敬业	敬业（1）	1	1.82%

资料来源：根据相关院校门户网站获取的校训资料进行分析、整理和归类。

从校训关键词及其相近词的使用频率来看，国内财经类大学在人才培养中最重视的是厚德问题（58.18%），如55所财经类大学有32所在校训中提到"德"，占比高达58.18%，高于博学及相关表述（占比56.36%），其后的校训用词频率依次分别是诚信（占比34.55%）、创新（占比27.27%）、求实（占比25.45%）、济世（占比20.00%）、笃行（占比18.18%）等。由此可见：国内财经类大学校训基本体现了"德才兼备、德育优先"的人才培养理念。知识学习固然重要，但修身立德总是要摆在第一位。这既反映了高等财经教育者的良苦用心，又符合我国自古以来崇尚德行的传统儒家文化。在某种程度上，这种办学理念也符合关于人才质量标准的通俗表述,如"德才双全是优质品,有德无才是次品,有才无德是危险品"。显然,德育对以创新创业为主要职业取向的财经专业学生来说具有特殊重要意义。值得指出,财经类大学校训这一特点与我国"211"高校校训存有显著差异。国内学者王洪波曾统计"211"高校校训,发现"学"与"德"是"211"高校校训的最明显特征,其中"学"字出现频率最高(即112所"211"高校中提及56次,约占50%),随后才是"德"(即35所高校的校训有所提及并占比31.25%)[7],后者比前者的统计落差高达20%。国内著名学者钱理群(2016)曾撰文批评北京大学等一批大学正培育"精致的利己主义者",事实上在校训用词的频率方面可得到一定程度的印证。

须指出的是,"诚信"排在财经类大学校训用语频率的第三位,是商科专业特色的重要体现,也是财经类大学校训用词区别于一般高校的重要特征。人无信不立,商无信不通,国无信不稳。诚信是市场经济条件下开展商业活动的基础性条件,也是人类共同追求的美好品格。正因为如此,34.55%的财经类大学将诚信或相关语义作为校训关键词。事实上,我国财经类大学在人才培养中重视诚信或信义教育,在廖茂吉等(2016)学者对大学校训诚信文化的研究中也得到了印证[10]。"创新"和"求实"分别以27.27%和25.45%的使用频率分列校训用词的第四位和第五位,表明不到1/3的财经类大学对人才培养创新和求实品质有所重视。此外,"济世"(包括经世济民)在财经类大学校训用词中出现了11次(占比20%),既较好体现了财经类大学的学科专业特色,也恰当表达了高等财经专业人才应关心民生、忧国忧民并以天下为己任的人文情怀。

(三)校训育人的特色彰显:时空差异较为突出 财经特色尚不鲜明

经典的校训通常是"有形有神有特色"。这里,"有形"指具有某种形式美,"有神"指蕴藏某种感召人的价值内涵,"有特色"则指具备较强的辨识度和个性化特征。正如中国高等教育学科的创始人潘懋元所言:"每所大学能够生存,能够发展,能够出名,依靠的主要是特色"。那么,国内财经类大学的校训特色如何?换句话说,财经类大学的校训是否具有时空差异以及是否彰显了自身的财经特色?这是一道不易解答的难题。这里尝试从区域特色、历史特色以及学科特色三个维度来解析。

1. 区域特色

经济发展的区域不平衡是否会导致教育发展水平以及人才培养理念的显著差异？或者说，分布在不同区域的财经大学及其校训是否反映或具备某种区域特色？为此，本文依据东部、中部、西部、东北的地域划分标准对我国不同地区的财经类大学布局及其校训差异问题进行考察（见图2）。研究发现，东部地区的财经类大学不仅在数量上显著多于全国其他三类地区（如26所），而且在质量上更优（如东部财经类大学综合水平的平均名次约24.5名，显著优于中部地区30.4名，西部地区31.8名，东北地区31.5名）。

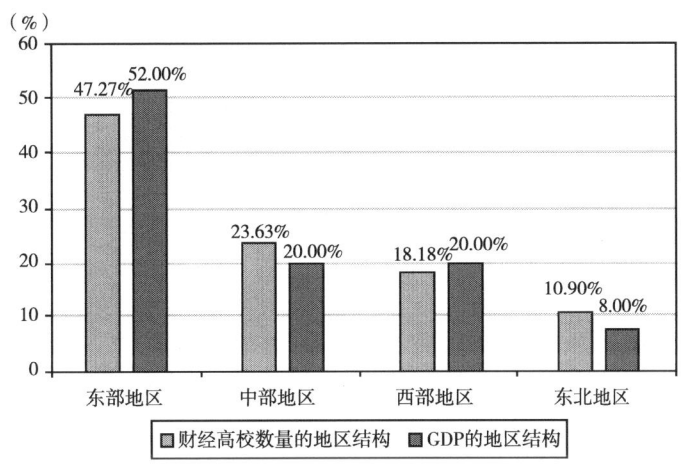

图2 国内财经类大学区域分布与经济发展水平的匹配度分析

表3表明，国内财经类大学校训主题词的出现频率及其顺序具有较明显的地区差异特征。具体表现为：（1）东部地区在厚"德"重"学"的同时，更强调"创新"。总体上，东部地区财经高校的校训主题词排序与55所财经大学的整体排序结构较一致，同时对"创新"使用频率相对较高（约34.62%）。东部地区历来是我国经济开放和各类创新的前沿，因而在人才培养中重视创新也属意料之中。（2）中部地区主要为"博学型"，即"博学"在五大校训主题词中的使用频率最高，是四类地区中唯一超过60%并显著高于"厚德"用词。此外，比较而言中部地区高校更注重"求实"，似乎也体现了中部人民淳朴真诚的民风以及踏实前行的稳重个性。（3）西部地区高校则出现"厚德""博学""创新""诚信"等校训主题词

频率一致（占比均为40%），属最能体现传统儒学风格的"并重型"（即中庸之道）。（4）东北地区财经高校最为"厚德"（校训主题词使用频率最高并达到66.67%），但"创新"所占比例最低（即16.67%）。显然，不管是东北再振兴还是中华民族的伟大复兴，都需要高校培养出更具创新精神和创新能力的高等财经专业人才，但"创新"在财经类大学五大校训主题词中排名都较为靠后且地区差异巨大，似乎也映射了财经类人才培养在创新教育方面的"短板"问题。从此角度可以看出，我国高等财经教育人才培养理念与"双创"国家战略的内在要求尚有差距。

表3　国内财经类大学的地区分布及校训区域特色

地区（个数）	数量（个数）	占比	平均名次	校训用词占比	
东部地区（26）	北京（6）、天津（2）、河北（3）、上海（4）、江苏（2）、浙江（3）、福建（2）、山东（2）、广东（2）	47.27%	24.5	厚德	57.69%
				博学	53.85%
				诚信	38.46%
				创新	34.62%
				求实	30.77%
中部地区（13）	山西（1）、安徽（2）、江西（1）、河南（4）、湖北（3）、湖南（2）	23.63%	30.4	博学	61.54%
				厚德	53.85%
				诚信	38.46%
				求实	30.87%
				创新	23.08%
西部地区（10）	内蒙古（1）、广西（2）、四川（1）、贵州（2）、云南（1）、陕西（1）、甘肃（1）、新疆（1）	18.18%	31.8	厚德	40.00%
				博学	40.00%
				诚信	40.00%
				创新	40.00%
				求实	20.00%
东北地区（6）	辽宁（2）、吉林（2）、黑龙江（2）	10.90%	31.5	厚德	66.67%
				博学	50.00%
				诚信	33.33%
				求实	16.67%
				创新	16.67%

注：地区划分依据统计局近年划分标准，东部地区包括北京、天津、河北、上海、江苏、浙江、福建、山东、广东、海南等10个地区；中部地区包括山西、安徽、江西、河南、湖北、湖南等6个地区；西部地区包括内蒙古、广西、重庆、四川、贵州、云南、西藏、陕西、甘肃、青海、宁夏、新疆等12个地区；东北地区包括黑龙江、吉林、辽宁等3个地区。

2. 历史特色

历史变迁或多或少会对大学校训的语义表达留下时代的烙印。基于此认识，就可通过建校时间的长短来观测不同校龄的财经类大学校训是否存在明显差异。根据本文统计，截至2017年我国财经类大学校龄最长的是福建商学院（111年），最短的是吉林工商学院（10年），平均校龄则为60.49年（见表4）。这里按两个重要时间节点，主要将国内财经类大学划分为三类：（1）1949年之前就存在或设立的财经类大学（即样本量中共有13所且平均名次为25.4名；（2）1949～1977年成立或设立的财经类大学（共30所且平均名次为25.6名）；（3）1978年之后（即改革开放以来）新设立的财经类大学（共12所且平均名次为36.8名）。

表4　　国内主要财经类大学的建校时间及其校龄分布

名次	名称	建校时间	校龄（年）	名次	名称	建校时间	校龄（年）
1	上海财经大学	1917	100	29	新疆财经大学	1950	67
2	中南财经政法大学	1948	69	30	兰州财经大学	1952	65
3	西南财经大学	1925	92	31	上海立信会计金融学院	1928	89
4	对外经济贸易大学	1951	66	32	嘉兴学院	1914	103
5	中央财经大学	1949	68	33	内蒙古财经大学	1960	57
6	东北财经大学	1952	65	34	广东金融学院	1950	67
7	浙江工商大学	1911	106	35	广西财经学院	2004	13
8	江西财经大学	1923	94	36	湖北经济学院	2002	15
9	首都经济贸易大学	1956	61	37	郑州航空工业管理学院	1949	68
10	北京工商大学	1950	67	38	北京物资学院	1980	37
11	天津财经大学	1958	59	39	西安财经学院	1952	65
12	安徽财经大学	1959	58	39	上海商学院	1950	67
13	山东财经大学	1952	65	41	河南牧业经济学院	1957	60

续表

名次	名称	建校时间	校龄(年)	名次	名称	建校时间	校龄(年)
14	浙江财经大学	1974	43	42	中国劳动关系学院	1949	68
15	南京财经大学	1956	61	43	河北金融学院	1952	65
16	哈尔滨商业大学	1952	65	44	福建江夏学院	2003	14
17	上海对外经贸大学	1960	57	45	湖南财政经济学院	1933	84
18	云南财经大学	1951	66	45	铜陵学院	1978	39
19	河南财经政法大学	1948	69	47	哈尔滨金融学院	1950	67
20	山西财经大学	1951	66	47	辽东学院	2003	14
21	广东财经大学	1983	34	49	吉林工商学院	2007	10
22	河北经贸大学	1995	22	50	武汉商学院	1963	54
23	吉林财经大学	1946	71	51	山东管理学院	1938	79
24	天津商业大学	1980	37	52	桂林旅游学院	1988	29
25	湖南商学院	1949	68	52	贵州商学院	1947	70
26	贵州财经大学	1958	59	54	河南财政金融学院	1953	64
27	南京审计大学	1983	34	54	福建商学院	1906	111
28	河北地质大学	1953	64				

注：建校时间数据挖掘自相关院校门户网站，校龄计算截止年份为2017年。

结合表2和表4，不难发现：（1）1949年之前创办的财经类大学校训更注重传承儒家文化，崇尚以德治校，即多以"厚德"（占比61.54%）、"诚信"（占比38.46%）、"勤奋"（占比38.46%）、"坚毅"（占比38.46%）等主题词为主线。学理上，"诚信""勤奋""坚毅"等都可囊括进"德"的广义范畴，这在一定程度上体现了民国教育特色。（2）现有多数高校成立于1949年以后至改革开放之前的这段时期，其校训则多以"博学""厚德""诚信""求实""创新"为主基调，而"博学"（占比60%）、"求实"（占比33.33%）和"创新"（占比30%）三个主题词的使用频率显著提高，而关于"笃行"的校训大部分（约60%）涌现于此时期。这也与百废待举、实干兴邦的时代背景基本吻合。（3）改革开放以后成立的财经类大学，其校训主题词使用中充分体现了德才并重（如"厚德"和"博学"占比同为 75%),而"创新"(占比 41.67%)紧随其后。显然,这一时期对财经类人才培养的德与才的要求同时达到了顶峰,而对"创新"的要求也在此时期达到了历史高点。校训主题词中,对"创新"的关注和重视也反映了全面拨乱反正并实施"以经济建设为中心"发展战略的时代要求①(见图 3)。

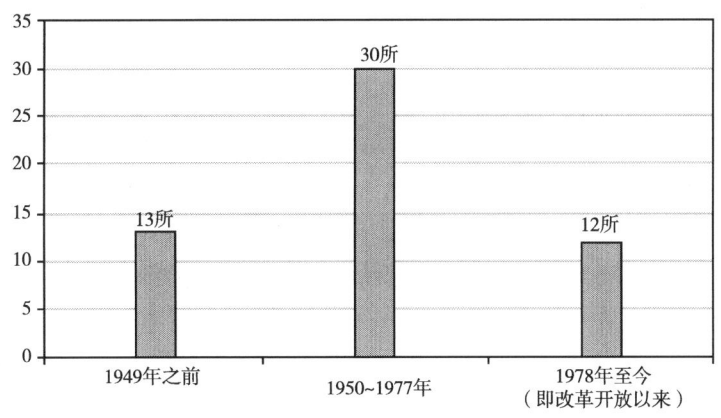

图 3　国内财经类大学的创办时间及其结构分布

3. 学科特色

如前所述,国内财经类大学的校训基本上以"厚德"和"博学"为主,这说明了众多财经类大学在校训关注点上的高度雷同,能充分反映"商道或财经"特色的个性化校训不多,校训辨识度不高,给人以新意匮乏和特色缺失的遗憾。事实上,在本文剖析的 55 所财经类大学校训用词中,大部分主题词相同或相近,校训中有嵌入"经济""商道""金融"等反映学科特色用词的仅 9 所高校,占比不到 16%。显然,这种校训雷同现象不符合前文对校训本质特征的探讨,也不符合财经人才培养的特色要求。当然,上海财经大学校训"厚德博学、经济匡时"以及兰州财经大学校训"博修商道",都能较好地映射出本校学科特色和人才培养理念;武汉商学院校训"商道惟诚、知行致远",主张商业信用体系以诚信为重的办学思想,特色也较鲜明;哈尔滨金融学院的"以诚为金、礼融天下",则将学校重诚重礼的培养理念糅杂在特色金融专业之中,让人印象深刻。

---

① 党中央在 1978 年 12 月召开了党的十一届三中全会,会议一致决定工作重心转移到以经济建设为中心上来,从而拉开了我国改革开放的序幕。

四、基本结论与进一步的探讨

校训是传承大学文化并弘扬大学精神的重要载体。本文研究表明,我国财经类大学校训更偏好二言八字和四言八字的语句表达形式,校训内涵也并非绝对或完全的实用主义和实利主义价值导向,而是以"厚德""博学""诚信"为校训用词的主基调。当然,不同的校训主题词在不同区域以及不同校龄的财经类大学中的使用频率及其重要性程度是不同的。总体上,国内财经类大学校训表述存在雷同现象,能真正反映财经或商道特色的个性化校训依然较少(如占比不到16%)。大学校训面貌相似且内容相近,这在某种程度上违背了校训本质的特殊规定性。当然,对"诚信"的更多关注和重视依然是财经类大学校训区别于其他普遍高校校训的亮点,但依然无法遮盖校训用词同质化的尴尬现实。

在"大众创业、万众创新"国家战略深入实施的大背景下,财经类大学的人才培养如何适应新时代和新征程带来的各种挑战值得研究。结合前面关于财经类大学校训的专门研究,本文认为至少如下的探讨是有现实意义的:(1)财经类大学的校训是否应反映时代要求并与时俱进?事实上,校训的用词及其语义必然受到其所处时代的深刻影响,并非一成不变。例如,天津财经大学曾于2015年将校训由曾经的"勤学善思、成才报国"改为"学思达信",内蒙古财经大学也于2015年将校训由曾经的"团结、严谨、求是、创新"改为"崇德、尚学、明理、包容",广东金融学院也于2016年将校训由曾经的"勤奋、求是、廉洁、开拓"改为"明德、敏学、笃行、致远"。显然,通过校训调整来回应人才培养的时代要求是值得肯定和鼓励的。(2)校训中的"德"本身是否存在泛化、虚化或空洞化问题?相当多毕业生记不住母校的校训,在一定程度上也反映了校训的语义模糊和特色不明。果真如此,校训在育人方面的训导和激励功能将大打折扣。不可否认,"德"是儒家思想的核心,是极具中国特色的哲学概念,但"厚德"本身的语义变迁以及争议较多引致的模糊化问题也是一大客观事实。(3)财经类大学校训是否应对"自由""创新""笃行"等主题词多一些关注和重视?欧美许多世界一流高校的校训表述中通常更提倡自由的治学氛围[2]。相比而言,我国的财经类大学在校训中几乎无人提及"自由","创新""笃行"以及"致用"等主题词的关注度也明显偏低。事实上，重视学生的思想自由，引导学生的发散性思维，鼓励学生的创新性精神，这不仅有助于我国建设世界一流大学和一流学科，也有利于"大众创业、万众创新"国家战略的全面落地和最终实现。

参考文献

[1] 林为连，张国昌，许为民，郁怡汶．国内外知名高校校训评析［J］．浙江大学学报（人文社会科学版），2005（6）：129-136.

[2] 耿富云，赵伶俐，赵涛．美国大学校训对我国大学制度建设的启示［J］．高校教育管理，2015，9（4）：50-55.

[3] 董召锋．中西方大学校训对比研究及启示［J］．高教探索，2016（6）：76-79.

[4] 周谷平，陶炳增．近代中国大学校训——大学理念的追求［J］．清华大学教育研究，2005（2）：95-101.

[5] 李翚．我国大学校训的历史演变与发展走势［J］．高等教育研究，2005（1）：82-86.

[6] 唐智松．我国重点大学校训价值取向研究［J］．高等教育研究，2010，31（6）：51-55.

[7] 庞晓东．从"211"大学校训看中国大学理念的价值取向［J］．教育学术月刊，2012（6）：27-28，100.

[8] 夏秋，张晓红．基于"211工程"大学的校训研究［J］．思想教育研究，2010（8）：78-81.

[9] 王洪波．从校训看中国大学的价值追求［N］．光明日报，2013-06-04（015）．

[10] 廖茂吉，余玉花．大学校训中的诚信文化及其教育探论［J］．思想教育研究，2016（8）：93-97.

[11] 韩树林．高职院校校训建设的分析与思考［J］．中国高等教育，2010（7）：53-54.

[12] 韩延明．大学理念论纲［M］．北京：人民教育出版社，2003.

[13] 王刚．关于大学校训本质的探讨［J］．高校教育管理，2011，5（2）：23-27，41.

[14] 李承先，徐辉．大学校训与大学理念——兼论道德论大学理念［J］．高等教育研究，2005（6）：1-6.

[15] 洪庆根，李世改，马天翼．试论办学理念、办学特色、校风、校训之间的关系［J］．高等教育研究学报，2009，32（4）：4-6，9.

[16] 王彩霞．中国学校校训研究［M］．山西：山西教育出版社，2012.

[17] 熊思东．大众创业、万众创新中的大学作为［J］．群言，2015（4）：29-31.

基于云班课的"翻转课堂"混合式教学实践与探索研究

——以财政学专业《财政学》课程为例

张雪平[①]

摘 要 本文以财政学专业《财政学》课程为例,经过2个学期的课堂实践,探讨以蓝墨云班课和翻转课堂相结合的教学模式和教学方法改革;通过陈述云班课教学流程、课程结构、教学设计来阐述该种混合式教学方法。较好地探索"互联网+教学"的现代教学理念,并积累相关教学经验,利于推广和同行借鉴。

关键词 云班课 翻转课堂 课堂教学改革

在大力推行教育现代化的背景下,"互联网 + 教学"的发展催生了许多新型教学模式,其中一种新型的混合式教学是基于蓝墨云班课的翻转课堂教学。笔者从2017年9月的2017~2018学年第一个学期开始尝试使用云班课,并结合翻转课堂教学改革的实际,开展课堂教学改革。本文以笔者财政学课程的2个学期、3次翻转课堂实践为基础来阐述。

一、云班课课堂概述

云班课课堂是在信息化教学环境下,让学生可以利用手机、电脑,通过教师在云班课APP上发送的小组任务、问卷、课前测试等资源以及发到

[①] 本文为2016年度浙江省高等教育课堂教学改革项目"《财政学》翻转课堂教学的探索与实践研究"(2016kg20160617)之阶段性研究成果。作者简介:张雪平(1972 –),男,副教授,从事财政学理论与实践研究。

微信群的微课资源进行课前预习（前置学习环节）；学生在课堂中与教师、小组成员共同解决预习环节的疑问，自主完成课堂任务；教师对学生完成的课堂任务进行检查、讲解、评价，协助学生完成课堂知识的学习，以及技能目标的达成。

二、云班课教学流程设计

云班课的教学资源主要集中在手机云班课应用客户端，能让学生方便地利用手机操作，不受学习地点、学习时间的限制，也避免了以前有电脑没网络的苦恼局面，学生没有WIFI时可以利用移动数据完成APP上的各项任务。教学资源主要包括：短视频、调查问卷、讲义、习题和课前课后测试，教师系统地运用云班课APP进行翻转课堂教学。该方式的课堂教学流程可以分为课前、课中和课后三个阶段。

（一）课前阶段

教师课前活动：教师将教学单元相关的教学视频发到微信班级群，以及项目相关知识点、问题发布到云班课APP。教学视频必须简短、主题明确，可以是某个独立知识点，也可以是单元项目中某个实操环节注意事项。发至云班课APP的知识点和问题，要与学生当前的学习水平对应，注重引导而不是追求难度，保证大部分学生能够自主完成课前教学目标。

由于该环节不是正式的课堂教学环节。学生学习很可能不自觉，因此教师必须在该课前阶段对学习情况做好监控。云班课APP能很好地反馈学生预习情况，便于教师督促学生完成课前预习，大大提高课前预习效率和质量。

学生课前学习：学生根据云班课APP收到的课前任务，完成课前预习任务。通过观看微信群的微课视频，大多数学生能独立完成习题和技能任务，部分学生通过寻求协助完成课前预习。手机云班课APP能记录全班同学完成进度和质量，情况能反馈给学生本人和教师。通过课前的前置学习，使学生在课前能基本掌握该单元项目的基本知识和相关操作技能，为课堂中的实操做好充分准备，在课堂时间有限的前提下，很好地提高教学效率；同时也让学生养成良好的自主学习习惯。

教师评价课前任务：教师要及时对学生完成的前置学习情况进行适时的评价，或微信、QQ 在线答疑让学生感受到老师一直在关注他的学习，教师及时的回答能激发学生提问的欲望，最大限度地提升学生学习的积极性和主动性。

（二）课中阶段

本着以学生为主体的教学理念，组织学生自主学习、教师协助：用至少一半以上的课堂时间，让学生完成与本单元任务相关的一个项目，可根据项目大小进行分组完成或学生单独完成。教师在此期间可以引导优生对有困难的学生进行协助，对部分学生亲自引导完成项目任务；根据学生完成学习项目的优劣、快慢等熟练程度，记录学生学习过程的情况，作为"过程性评价 A"。

成果展示（评价学习任务）：根据课堂项目成果的实际情况，通常先让学生用"讲解 + 展示"的方式展示成果，然后让同学们互评或教师直接点评，将点评结果作为"过程性评价 B"。

归纳知识和技能：根据实际情况，教师亲自或教师组织学生，对本单元项目的知识、技能和注意事项进行归纳总结。

布置作业和安排预习：结合本单元项目完成情况，布置相关作业以巩固学习效果；布置下一次课前预习的任务，为下一次课堂学习做准备。

（三）课后阶段

课后学习对于学生来说是相当重要的学习阶段，教师在本阶段要通过手机云班课 APP 适时监控学生的学习情况，引导学生重质重量地完成课后作业；高质量的课后作业是检验学生课堂学习效果的衡量标准，同时也能让学生树立对学习的信心，使学生有动力进行新的学习任务。云班课 APP 课堂教学流程如图 1 所示。

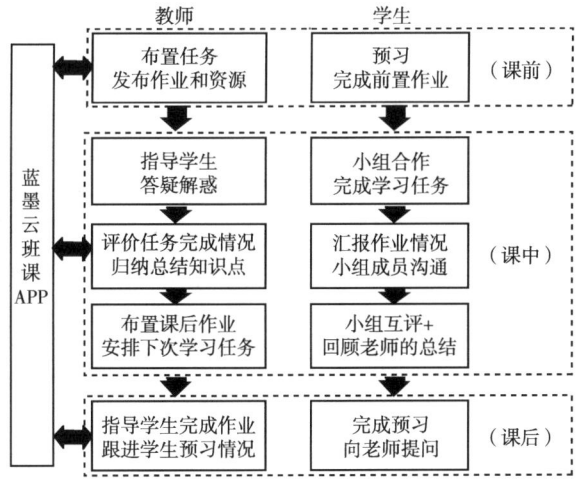

图 1 教学流程

三、云班课翻转课堂下各单元任务的衔接

利用（蓝墨）云班课 APP，可以有效地预习下次学习内容并巩固课堂学习效果，使课程各个单元顺利衔接。在云班课翻转课堂学习方法下，"预习内容"是前置任务，在上课前完成，在云班课 APP 上基本完成前置作业；"内化知识"则在课堂上通过体验任务过程来完成；"课后作业"与下一次的"预习内容"同时进行，既可以复习旧课，巩固学习效果，又可以引入新知识内容。这种课堂学习方法使学生学习的连贯性得到较大提高，教学效果明显提升。

四、云班课翻转课堂的教学设计

该教学不同于传统课堂，它包括课前、课中和课后三个阶段，所以教学设计也有别于传统课堂的教学设计。根据云班课翻转课堂的特点，结合学生的实际情况，编写《财政学》——"第五章外部性"项目的教学设计。

（一） 教学基本信息

班级	16 财政 1 班
课程	财政学
邀请码（云班课）	788554
作业标题	第 3 次翻转课堂教学安排（第五章外部性）
作业开始时间	2017 - 10 - 31 00：11：56
上课时间	2017 年 11 月 7、9 日，第 9 - 10 节，共 4 课时
分组方式	固定分组，共 14 组，每组 3 人左右
评价方式	学生互评
评分点（15 分）	总体评分（5 分）
	内容丰富（5 分）
	小组组织到位（5 分）

（二） 翻转课堂教学设计

教学内容：《财政学》第五章外部性。

教学时间：第八周的周二（2017 年 11 月 7 日）、周四（2017 年 11 月 9 日）。

请各小组的全体成员认真仔细地了解本次翻转课堂教学设计的安排，认真组织本小组的学习和讨论，撰写本小组学习报告，并提交学习心得和体会；提出本小组对本章内容的问题。同时，认真理解翻转课堂教学过程中各个细节，完成小组的积极配合任务。

（1）课前任务。

①预习，学习"中国大学慕课网"《财政学》（浙江财经大学教学团队）的教学内容，结合教材内容知识点，完成第五章外部性内容的知识学习。并做好预习学习笔记：教材知识的认知以及不理解的知识点有哪些。

②小组讨论，由小组长负责召集小组成员就本章节内容安排时间进行小组讨论交流学习，解决成员中不理解的知识。形成小组的应该提交课堂讨论的问题 1~2 个。

③经小组讨论达成共识，用现实生活中同学们可以亲身感受体验或经

历的外部性案例来分析和理解教材内容,并做好课堂上分享的准备。

(2) 课中安排。

①每个小组分享外部性案例来分析和理解教材内容 (4~6分钟)。并提交小组形成的需在课堂上讨论的问题,由被指定小组负责回答 (4~6分钟)。

②11月7日、9日分别由7组同学完成。

③11月7日、9日上台分享小组与被指定回答问题的小组组合由老师随机产生,不重复,都有一次机会!

(3) 课后安排。

①在上课前每小组成员要提交本章的课前预习的学习笔记,内容包括知识理解和认知及不理解的知识点。

②每个小组的组长负责召集小组讨论学习,并提交一份小组讨论学习的情况报告,内容包括时间、地点、讨论的过程情况及小组提交课堂问题等。要求配上照片或视频。

③上课结束后,小组组长召集成员组织课后反思,内容包括通过本小组汇报及课堂讨论,以及其他小组的汇报及课堂讨论,总结学习心得和体会并提交。

(4) 评价方式:当各小组的材料全部提交后,开通学生互评模式,每人至少认真客观地评价8组同学!

(5) 经验值获取包括提交小组作业5分、参与互评与5分 (完成8组)、小组最终得分。

(三) 课堂实施总结

此次翻转课堂是本学期的第1次,也是"省课改项目"立项以来第3次翻转课堂。在充分总结前2次的基础上开展实施。

此次翻转课堂教学内容与上学期的第2次翻转课堂的教学内容一样,都是《财政学》"第五章外部性"。与上次采取利用清明小长假,以小组形式进行"五水共治"为主题的,以撰写小论文并制作PPT进行课堂小组汇报并由小组提问、打分等方式开展翻转课堂不同。本次翻转课堂采取每个小组进行PPT内容汇报,要求汇报的内容必须是结合教材的知识内容、利用身边最熟悉的案例来进行分享。

课前安排,要求每位同学通过预习、学习教材及"中国大学慕课网"

的《财政学》第五章的内容及相应测试内容等,完成预习报告,每位学生要通过云班课提交小组作业;同时,由小组组长召集小组每位同学完成本章内容的课前讨论学习,在讨论学习的基础上提交小组讨论学习报告,该报告中要提出在班级进行讨论的问题1~2个。总体上看,这个环节每个小组及每位同学都比较认真地完成了,可以从每个学生提交的课前预习作业和小组提交的小组讨论报告中看出来。

课中安排,首先是进行翻转课堂前的知识点小测试,共设计了5道题目(3道多选、2道单选,每题2分)共10分。从测试的结果看,不是太乐观,平均得分为6.19分。有三位同学得满分,分别是范江慧、林珅伊、梅一淇,具体得分分布如图2。

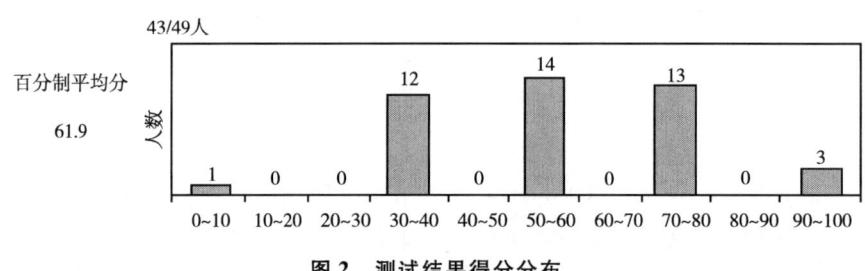

图2 测试结果得分分布

从第1组开始,选派1名代表上台分享对本章知识的理解和将提出的问题进行讨论,由指定的小组进行回答。被指定的小组事先并不知道是哪一组,故每个小组其实都有可能被问到。

从课中实施的实际情况看,11月7日的课堂上,每个小组代表上讲台讲授的内容几乎都是以课本知识为主的,与事先设计要求分享案例并用所学知识进行分析有些差距。导致这个环节的时间有些重复。另外,被提问小组对回答问题方面有的能够较好回答,有些可能出现长时间没有人回答等不利于沟通、讨论的情形。为此,提出了11月9日第2次课堂上的注意细节和要求,特别强调了不能上台讲课本基础知识。

11月9日的课堂明显有效多了,由于同学们分享的案例有一定的吸引力,大家都听得很认真,而且对回答的问题准备得也比较充分,大家讨论的过程就比较充分、充实。整体课堂教学效果明显提高。

从小组互评的结果看,满分15分,其中3级12分、其他11组为11分。从互评情况来看,分数比较接近,小组之间的评分区分度不高。

（四）小组课前学习、课后反思

根据教学设计，除课前要求开展小组预习外，在翻转课堂结束后，要求每个小组在组长的组织下，实施课后教学反思。现在以第 1 小组 3 位同学为例，了解学生的课前预习和课后反思情况。

（1）撰写课前预习学习报告。小组每位同学根据教材内容以及中国大学慕课网上配套的《财政学》教学视频内容进行预习，并撰写学习报告。该小组 3 位同学都非常认真地进行了预习并撰写了详细的学习报告，学习报告中包括知识点的梳理和理解、资料查阅方式和学习体会，以及不懂的知识点的整理。

（2）课前组织小组讨论。①讨论时间为 2017 年 11 月 4 日，讨论地点为所在学生寝室；②讨论前准备：对慕课的有关知识进行学习，在学习中，记录了一些问题，然后通过自己学习财政学上的有关内容，看书上的例子，加深对知识点的理解；③讨论内容：《财政学》第五章外部性相关问题，具体内容如下：外部性的概念：只要某个经济主体的福利，直接受另一个经济主体的行为的影响，那么就存在外部性。外部性的类型：第一，根据行为人对他人的影响利弊分类：正外部性与负外部性；第二，根据外部性的影响对象分类：消费外部性与生产外部性。外部性的市场分析。公共部门解决外部性问题的主要对策：庇古税、征收排污税、颁布排污标准（规制）、颁发可转让排污许可证（创造市场）。

在讨论过程中，学生彼此对相关知识说出了自己的理解，并对比别人的理解，看是否有所出入。分享了自己在学习过程中所遇到的问题，并进行讨论，找出解决的方法与思路。对都不懂的问题进行了记录，制作到了 PPT 中，在课堂上与同学进行讨论。同时该小组还提交了开展讨论时的视频及图片。

（3）课后教学反思（总结）。

首先，感谢老师组织这次反转课堂。

其次，在这次课堂中，我们小组在前期预习以及课堂互动当中都学到了很多，也了解到了自身的不足。在前期预习中，预习讨论进行得很顺利。但是在后期，课堂讲解上我们小组表现得不是那么理想，因为我们小组的立意、对老师所提的课堂要求了解不够准确，讲解过程举例太少，以及在提出问题的环节，还出现了问题语意表达的错误，这是我们的不足之处。

再其次，对于其他的小组，我们认为他们的随机应变能力很强，尤其是第6、7两组，在课堂上就根据自身不足调整方案，第3组的成员将案例与课堂内容有机结合，非常符合翻转课堂要求。对于各个小组提出的问题，我们小组总结为以下这三点：一是外部性引起市场失灵；二是科斯定理的有关方面；三是外部性公共对策的影响方式。

最后，小组之间的互相汇报与讨论，加强了我们对知识的了解，同时也意识到自己的不足。

启示：虽然我们都认真预习并且复习了外部性的内容，但是我们顾及的方面太少。希望我们以后能在问题的理解上、问题的解决上以及面对问题的应变能力上都能够有所进步，学习是一个相互了解、协作、交流和学习的过程。

五、翻转课堂教学反馈

为了及时巩固和了解翻转课堂的教学效果和教学学情，教师于课堂教学结束后第一时间要求同学们就以下5个问题进行教学反馈，现将每位同学的反馈意见进行整理如下。

（1）你认为本学期《财政学》的翻转课堂，你印象最深刻的是什么？

《财政学》的翻转课堂印象最深刻的是：从老师在台上讲课，变成了学生自己制作PPT上台讲课；课前自己先自主学习，总结所了解的知识点，与小组同学讨论，一起交流，然后每组提出自己组所不了解的问题，再进行讨论或解决其他组的问题；并且用自己生活中的例子来说明相关的知识点给同学听，以此来巩固自己所了解的知识点；都是同学们自己讲解，自己分析，把所有的主动权都交给学生自己。

（2）你认为通过翻转课堂的学习，哪些能力获得了提升或改变？

大多数同学认为翻转课堂提升或改变了：自我学习能力、语言表达和组织能力、团队合作能力、思维逻辑能力，理解能力以及思考能力、查找学习资源能力、问题发现和探讨能力、与小组成员的沟通交流能力、课堂的活跃性、学习的积极性、问题的临场应变能力、思维的发散能力。

（3）与非翻转课堂的教学内相比，翻转课堂的教学内容在学习效果上有哪些差别和优缺点？

差别：传统的教学模式主要是老师讲，学生听，学生对所学的知识印象并非特别深刻，翻转课堂主要是学生充当老师的角色，同学之间可以互相讨论，互相学习，加深了对所学知识印象。

优点：① 翻转课堂更有趣味性和参与性，提高了学生的自主学习能力和团队合作能力，提高了学生的上课积极性，增加了师生之间上课的互动，能让学生实现更加个性化的学习，改变了以往的上课形式，活跃了课堂气氛。②让学生来讲课，用现实中的案例理解教材内容并且在课堂分享，促进了学生的自学能力与沟通能力，让学生更好地融入课堂，更好地掌握知识点。

缺点：①书本上的内容在课堂上没有梳理出来，学生对知识点的理解还不够到位。②每组的时间不够抓紧，延长了课堂时间，不够有效率。③可能会忽略课本中的细节内容。④对于那些没有预习过或者自学能力较弱的同学来说，课堂上没有老师的主导，可能会对此跟不上思维进度；课堂学习进度偏慢，对于当堂同学提出的问题，同学的解答有时并不能让人信服。

（4）你是否希望《财政学》有更多的内容采取翻转课堂的教学模式？如果是，你希望本书的哪些章节的内容可以进行翻转课堂的教学模式？为什么？

①不希望进行翻转课堂的教学模式的有7人，他们认为翻转课堂是通过自己学习，无法将一些知识点解释得非常透彻，并且需要花费比传统教学更多的时间。

②希望进行翻转课堂的教学模式的有32人。希望第一章进行翻转课堂的教学模式的有1人；第二章的有1人；第四章的有2人；第七章的有10人；第八章的有5人；第九章的有2人；第十章的有4人；第十一章的有2人；第十二章的有2人；第十三章的有1人；第十五章的有1人。

③翻转课堂和传统课堂交替进行的有4人。

（5）你认为就《财政学》第五章外部性的翻转课堂教学模式而言，希望在哪些方面进行改进和完善？

大多数同学希望老师参与其中并能在最后解答每小组提出的问题，并能对每小组演讲进行评价，之后每小组再进行答案的总结与分析。少部分同学希望能够与传统课堂结合一起上课比较好，也希望老师不要指定某个小组来回答问题的方式，更多的是希望以云班课举手的方式来回答问题，并获取相应的经验值。还有每个小组上台演讲时间的需要把握，希望老师能够在课堂上给更多的讨论时间，增加小组互动的积极性，也希望每个小组提前告知不理解的问题，便于课上能够更好地解答。

(6) 你对本学期的《财政学》的课堂教学形式和方式,以及接下来要开展翻转课堂的话还有什么建议?

①大多数同学希望在翻转课堂过程中,老师多与学生沟通,能给小组最后提出的问题进行解答,并能对每组演讲进行评价。

②在每小组讲完 PPT 时可以让其他小组评价并指出不足,加以改进。

③每小组之间能够多多交流,增加互动,并希望老师在翻转课堂前能够给予充足的准备时间和讨论时间。

④翻转课堂能够与传统课堂相结合进行教学。

⑤翻转课堂小组分得有点多,课堂上演讲时间有点紧,希望能够缩减小组的分组。

六、总　　结

本文涉及的教学方法是将云班课和翻转课堂有机结合起来运用于教学中,利用云班课手机客户端接收习题、测试以及反馈和讨论互动,配以教学短视频,在任务驱动式的方式下,重新调整课前、课中、课后的时间,将学习的决定权从教师转移给学生的翻转课堂模式;利用云班课手机应用客户端,可以让学习不受时间限制、不受地点限制,极大地提高了学生学习的灵活性、积极性、主动性;此外,这种教学模式有明确的预习内容,各单元知识点衔接巧妙,让课程更有连贯性;配以过程性评价,让学生能及时了解自己的学习情况并做出相应调整,使评价不仅仅是一组数字或几行文字,更是教师对学生学习情况的及时反馈。

参考文献

[1] 史鸿桦,杨美霞. 在教育教学中使用云班课实现智慧学习 [J]. 求知导刊,2017 (1):146 – 146.

[2] 刘显俊. 基于"云班课"的中职数学信息化教学实践 [J]. 考试周刊,2017 (86):115 – 116.

[3] 李红亮. 基于蓝墨云班课的高职教学实践 [J]. 河北农机,2017 (7):30 – 31.

[4] 韩永芳. 基于翻转课堂的新型混合式大学英语教学模式研究 [J]. 长春师范大学学报,2018 (9):175 – 180.

大学生思想政治教育中加强全员育人的有效策略

张 渊[①]

摘 要 大学生思想政治教育中加强全员育人的目的是充分发挥高校全员育人的作用,不断提高大学生的政治素质,促进大学生全面发展。本文通过对大学生思想政治教育中加强全员育人的科学内涵、重要意义、存在的问题进行客观系统全面的分析,提出大学生思想政治教育中加强全员育人的有效策略。

关键词 大学生 思想政治教育 全员育人 有效策略

全员育人是新时代高校加强教育工作的重要内容,当前大学生思想政治教育中加强全员育人要立足于高校教育任务目标和发展规划,坚持以学生为本的教育理念,高校通过创新教育理念、改进工作方法,多措并举提高全员育人的教育水平,开创高校思想政治教育全员育人的新局面。

一、大学生思想政治教育中全员育人的科学内涵

全员育人是指高校各院系、行政职能机构将教育育人放在首位,在高校教育教学、科学研究、后勤服务、高校管理中积极担负起育人的责任,充分发挥以德育人的功能,从不同的角度和方位对大学生进行的德育教育和引导,提高大学生良好的思想政治素质,从而达到高校以德育人的目的。建立健全"全员育人"机制,形成全校教职工在思想政治教育中齐抓共管的良好局面[1]。大学生思想政治教育中全员育人的主要内容:高校思

---

① 张渊,浙江财经大学东方学院教师。

想政治全员育人工作不仅仅是高校思想政治教师的工作，它需要高校各院系、各职能机构之间相互配合、协调工作，多管齐下、齐抓共管，共同完成高校思想政治全员育人的工作任务。高校思想政治教师、班主任、辅导员等是大学生思想政治教育中全员育人工作的主力军，高校思想政治全员育人工作要充分发挥专职教育工作者的教育和指导作用。在高校大学生思想政治教育课程建设和实践活动中，高校要坚持以教育和育人相结合，不仅培养大学生的专业能力，更要注重政治思想品德的塑造，促进大学生全面发展。

二、大学生思想政治教育中加强全员育人的重要意义

（1）大学生思想政治教育中加强全员育人有利于优化高校育人工作。高校高度重视大学生思想政治教育中全员育人的作用，不断加强组织领导、各职能部门密切配合，全员共建全员育人的领导体系和责任体系。高校通过加强责任领导、明确责任分工，改变传统的思想政治教育模式，充分发挥高校广大教育工作者的职责和优势，群策群力，全面做好全员育人工作，努力营造"事事育人、时时育人、处处育人、人人育人"的高校思政教育教学环境[2]。

（2）大学生思想政治教育中加强全员育人有利于促进大学生全面发展。高校思想政治教育中加强全员育人工作的出发点是通过明确责任领导、优化管理配置、统筹教育资源等方式来实现全员育人的目标，全面提高大学生思想政治教育素养。高校在加强管理的同时，要充分重视大学生思想政治的育人功能，不断健全全员育人的规章制度，创新教育理念、改进工作方法，探索高校全员育人的思想政治教育模式，促进大学生的全面发展，全面推进高校教育事业的发展。

（3）大学生思想政治教育中加强全员育人有利于建构文明和谐的校园文化。全员育人理念的提出在很大程度上能够提升大学生思想政治教育的有效性[3]。大学生思想政治教育中加强全员育人是将管理与育人功能有效的衔接，两者协调共进、共同发展。大学生思想政治教育中加强全员育人有助于帮助大学生树立正确的价值观，培养良好的道德素养，积极向上的精神风貌，有利于大学生全身心地投入高校教育，形成一个良好的学习氛围，促进大学生的全面发展，推动高校校园文化软实力建设。

三、大学生思想政治教育中全员育人存在的问题

（1）大学生思想政治教育中全员育人的认识较为淡薄。

目前，在大学生思想政治教育中全员育人的思想认识还比较淡薄，在整个高校思想政治教育机构和体制中依然没有全面树立全员育人的思想意识，主要表现在以下方面：一些高校从事大学生思想政治教育的专任教师对于全员育人的认识极为淡薄，特别注重课堂教学知识的传播，而忽视大学生思想品德的培养、思想动态的过程、言谈举止的规范和良好行为的养成，教师在德育育人方面作用发挥得不够充分；在开展高校管理和服务工作时，高校行政管理者只注重自身职能部门的监管工作，而忽视了对大学生道德修养的培育，有时工作方式简单粗暴极易造成大学生的逆反心理，不能够在管理工作中充分发挥高校的育人功效；大学辅导员、班主任是高校思想政治工作的专职工作者，教师因管理的大学生数量较多、有些辅导员还在学院兼职其他工作等原因都会导致投入思政教育的时间和精力较少，不能全身心地投入全员育人思想政治教育工作中来。

（2）大学生思想政治教育中全员育人的制度有待完善。

当前，在高校全员育人工作中，高校各院系、各职能机构各司其职、各自为政，严格按照职能分工完成本院系或职能部门自身的工作，各部门之间缺乏联系、沟通较少，一定程度上导致高校思想政治教育全员育人工作职责混乱不清、落实不到位，缺乏完整有效的实施方案和制度规范。尤其是思想政治教育专任教师归属思政教学部，然而各班级的班主任、辅导员等专职教师划归各院系行政管理部门，前者负责大学生思想政治教育课程的讲授，后者负责大学生思想政治常态化管理，两者之间很少进行交流和沟通，只是简单地各负其责，导致大学生思想政治教育全员育人浮于表面，很难深入透彻地开展工作。在高校思想政治教育考核中，现行的考核机制主要是重点考核教师的教育业绩、科研能力，然而教师的品德素养、育人效果是不容易量化的，因而在考核中占比较少，甚至被高校忽略，不计入考核内容，高校相关考核机制内容的弱化，很容易导致全员育人责任意识的淡化。

（3）大学生思想政治教育中全员育人的责任落实缺位。

当前，在高校全员育人工作中，高校要始终坚持党委领导，党政团群

之间相互配合，积极完成各项工作任务，实现高校思想政治全员育人的目标。但是，在实际工作中却存在党政分工不明确、责任落实不到位、组织保障缺失等问题，具体表现在以下方面：在组织领导上，高校将工作重心放在教学、科研等上，而在全员育人工作方面投入的精力和财力较少；特别是在大学生思想政治教育中，教育经费侧重于学科建设、日常管理等工作，没有足够的师资、经费实现大学生思想政治教育中全员育人的要求。在认识程度上，高校一贯认为大学生思想政治教育是一项耗时长、投入精力大、见效慢的长期工程，短期看不出效果，也很难量化衡量。在经费投入上，高校资金投入较小，缺乏有效的经费保障。因而，高校将重点放在教学实绩、科研成果、大学生就业率等更能直接反映高校综合实力的指标，使大学生思想政治教育全员育人被无形中忽视，无法达到德育育人的目标。

（4）大学生思想政治教育中全员育人的管理能力弱化。

近年来，高校不断重视大学生思想政治教育中全员育人的作用，加强组织领导、各部门协同发展，积极建构全员育人的教育体系。但是，当前高校在大学生思想政治教育中全员育人的主体意识不强，管理能力弱化，具体表现在：高校在思想政治教育全员育人机制体制上存在不足，政策制定与实际存在偏颇，管理理念创新意识不强，呈现出单调、枯燥，跟不上时代发展的步伐；高校在全员育人工作中缺乏有针对性的评价和激励机制，侧重于教育教学工作，忽视以德育人的教育任务；高校在全员育人工作上管理形式单一，管理方法简单粗暴，工作态度浮躁不稳定，很容易导致大学生的产生叛逆心理；高校行政管理部门工作人员工作积极性不高，管理理念陈旧落后，专业精神、专业能力有待加强，工作上缺乏积极性、主动性和耐心细致的精神，高校行政管理工作者在政治理论素养、业务能力、管理能力等方面都有待于提高；在高校教育实践中，只重视大学生实践能力的培养，严重忽视思想政治育人。高校在思想政治教育工作中，忽视了教育教学理念的创新，没有很好地将德育引入高校思政教学工作中去，急需打造一批责任意识强、能力素质高、专业过硬的高校思想政治教育教师队伍。

（5）大学生思想政治教育中全员育人的形式较为单一。

高水平的管理和服务也以育人为导向[4]。当前，在高校全员育人工作中，高校一直沿袭着传统的思想政治教育模式，高校将全员育人工作重点放在思想政治教育理论课程的教学上，忽视了行政管理人员、专职辅导员、校园服务工作者、学生干部等力量的共同参与，高校全员育人工作表现出内容比较单调、形式比较单一、育人功能有待于进一步提升等状况。高校思想政治教师承载着大学生思想政治教育教学工作，重点是运用单一的课堂教学传授政治理论；高校行政管理者将工作重点放在专业教育教学工作，在德育育人方面缺乏各院系和职能部门的相互配合；专职辅导员多是侧重于管理，忽视大学生思想的动态和心理状况等方面的情况；校园服务工作者不仅承担着大学生的各项服务工作，而且其言行举止也潜移默化地影响大学生的思想状况；学生干部是学生和教师的传帮带，起到承上启下的作用，学生干部的职能和作用有待于进一步的发挥。

四、大学生思想政治教育中加强全员育人的有效策略

（1）牢固树立全员育人的理念，提高大学生思想政治教育中全员育人的管理水平。

针对当前大学生思想政治教育中全员育人的思想观念淡薄的现象，从全局的角度看，高校要牢固树立全员育人的教育理念，制定全员育人的规划方案和具体实施的细则，使全员育人成为高校工作者的主要任务和重要使命。高校特别是从事大学生思想政治教育的专任教师要增强全员育人的意识、端正全员育人的工作态度，在高校思想政治教育教学任务和课程设置中，教师不仅是理论知识的传播者，同时也发挥了道德示范作用。教师不但教授大学生政治理论知识，还要加强大学生德行的培育并帮助大学生养成良好的习惯。除了课堂教学工作外，教师可以课下多与大学生沟通交流，了解大学生的思想动态、内心世界等状况，使大学生思想政治教育工作更有针对性，更好地发挥高校德育育人的作用。在高校管理和服务工作中，高校行政管理者不仅是后勤、就业等相关职能的管理者，也是高校思想政治教育工作者。管理者的言行和管理方式对大学生产生直接的影响，因此，在高校行政管理工作中，创新工作理念、改进工作方法，加强对大学生道德修养的培育，在潜移默化中充分发挥全员育人的作用。高校要加强专职思想政治教育工作者队伍建设，高校可以通过招录考试的形式不断扩充辅导员数量，采用专题培训等形式提高辅导员的素质，使专职思想政治教育工作者能够有充足的时间和精力创新教育理念、改进教育方法，提高大学生的思想政治水平。

(2) 加强全员育人的制度建设，完善大学生思想政治教育中全员育人的机制保障。

为更好地发挥高校全员育人的功效，高校要不断加强全员育人的制度建设，制定切实可行的工作制度和实施方案，具体细化工作职责、科学设定考核内容，将考核类型、考核项目具体到个人，保证考核结果科学有效且具有参考价值。在高校全员育人工作中，高校各院系、各职能机构除了认真完成好职能工作外，各院系和各职能部门之间加强沟通和联络，相互之间取长补短，相互学习、相互促进，切实保证高校思想政治教育全员育人工作职责明晰、工作落实到实处。针对思想政治教育专任教师和各班级的班主任、辅导员分属于不同的管理部门，两者之间任务和分工不同产生的问题，高校要积极探索思想政治教育新模式，可以通过开设教师交流平台、自发创建微信交流群等形式加强沟通和联系，在交流中互相学习和借鉴，认真地分析当前大学生思想政治工作存在问题，提出解决的对策，分享好的经验做法，更好地促进大学生思想政治教育中全员育人工作的开展。同时，高校要加强与学生家长的密切联系，更好地了解大学生的生活表现和心理状况，有针对性地开展大学生思想政治教育工作。

在高校思想政治教育考核中，不断完善考核机制、创新考核方法，不仅考核教师的教育业绩、科研能力，还应该将教师的品德素养、育人效果成为考核的重点并增加所占的比重，将教师的德行和育人效果严格计入考核内容，高校可以通过大学生的实际表现来衡量教师的育人成效，这样可以使高校思想政治教育考核量化的标准更加科学化、具体化。高校通过一系列积极有效的制度建设，更好地增强高校全员育人的制度保障。

(3) 认真落实全员育人的责任，强化大学生思想政治教育中全员育人的组织保障。

在高校全员育人工作中，高校要不断加强和完善组织领导，各部门间相互配合、协调工作，共同努力完成高校思想政治全员育人的任务。在具体的实际工作中，高校要党政分工明确，责任落实到位、强化组织保障，使用切实可行的有效措施实现大学生思想政治教育全员育人的目标。在组织领导上，高校不仅要重视教育教学、科学研究等工作，还要将工作重心放在高校全员育人工作中来。在高校全员育人工作上，高校既要投入大量的人力、精力和财力，还要拥有强有力的组织保障和经费保障。特别是在大学生思想政治教育中，教育经费不仅侧重于学科建设、日常管理等工作，更应该提高全员育人的认识程度，高校将工作重点放在全员育人的工作上。高校要不断强化认识,始终坚持以学生为本的教育理念,不断创新工作思路,改进工作方法,强化工作措施,积极探索全员育人的新模式。在具体的实践工作中,高校要强化全员育人的制度建设,制定完备的高校思想政治教育教学课程设置,加强师资和经费的投入力度,提高教师的专业素质和教学技能,将课堂教学与大学生的实践活动紧密结合,激发大学生的学习主动性和自觉性,提高大学生思想政治水平,真正实现大学生思想政治教育中全员育人的任务目标。在认识程度上,高校改变陈旧、落后的观念,更新观念、创新发展,高校不仅要重视教育教学实绩、科研成果、大学生的就业率,而且更加重视高校思想政治教育全员育人的功效,不断提高高校的软实力,全面提升高校的综合实力,真正实现高校教育育人的目标。

(4) 提高全员育人的管理水平,增强大学生思想政治教育中全员育人的管理能力。

在高校全员育人工作中,高校要高度重视大学生思想政治教育中全员育人的作用,不断加强组织领导、协同各职能部门之间的配合,积极建构全员育人的教育体系。同时,高校重视非专职政工教师力量,最大限度做到全员参与德育工作[5]。从宏观角度上看,在大学生思想政治教育中全员育人工作中,高校要不断加强主体意识,增强管理能力和管理水平,从高校的教育教学要求和大学生的特点出发,积极健全和完善高校思想政治教育全员育人的机制体制,健全高校全员育人的评价机制和激励机制,公开公正地评判高校全员育人的效果。高校全员育人工作要不断增强管理理念的创新,管理能力的提升,实现教育教学和以德育人工作双促进、协调开展;高校在全员育人工作上要不断丰富管理形式,创新管理方法,提高服务意识和管理水平,将管理和服务有效地结合,促进大学生思想政治教育水平的提高;高校行政管理部门工作人员要增强工作的积极性、主动性,创新管理理念,增强专业精神、专业能力,优化服务意识和服务能力,发扬热情、耐心、细致的工作精神做好高校全员育人工作;高校行政管理工作者在工作之余,要加强学习和培训,不断提高政治理论素养、业务能力、管理能力,更好地服务于高校全员育人工作。在高校教育实践中,高校将大学生实践能力的培养和思想政治育人相结合,在实践活动中提高大学生的政治素养和思想政治水平;在高校思想政治教育工作中,高校要不断创新教育教学理念,加强高校思政教师队伍建设,高校要不断改进教学方法,科学设置教学目标,合理规划教育任务,丰富教育教学的载体,将德育引入高校思政教学工作中去，切实提高高校思想政治教育全员育人的水平。

（5）丰富全员育人的实践载体，营造大学生思想政治教育中全员育人的良好环境。

为更好地发挥高校全员育人的作用，高校应该改变传统的思想政治教育模式，不断创新全员育人的教育理念、丰富全员育人的实践载体，高校不仅要高度重视思想政治教育理论课程的教育作用，而且要实现行政管理人员、专职辅导员、校园服务工作者、学生干部等各方面力量的共同参与，营造大学生思想政治教育中全员育人的良好环境。高校思想政治教师要改变传统课堂教学的模式，可以将大数据引入教学，运用生动的多媒体技术丰富课堂教学的形式，加强大学生思政教育工作；高校行政管理者不但要重视大学生的教育管理，而且要加强与各院系和职能部门的协调配合，共同促进高校全员育人工作的开展；专职辅导员运用微信、QQ、校园贴吧等社交软件加强与大学生的沟通与交流，随时掌握大学生的政治思想动态和主要特点，对有问题的大学生及时给予思想上的帮扶，更好地关注学生、服务于大学生思想政治教育工作；校园服务工作者不仅要做好大学生各项服务工作，而且要坚持以人为本、创新服务理念，改进工作方法；善于与大学生沟通交流、听取和采纳好的意见和建议，更好地服务于大学生；学生干部要发挥好教师和学生的纽带作用，更好地关心和关注学生本身，为老师建言献策，更好地发挥学生干部的职能和作用。同时，高校通过宣传片、德育专题报告会、书画比赛等多种形式，丰富大学生的课余生活，使大学生在愉快宽松的教育实践活动中，树立正确的价值观、积极进取的人生观，培育良好的道德品质，营造一个充满生机活力、乐观向上、奋勇前进的校园环境。高校开创"教书育人、管理育人、服务育人"的大学生思想政治教育新境界，实现"时时有思想政治教育，事事有思想政治教育"的教育氛围[6]。

综上所述，大学生思想政治教育中加强全员育人有利于提升高校管理能力和管理水平，有利于提高大学生思想政治素质，有效促进大学生全面发展。在大学生思想政治教育中加强全员育人工作，多管齐下、齐抓共管，积极探索高校加强全员育人的有效策略，开创高校全员育人新局面，推动高校管理工作再上新台阶。

参考文献

[1] 叶瑞权. 关于大学生思想政治教育全员育人的思考[J]. 教书育人，2017

（01）．

［2］杨斯妤．加强大学生思想政治教育工作全员育人理念研究［J］．科教导刊，2017（13）．

［3］王华，义娟．论高校全员育人机制的优化与创新［J］．广西青年干部学院学报，2014（12）．

［4］武玉红，张新颖．论新时期高校"全员育人"的困境及对策［J］．齐齐哈尔大学学报：哲学社会科学版，2015（09）．

［5］徐拥军等．全员育人模式下高校德育工作的有效途径初探［J］．开封教育学院，2017（04）．

［6］莫瑶．以"全员育人"理念开创大学生思想政治教育新局面［J］．金田，2016（06）．

浙江财经大学东方学院
校友工作研究

颜燕翔[①]

摘　要　浙江财经大学东方学院作为一所独立学院，虽然校友工作与历史悠久的公办院校相比起步较晚，但已经取得了不错的成绩，尤其随着学院的发展，校友不断增加，校友资源的重要性愈发明显，校友工作已经成为学院发展建设的重点工作。本文从校友工作特点和现状、校友工作管理模式和运行机制、现阶段校友工作存在的问题，提出具体改进措施，从四个方面对浙江财经大学东方学院校友工作进行分析研究，探索出一种适合东方学院发展的校友工作模式。

关键词　东方学院　校友工作　研究

浙江财经大学东方学院是一所以经济、管理学科为主体，经、管、文、艺、法、理、工多学科协调发展的应用型本科院校。1999年经浙江省人民政府批准组建为民办二级学院，2004年经国家教育部批准和确认为独立学院。2010年8月31日，学院完成从文华校区至长安校区整体搬迁。2013年正式更名为浙江财经大学东方学院。2015年年底，学院获批为浙江省应用型建设试点首批示范学校。

一、东方学院校友工作特点和现状

（一）东方学院校友工作起步晚、时间短、有成效

学院建校晚，2004年才招收第一批学生，2010年校址搬迁，耽误了校

---

① 来源：浙江财经大学东方学院思政专项课题"浙江财经大学东方学院校友工作研究"（2016dfy001）。颜燕翔，浙江财经大学东方学院教师。

友工作的开展，相对于国内其他高校晚了很多年，差距大、任务重。2013年学院校友工作正式启动，成立了校友办，由上一届学院党委书记担任校友会常务副会长，学工部长兼任校友办主任，没有设置专职校友工作人员。

五年来，东方学院校友工作取得了不错的成绩，受到了社会各界的关注和认可。目前已在浙江省11个地级市和县级市建立了校友分会，由历届的优秀毕业生担任各地校友分会负责人，协助学院管理分会日常事务。各分院也设立了校友工作联络人，由分院辅导员兼职担任。每年收集和更新校友信息库，院领导定期走访优秀校友，开展校友讲座，举办校友招聘会，聘任优秀应届毕业生为校友联络人，密切校友和母校的联系。学院在每年的11月都会组织校友返校日活动，为校友和母校近距离交流创造机会、提供平台。编辑制作校友报，并寄送给每一个校友；积极更新校友网，使校友能及时了解学院动态，关注学院发展。

学院领导一直以来都很重视校友工作，每年都将校友工作列入年度计划，并作为考核项目督促相关人员认真开展工作。东方学院校友工作的飞速发展离不开全院师生和校友的共同努力！

（二）校友构成特点及分布行业

东方学院虽是本科学校，但是也有专升本、成人教育、艺术类学生，学生之间的层次不同，这部分学生始终难以融入普通本科生群体中，毕业后联系较少，因此促进校友之间的融合也是学院校友工作的难点。另外，由于学院建校时间短，校友普遍较为年轻，目前正是打拼事业的关键时期，需要母校给予更多支持和帮助。

东方学院是一所财经类院校，虽然有33个专业，但是特色优势专业仍集中在金融、会计、财政、税收这几个学科，学生毕业后多数会选择在国地税局、金融业或者会计师事务所等与专业相关的行业就业，这就出现了部分行业校友扎堆现象。

二、校友工作管理模式和运行机制

（一）管理模式

东方学院现有10个二级分院，即金融与经贸分院、财税分院、工商管理分院、会计分院、信息分院、法政分院、文化传播与设计分院、外国语分院、创业学院、成教分院。相对于学院，各二级分院与学生的联系更为紧密。因此，东方学院在院级层面成立了校友工作办公室，并且在各个二级分院设立校友工作联络员，直接面向校友开展工作。

学院的校友工作办公室由校友会常务副会长、校友办主任、普通行政人员共三人组成，统筹安排全院的校友工作，指导二级分院校友联络员解决校友工作中遇到的问题；校友联络员由各二级分院辅导员兼任，主要是为校友提供交流平台，使校友与母校保持良好的沟通联系，增进校友之间的感情，为校友提供服务等。

（二）运行机制

（1）沟通交流机制。加强校友与母校之间的交流和联系是校友工作的重点，同时，校友与校友之间，校友与在校生之间的沟通联系也需要母校为他们提供平台。

①更新维护学院校友网。自2013年学院校友工作正式启动，校友网不断完善，目前已初具规模。校友网上几大模块分别是学院动态、校友风采、校企合作、校友捐赠等。通过这个对外的窗口，校友可以及时了解母校最新动态，关注并参与校友活动。

②充分利用新媒体技术。学院目前使用的新媒体平台主要有：东方学院校友微信公众号、各地校友会微信群、QQ群等，由老师指导，学生团队定期更新，每年累计推送微信新闻近百条，利用新媒体便捷、快速的特性，及时与校友互动，保持密切的联系。

③编辑校友刊物。每学期学院编辑制作两期校友报，内容涉及校友工作各个方面，如校友返校日活动、校友资助、各地校友会、优秀校友风采以及学院重要新闻等，纸质校友报通过邮政快递给历届校友，电子版则通过邮箱发送给各个校友。

④校友返校日活动。每年11月，学院都会组织校友返校日活动，该活动由两部分组成，学院层面是举办校友论坛、校友座谈、重游校园、校友捐赠等活动，而各二级分院则开展一些特色活动。通过校友返校活动，面对面与在校师生接触，能够让校友重温以前的学生时代，感受母校的温暖，增强对母校的情感。

（2）校友讲座机制。学院邀请各行业的优秀校友回校给在校生做讲座,讲座类型也较为丰富,如就业指导、创新创业经验交流、考研考公务员心得分享等,校友们的亲身经历和实战经验对于在校生来说是非常宝贵的财富,举办这些讲座,能够帮助在校生开拓思路,认清社会现状,为未来的发展提前做好规划和准备。

(3) 校友走访制。学院领导利用寒暑假,多次走访各地校友,带去母校的慰问和关怀,指导校友会建设,关心校友工作和生活状况,了解校友遇到的困难并尽可能提供帮助,向校友们介绍母校的发展现状,鼓励校友积极为母校发展建言献策。定期走访校友拉进了母校与校友之间的距离,加强了母校与校友的情感纽带,为校友资源的进一步开发打好了基础。

(4) 校友导师制。聘请有一定工作经验并且在相关领域取得较高成就的校友作为校外导师,根据学生的需求自主选择导师,每位导师带10名学生,可以是专业学习、实习实践、职业规划等各方面的指导。

(5) 校企合作制。学院与校友企业签订校企合作意向书,依托学院的专业优势,帮助校友企业开展科学研究,将知识转化为生产力,同时为校友企业培养和输出优秀的毕业生,进入校友企业工作和实习。每年,学院都会组织一次大型校友招聘会。一方面,借助校友力量,为在校学生提供了实践的机会,并且解决部分毕业生的就业问题;另一方面,校友企业也节省了部分人才招聘的成本,从而能够达到双赢的效果。

三、现阶段东方学院校友工作存在的问题

通过借鉴其他高校校友工作的成功经验,东方学院这几年的校友工作取得了较为显著的成绩,在快速发展的同时也暴露出一系列问题,正视问题,并且积极寻找解决方法,才能推动校友工作健康发展。

(一) 服务校友意识淡薄,目标定位不明确

学校开展校友工作初衷应该是服务校友,为校友提供帮助。各地校友会的成立也是为了方便开展校友活动,为校友交流联系提供平台,东方学院现有的校友会仅有活动只是在校友会成立和理事换届的时候,由辅导员邀请各地历届校友参加,但单靠这一途径,宣传的面太窄,覆盖范围小,参加活动的人不多。校友会大多流于形式,成为宣传学校的窗口,真正为

校友带去的益处并不多。

自2013年东方学院校友工作全面启动，每年邀请校友返校参加活动，但多数的校友在平凡的岗位上工作，并未取得较大的成就，由于受诸多因素影响，导致学院未能兼顾普通校友和杰出校友，严重挫伤普通校友参与学院校友活动的热情和积极性，曾有不少校友明确表示，自己不是大官，也没钱，没有兴趣回学院参加活动，这一现象严重弱化校友活动的群众基础。毕竟学院办学时间短，优秀校友不多，难免出现同一个优秀校友每年都被邀请回校作交流的尴尬场面，碍于母校的盛情邀请，校友们也不方便拒绝。除了出力还要出钱，校友捐赠这个话题频繁出现在校友工作中，作为一项重要工作来抓，不仅创业的校友被委婉劝说捐赠，工作收入相对高的年轻校友也多次被暗示为母校做贡献。如此不关心校友的需求，不思考学校如何为校友提供服务，单纯强调校友为母校做贡献的工作思路严重影响校友对母校的情感，不利于校友资源的开发利用。

（二）人员配备不合理，专业化程度不高

东方学院校友工作办公室不是独立的行政部门，依附于学生工作部，目前没有配备专职的校友工作人员，从学院校友办到二级分院校友工作联络人都由辅导员兼任。辅导员平时工作繁忙，兼顾行政、教学和思想政治教育多个方面，无法全身心投入校友工作中，面对如此庞大的校友数量，以及诸多的校友工作事宜，确实无暇分身。遇到重大活动时，只能依靠学生干部帮助，无法高质量地完成校友活动。学院对于校友工作的激励机制不完善，导致工作人员缺乏积极性和主动性，校友工作推不动，形式大于实质。

（三）经费紧张，物资缺乏

虽然学院每年划拨给二级分院校友工作专项经费，但返校参加校友活动的校友数量多，这笔经费主要用于校友的食宿以及给校友的纪念品，如此剩余经费只够开个座谈会，至于举办其他活动则缺乏人力物力支持。

学院的办公设备落后单一，一台陈旧电脑、一部座机，依靠辅导员打电话发短信联系历届数万校友，每年更新校友信息，任务重，困难大，导

致校友信息更新不及时，部分校友失去联系，出现较多校友信息错误。

（四）联系不紧，沟通不畅，信息不对称

目前，校友了解母校的渠道除了学校网站校友版块外，还有微信群、QQ群以及校友报、校友返校日交流活动、校友会等。但是，学校网站校友版块长期不更新，微信群无人交流，校友报每学期两期的出版频率缺乏新闻的时效性，内容也不够丰富，校友会也是停止运作状态。广大校友由于时间和距离的影响，能参加母校校友活动的人为数不多，04级一位校友曾表示：我们以前在文华路校区读书，现在学校搬到这里，老师换了几批，也不知道现在学校发展得怎么样了，除了和我联系的一个负责校友联系的辅导员老师，其他老师基本都不认识，想进一步加强与学校是联系也没办法，更别说有合作的机会了。

作为财经类学院，我们学生毕业后很多都自主创业，公司到了一定规模就对人才的需求变得迫切，另外，一些校友在大型企业的人力资源部门工作，经常有招聘的需求，而母校恰巧有丰富的人才储备。同时，在校生也需要平台实践和锻炼，实践证明，校企合作是一种双赢的人才培养模式。如何实现校企资源的共建共享是校友工作者一直在思考的问题，但目前除了在校园大型招聘会时学院会邀请校友企业回校招聘外，其他招聘途径并不顺畅。

（五）校友文化氛围不浓郁，在校生校友意识淡薄

学院长期主抓针对毕业生的校友工作，忽略了对在校生的校友意识培养，这里提到的校友意识主要是指对母校的归属感，母校文化和精神的传承意识以及回馈母校的奉献意识。校园内未营造出温馨的校友氛围，学院仅在二食堂门口有一处宣传栏，内置优秀毕业生的简介，校友返校日只在门口放两处喷绘，校友捐赠财物未做宣传展示，所以大部分学生接触不到校友信息，也没有参与途径，这就感受不到校友对母校的情感，校友工作宣传力度不够直接导致了在校生的校友意识淡薄，笔者曾在任教班级做过调查，近九成学生不了解学院校友工作，只有个别学生干部作为工作人员参与过校友返校日活动，半数学生对参与校友活动兴趣不大。

四、完善东方学院校友工作的具体措施

（一）明确工作目标，提高思想认识

校友资源是一种可持续资源，应该用发展的眼光去开发建设和维护。要做好学院校友工作，必须明确工作目标，牢牢树立服务意识，畅通校友与母校沟通渠道，搭建交流平台，通过校友工作的开展将校友的丰富经历、实践经验和社会阅历传递给在校学生，同时为校友提供母校资源，实现互利双赢，并非一味索取，竭泽而渔。

要做好学院校友工作，必须在思想上高度重视。首先，提高学院领导层对校友工作重要性的认识。国外的一流大学非常重视校友工作，通常设有专门负责校友工作的副校长主抓这项工作，而东方学院根据现有条件配备专人专项负责较为困难，但是可以在工作内容分配上有所倾斜，由一名主要领导负责校友工作以及其他一些相对轻松的常规事务，这样可以将主要精力放在校友工作上。

其次，提高全院师生员工对校友工作的思想认识。转变原来的错误观念，认为校友工作只是一个部门、几个工作人员的事情，要积极参与到校友工作中去，全体师生要对校友工作的重要性达成共识。

（二）强化校友工作人员队伍建设

（1）形成合理的工作梯队。第一梯队在学院层面，要有专门的高层领导主要负责校友工作，将校友工作与学院发展大局紧密联系，统筹部署校友工作的开展；第二个梯队是学院的中层力量，学院尽可能设置专门的校友工作办公室，配备专门的人员编制且数量需充足，拨付专项工作经费以保证校友工作顺利开展，这一梯队是校友工作的中坚力量，对人员的要求是素质高、业务精、态度好、能力强；第三个梯队是基层队伍，相对应的是各分院的辅导员，这批人直接接触校友，也是工作最繁琐、最辛苦的，要求这一层面的校友工作者具备高度的责任心、无私的奉献精神和吃苦耐劳的优良品质。

（2）科学化管理校友工作队伍。为适应新时期校友工作的新变化，掌

握新方法,学院校友工作者必须时刻保持学习的状态,学习新知识、新技能,了解国内外高校优秀的校友工作经验,建立一支学习型、成长型的校友工作队伍。针对校友工作者思想不稳定、工作积极性不高等问题,需要制定鼓励与考核相结合的激励机制,肯定他们取得的成绩以及付出的努力,正面引导校友工作者积极主动、热情地开展工作,学院可以在员工工资、奖金以及其他福利上对他们相对倾斜。

(三) 利用现代化信息手段整合校友资源、加强沟通联系

东方学院目前并未建立校友信息数据库,每年都由各分院辅导员手动更新校友信息,各届各专业毕业生信息杂乱零散,不利于大数据分析和整合资源。可以将所有毕业生的资料进行网络化处理,由专人负责逐年维护更新,开放毕业生个人登入端口,由毕业生自己实时更新自己的资料,同时选择哪些个人资料,如电话、地址等可以公开,所有毕业生可以通过这个平台浏览到各届校友的公开资料,如此就可以做到资源共享,而学院在校友信息更新维护工作上也可以节省大量时间和精力。

现在,人们使用手机的频率大大超过电脑,微信更是普遍使用,很多人不会每天上网站浏览网页,但是会经常刷微信,因此,学院可以充分利用微信上的校友公众号,将母校发生的大事、趣事实时推送,少一些严肃的会议,多一些图文新鲜事,增加关注度和吸引力,校友可以在新闻下面留言,发表自己的看法,通过微信和母校取得联系,同时学院可以为校友企业提供人才招聘版块,有招聘需求的校友可以自己上传招聘信息,学院管理人员每天审核,通过后发布。利用现代信息技术,既能高效完成校友工作,又能解决校友需求,拉近校友与母校的距离。

(四) 夯实校友基础,培养在校生校友意识

在校生作为校友后备军,其校友意识培养工作应该作为学院校友工作重点来抓。母校情是维系学生毕业后和学校密切联系的纽带,增强学生对母校的情感需要依靠思想政治教育,加深在校生对学院办学文化和精神的认同以及培养在校生与母校发展息息相关、荣辱与共的深厚情感,以此作为今后校友与母校血脉相连的感情基础。在加强教育的同时,要在校园内营造浓郁的校友氛围,重点把握在校生寝室楼和生活区的校友文化环境布

置，可以张贴优秀校友对在校生的寄语，设置校友捐赠物展示区等。加大对校友工作的宣传，将校友活动与学院其他常规活动视为同等重要，设置激励措施，鼓励在校生积极参加。在宣传时，避免只介绍优秀校友的个人事迹，应该将宣传面覆盖更广，对普通校友与母校之间发生的感人事迹进行报道，由此学生更能接受，也能产生感情的共鸣。

这几年，东方学院在校友工作中取得的成绩有目共睹，这离不开全院师生的共同努力，但我们在看到成绩的同时也要不断反思问题，思考对策，努力改进，由此取得更好的发展。

参考文献

[1] 孙静, 贺辉艳. 年轻高校校友工作的实践和思考——以南京审计学院为例 [J]. 宿州教育学院学报, 2013, (10).

[2] 封新林. 九江学院校友资源利用问题及成因分析 [J]. 科技经济市场, 2013 (11).

[3] 陆彦彤, 张文政, 刘敏. 高校二级学院开展校友工作的必要性研究 [J]. 经济师, 2016 (9).

[4] 李旭荣. 高校校友会工作可持续发展对策分析 [J]. 高教与经济, 2011, 24 (2).

基于业务流程再造的《税务管理》课程教学改革研究

朱 计[①]

摘 要 推进专业应用型建设,课程群建设是重点,课堂教学改革是关键。在新的环境下,以提升学生应用能力为目标,在业务流程再造理论指导下,对《税务管理》课程教学内容进行再设计,合理调配教学资源,以达成新的培养目标。在推进教学改革的过程中,不断总结经验,持续改进做法,不断提升课堂教学质量和水平,突出产出导向,提高教学满意度,更加契合教学目标的实现。

关键词 税务管理 流程再造 应用型 教学改革

一、问题的提出

在管理学中,业务流程再造(business proeess reengineering,BPR)是20世纪80年代源于美国的一种企业变革模式,由美国麻省理工学院的迈克尔·哈默教授等提出,经典的定义表述为:BPR 是对企业的业务流程(proeess)作根本性的(fundamental)的思考和彻底的(radical)重建,在成本、质量、服务和速度等方面取得显著的改善,从而最大限度地适应顾客(customer)、竞争(competition)、变化(change)为特征的现代企业经

[①] 本文为2018年浙江省应用型本科高校建设研究课题"税收学专业实践育人体系构建研究——以浙江财经大学东方学院为例"(项目编号:zy019)阶段研究成果,2015年度浙江财经大学东方学院教学改革与教学管理课题一般项目"基于业务流程再造的《税务管理》课程教学改革研究(项目编号:2015JK25)"的研究成果。作者简介:朱计(1987—),男,浙江财经大学东方学院讲师,研究方向:财税理论与政策、税务管理、社会保障。

营环境①。业务流程再造遵循的原则有以流程为中心、以人为本的团队式管理、以顾客为导向、强调全局最优而非局部最优、符合信息处理规律。业务流程再造理论提出后,在商业银行等金融机构②、物流企业③、医院④、政务管理⑤、会计业务流程⑥、图书馆管理⑦等都有较好的应用,并取得不错的效果。这种理论强调以顾客为中心,在内外部环境发生变化下,加强对业务流程的管理,对业务流程进行再设计,实施并不断反馈改进,目标是追求企业效用最大化。而这种理论的思想对当前课程教学改革有很好的参考和借鉴意义。

推进应用型建设,就是要明确培养目标和定位,专业培养以学生为中心,在课程设置时要考虑教学内容的安排(重建),更加有利于学生应用能力提升的目标(改善),税收学专业的毕业生就业去向已经由主要为税务机关向主要为涉税企事业单位转变(环境变化),教学内容上更加侧重从纳税人角度看到税务管理问题,授课对象发生变化,需要有新的定位。《税务管理》的重要性需要引起足够重视,无论是征管方,纳税人还是涉税服务中介机构,都只有在既定规则下办事情才能更加有效地规避税务风险,税收利益才能最大化(全局最优)。

二、课程教学改革研究的主要内容

(一) 教学内容的安排

目前授课内容使用的教材上内容比较多,从《税务管理》课程内容上看,涵盖税收各个环节,部分章节内容在其他课程中也有体现,如果按教材体系介绍一遍教学内容,难免出现教学内容重复,但剔除这些章节,内容从系统性上看不够完整。应研究如何站在整个培养方案的角度考虑教学内容安排。

---

① 姚建荣,吴利群. 业务流程重组与税收征管信息化的融合. 税务研究,2002 (12).
② 刘明勇. 信息技术对于加快银行业务流程再造的重要作用. 金融理论与实践,2010 (8).
③ 杨竟洵,黄远新,田红英. 物流企业业务流程再造与信息化思考. 中国市场,2008 (23).
④ 孙刚,周军. 浅谈医院业务流程再造. 当代医学,2007 (1).
⑤ 李智刚. 电子政务环境下的政府业务流程再造. 西安邮电学院学报,2011 (5).
⑥ 张华平. 会计业务流程再造的绩效评价. 财会月刊,2014 (5).
⑦ 张必兰. 创新服务背景下的高校图书馆业务流程再造. 新世纪图书馆,2018 (1).

（二）课堂教学的组织

当前课堂教学面临形式单一、学生注意力不集中（手机不受节制的使用）的情况，为解决课堂教学内容比较枯燥，教学方法单一，探索如何加强课堂中的师生互动，调动学生学习的积极性，以及有效提高参与度的课堂教学。

（三）教学过程的管理

除了合适的教学方法改进可以明显增强课堂教学的效果外，还需要较强对课程教学过程的管理，研究如何在过程管理中将课程的考核导向，任务驱动融入教学过程管理之中，改变学生期末一考定分数的格局。倒逼学生参与课堂，赚"工分"，玩"积分"。

（四）课外学习的实践

课程的实用性不言而喻，不论是站在征管者的税务机关还是纳税人的角度，税务管理的内容都需要被知晓和灵活运用。而很多内容在现在的课堂中是无法实现的，必须增加课外自主学习的环节，并作为流程管理的重要组成部分，列入考核范围内容，学生才能高度重视，才能培养兴趣。

（五）业务能力的提升

很多年轻教师都面临这个问题，没有接触过实务，但又要面对实务，针对本课程，实践应用性强，要求高，如何解决，特别是业务内容变化较快的内容，短期内如何提升专业教师业务水平，以适应教学改革的需要，需要探讨。

三、《税务管理》课程教学的再设计

(一) 教学目标

通过本课程的学习,要求学生掌握有关税收管理的理论、制度和政策;了解我国税收管理的基本内容和改革的发展趋势,熟悉我国税务机关设置、税收管理业务流程;纳税评估与税务稽查、税收法治化建设;"互联网+"背景下税收工作带来的挑战等内容,掌握我国税收征收管理机关的业务流程等。要求学生能够通过校内理论学习和校外实践学习来强化对税务管理工作的再认识,提升综合应用课程知识解决实际问题的能力,培养职业精神和职业素养。

(二) 在专业课程体系中的定位

作为税收学专业核心课程群中的四门课之一,学习完《税务管理》课程后对专业方向的课程学习能够起到很好的指导作用。

(1) 从税务管理方向看,学生掌握税收征管的一般程序性规定,对培养税务干部严格依法收税,提供高满意度的纳税服务,推进规范的纳税检查都是很好的基本业务训练过程,特别是该方向后续课程中《税务管理综合实训》课程的学习,需要有《税务管理》基本原理、知识等为基础,培养严谨的职业精神,在税法的约束下推进税收治理现代化。

(2) 从国际税收方向看,跨国经营的纳税人需要对我国税收征管的基本规定有了解,并且能够在现有税务管理规范下开展国际税收协调工作,是自我权利的一种保护和运用,是该方向课程学习不可或缺的基础内容。

(3) 从税务中介的角度看,《税务管理》课程内容的学习,能够克服征纳双方之间的信息不对称,强调税务活动的专业性和技术性,为提高国家税款的正常征收、纳税人合法纳税奠定基础。

(4) 从学生的综合实践角度看,《税务管理》课程的学习对实训课程的内容和校外实践有很好的指导作用,《税务管理》内容的基础性是贯穿实践活动的各个环节，体现税收知识的综合性。在对接专业比赛方面，税务技能大赛强调培养学生的职业精神、团队协作等职业素养，对《税务管理》课程中的基本业务规定也有很好的验证，能够体现出对专业知识的综合运用。

（三）专业性与职业性的说明

对税收学专业的而言，《税务管理》是对专业基础知识《中国税制》《税务会计与筹划》《中级财务会计》等知识的综合运用，对后续实践教学环节起到承上启下的作用，保证专业知识的连贯性和应用性。学习完该课程后，学生的自我职业定位不同，专业技能的职业要求略有差异，但都强调在工作中树立遵守组织纪律，礼貌待人，保持良好的沟通和表达能力，具有较强的服务意识，能够严格按照税法规定进行相关业务的处理，保持终生学习的理念，有较高职业认同感的职业风貌。在该课程的教学和学习中，将培养和训练这些能力。

（四）考核改进与内容设计

（1）考核方式设计。

总评（100%）= 平时（40%）+ 期中（10%）+ 期末（50%）

平时（40%）= 考勤（5%）+ 回答问题（5%）+ 团队作业（10%）+ 个人作业（20%）

在设计考核方式的过程中，逐步降低期末考试占总评成绩的比重，由70%降到60%，再降到50%，下一步可能会降到40%甚至30%。期末比重下降的同时，意味着平时考核占比逐步提升，在评分上不能再简单设置成平时考勤30%，而没有相应的内容，所以在教学设计时，要细化过程考核，在平时分的评价上要有载体。本学期将课后作业分成个人作业和团队作业，团队作业设计成课前的"小组汇报"（见表1），拓展对税务管理知识、税制改革、税务管理案例等的学习，训练学生表达能力、PPT制作能力、团队协作能力等综合素养，共同学习税务管理改革的热点问题。

表 1   2015 级财政专业小组汇报类别及主题

类别	主题	类别	主题
管理知识	1. 金税三期税收管理系统 2. 研究费用加计扣除 3. 税务稽查简介 4. 反避税管理 5. 房地产税来了 6. 发生时间对税额的影响 7. 非居民企业红利所得的税源管理	税制改革	1. 环境保护税 2. 购置税改革 3. 税收"最多跑一次" 4. 新能源车的购置税政策 5. 个税改革问题 6. 水资源费改税
专题介绍	1. 电子商务税收问题 2. 汽车企业税收筹划 3. 集团企业税务管理问题 4. 虚开增值税发票及案例 5. 遗产税的捐和赠:筹划方案 6. 浅谈避税行为:马云避税案 7. 代购快速发展与偷逃税款 8. 国五条下购房避税三案例 9. 电影院"偷票房"与逃税	案例分析	1. 网易考拉税案分析 2. "营改增"后最大税案 3. 苹果公司的避税案例分析 4. 西甲球员逃税案 5. 浙江冻海参出口退税案 6. 2017 昌吉"6·5"特大骗税案 Gucci 涉嫌逃税案 7. 税务稽查案例:医药代表挂靠经营

（2）业师协同授课。在授课内容的安排上，考虑到培养方案中前后课程设置及衔接的问题，反避税会在《国际税收》课程中学习，税务代理会在专题中讲授。课程教学中不再讲授这部分内容。同时考虑到该课程仅有 2 学分，32 课时，所以要做到重点突出，详略得当。在应用型建设的大背景下，授课引入业界精英进课堂，参与课程建设，最主要的方式是参与教学，所以在教学安排中将涉及实务的内容安排给税务局的干部讲授（见表 2）。目前由海宁市国家税务局稽查局、海宁市国家税务局长安税务分局提供业师支持，授课内容由课程负责人与业师商定，做好内容审核和把关。

表 2   《税务管理》课程授课安排

章节	内容	安排	章节	内容	安排
1	税务管理概述	校内授课	9	税收计划、税收统计	校内授课
2	税收法制管理	校内授课	10	纳税服务	业师授课 2
3	税收基础管理	校内授课	11	税务行政管理	业师授课 2
4	纳税评估	校内授课	12	税务行政处罚	校内授课
5	税款征收	校内授课	13	反避税管理	不讲解
6	税务检查概述	业师授课 1	14	税务行政救济	校内授课
7	会计资料检查方法	业师授课 1	15	税收文化	业师授课 2
8	税务检查实务	业师授课 1	16	税务代理	不讲解

（3）法条+案例教学。在授课过程中，要求学生自行打印《中华人民共和国税收征收管理法》《中华人民共和国税收征收管理法实施条例》等法律条文，并辅之相应的习题集。在推进教学过程中，要求学生熟悉相应法条，了解基本规定。对授课知识点的讲解，结合（微）案例教学，增强知识点的应用性。课前推荐导读材料，课中组织学生讨论相关争议难题，课后阅读巩固知识点，拓展阅读。并结合《中华人民共和国税收征收管理法》改革，在授课中及时更新授课内容，修正教材的滞后性影响。

四、教学改革的调查数据分析

2018年1月对授课班级15级财政、税收4个班，共发放问卷191份，收回问卷179份，收回问卷均为有效问卷，有效回收率为93.7%。其中男生占比30.2%，女生占比69.8%，从专业填答来看，财政专业填答率为92.55%，略高于税收专业的84.54%，收集到的样本信息，对调查对象具有较高的代表性，收集到信息具有较高的信度和效度。

（一）满意程度居中，有待提升

在问及对《税务管理》课堂教学总体满意程度时，学生打分分布在7~10分（10分为最满意），分数处于7~10分之间，均值为8.87分（见图1）。15级财政1班、15级财政2班、15级税收1班、15级税收2班的满意度分别为8.60分、8.95分、8.85分、9.08分。财政专业满意度为8.78分，税收专业满意度为8.95分。在课程总体满意程度为10分很满意的选项上，税收专业中占34.1%，比财政专业中占23%高出10个百分点。财政学专业满意程度9分级以上占59.8%，税收学专业占比为65%。从以上数据分析看，课程改革还没有得到学生的认可，课程满意度有待提高。

在整体满意程度不高的情况下，对原因进行细化分析发现，学生对该课程学习的六个方面的感受分值总体处在中等水平，得分高低依次是学到的东西多少（3.76分）、微案例教学多少（3.7分）、内容多少（3.59分）、课程难易（3.24分）、花费精力大小（3.11分）、课后作业多少（2.55分）（见表3）。在所有项目中，学生认为花费了3.11分的力气学习3.59分的内容，在难度为3.24分的课程中，做2.55分的作业,却可以学到了3.76分的东西,学生学习效率相对较高,但处在中等水平上。对该课程中采用微案例教学有一定的认可①,是该课程教学的一大特色。税收专业同学较之财政专业同学反映作业偏少,其他选项,专业间差别不大。

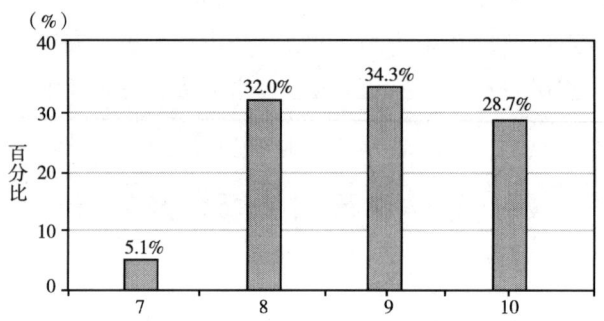

图1 学生对《税务管理》课程的满意程度统计

表3 对课程分项目的整体评价

你的感受	感受程度（%）					你的感受	均值
	1	2	3	4	5		
内容很少	1.1	3.9	41.9	41.3	11.7	内容很多	3.59
课程很容易	0	10.7	56.7	28.1	4.5	课程很难	3.24
微案例教学（少）	2.3	9.6	27.7	36.7	23.7	微案例教（多）	3.70
课后作业（少）	9.0	33.7	51.1	5.6	0.6	课后作业（多）	2.55
花费的精力很少	1.1	14.6	59.6	21.3	3.4	花费的精力很大	3.11
学到的东西很少	1.1	3.4	30.7	48.0	16.8	学到的东西很多	3.76

（二）学生关注教师本身优于考试给分

在问及学生更关注任课教师的哪些方面时,教师教学能力选项占比最高,达到71.3%,其次是教师教学风格上是否幽默风趣,约有67%的同学关注任课老师的这个方面,再次关注的是授课内容(63.1%),有近一半的学生关注任课老师的执教态度(55.9%)、教学手段(54.2%),对

---

① 微案例教学是一种介于举例和案例教学之间的一种教学方法,体现案例完整性,突出案例中与教学有关的核心内容,有效增强课程趣味性,目前没有较规范的定义,是推进教学改革的一种尝试。

教师的考试给分（48.6%）、教学经验（47.5%）关注度相对较低。学生对老师的评价不会因为老师给分高而更加青睐，依次关注教师这个"人"本身的风格、课程教学内容、方法手段、考试给分等。而不同的专业在这些方面差异也比较明显，税收专业的学生比财政专业的学生更加关注任课老师的教学能力，高出13.9%。财政专业的学生比税收专业的学生更关注任课老师的教学手段，高出8.6%。税收专业的学生比财政专业的同学更加关注任课老师的教学经验，高出25.3%，差异较明显。税收专业的学生比财政专业的同学更加关注任课老师的教学内容，高出8.8%，税收专业的学生比财政专业的同学更加关注任课老师的考试给分，财政此选项占比39.1%，税收为57.6%，税收高出18.5%。

（三）自主学习能力差，课后作业专业差异大

在整个课程的学习过程中，《中华人民共和国税收征收管理法》的法条是课程学习重要的辅导资料，需要学生在全程配合学习。从调查数据反馈来看，考试前独立学习法条的遍数，有33.1%的学生在16周的学习时间里只看了法条的0~50%，37.6%的同学看了法条的51%~100%，只有23.6%的同学看了2遍，极少数同学系统看过3遍及以上，有3.4%的学生表示没有看过法条。复习考试前，《中华人民共和国税收征收管理法》的法条，看过2遍及以上的，财政专业有31%，比税收专业高10%。可能的原因是，任课老师在第一次课上的要求有差异。

在问及该课程的学习对专业学习能力提升是否有帮助，回答"很有帮助"占34.6%，认为"有一定帮助"的占64.2%，说明对课程有用性的认识还不够。税收学专业认为该课程的学习更加有助于提升专业学习，认为很有帮助的比例略微高于财政专业。在课后作业方面，专业差异较大，财政专业课后作业（含讲座心得）共4次，税收学专业仅1次。而这些作业的布置作答，并未得到学生们的认可，在问及"课后作业对提升专业课程学习有无帮助"的问题上，16.2%的学生认为"很有帮助"，78.2%的学生反馈"有一定帮助"，还有5.6%的学生对课后作业并不认同，表示"不太有帮助"。分专业看，各项数据差异不大。布置好的课后作业也是需要任课教师需要再进一步思考的问题。

(四) 强化业师授课,坚持"走出去"和"引进来"并举

本学期继续推进应用型课程建设的过程中,任课教师积极组织 15 级财政 1 班、15 级财政 2 两个班同学"走出去",到海宁市国家税务局长安税务分局听税务干部讲税务管理①,同时,"引进来"税务稽查干部进课堂,开展稽查案例教学②。将实践性较强的授课内容,如纳税服务、税务行政管理、税收文化、税务检查概述、税务检查实务等内容交给业师来授课,到税务局学习能够增强税收专业学习的体验。而在问及引入税务干部(业师)讲解特定实践性强的章节内容,包括"走出去"长安国税课堂和"引进来"专家讲座(财税大讲坛),是否显著提升学习效果?近 39.1% 学生表示效果显著,52% 的学生表示效果一般,有 8.9% 的学生认为效果不大。

(五) 了解税务管理知识主要渠道是教师推荐,解决问题主要依靠百度

在问及"你通常通过什么渠道了解税务管理的相关知识"时,77.1% 的学生回答"教师推荐",成为他们了解税务管理知识最主要的渠道,在互联网高速发展的今天,通过订阅的微信公众号和新闻媒体的比例只有 59.8%,通过其他课程老师那里了解税务管理知识的有 24%,说明目前在校学习的学生还是更多依赖老师来了解税务管理方面的信息。财政专业学生通过媒体新闻了解的比税收专业的高 10% 左右,分析主要原因,可能是任课老师平时推荐的新闻媒体阅读材料较多,进而影响到学生的关注。税收专业的学生更多接触专业课和专业教师,税收专业通过教师推荐的比例比财政高 10%,本身处在专业学习阶段,关注度自然要高一些,但不是十分明显。

在遇到税务管理方面的问题时,学生最主要通过"百度"去解决问题,占比高达 82.1%,近半学生表示通过中国知网、税务局网站、

---

① 郦钰婷. 走出校园听税务干部讲税务管理. http://cs.zufedfc.edu.cn/cj/view.php?aid=730.

② 陈巍. 税务稽查流程及典型案例分享. http://cs.zufedfc.edu.cn/cj/view.php?aid=734.

学习论坛等方式去解决他们遇到的问题，53.1%的学生还是选择通过求教任课老师来解决问题，同时也有学生遇到问题会去问其他老师，比例占12.8%，调查中有2.8%的学生表示没遇到过问题，值得引起注意，如果教学最后让学生没有了问题意识，是一件可怕的事情。分专业看，税收专业的学生遇到税收问题比财政专业要多些，财政专业的同学更喜欢查百度解决问题，税收专业同学更擅长通过中国知网、学习论坛、税务局网站、任课老师还有其他课程老师等了解问题，解决问题。

（六）对税务稽查最感兴趣，更喜欢案例教学

在问及对课程中的哪些知识点感兴趣的问题上，78.4%的学生选择"税务稽查"，对税务稽查案例表现出相当的兴趣，其次是纳税服务，约占54%，学生在每年的税收宣传月中，能够接触到这块业务内容，形式也更灵活，有亲身体验。学生对税收法制和行政处罚有一定的兴趣，其他知识点兴趣不高。在税收管理原理和税收法治知识点上，税收专业的同学比财政专业的同学更有兴趣，可能的原因是授课教师在前两章讲授的课时量较多。在纳税服务和税收宣传上，财政专业的同学表现出更加浓厚的兴趣，可能的原因是任课教师组织学生去长安国税体验式教学，这部分内容，校外导师讲授过。在税务稽查的知识点上，两个专业的同学均保持较高的兴趣点，即使任课教师没有上课讲过，但通过业师授课开展税务稽查专题讲座的形式弥补，激发学生学习兴趣，占比最高，达到近80%。后续行政处罚、行政复议和行政诉讼多属程序性事项，学生兴趣不高，另一个可能的原因是授课安排在最后，关注度不高。

在课程教学方法上，学生更希望能够多给他们讲解知识点或更多的案例分享，认为重要程度超过4分，认为重要和非常重要的占78%，认为课外时间非常重要和重要的占67.8%（见表4），比例也很高，学生还是很希望能有更多的这种实践型的体验式学习机会。教学方法上鼓励学生多做练习和自己看书的重要性不能被学生认可，可能与当前推进应用型课程建设过程中，其他课程也会布置很多作业有关，太多了可能会影响学习效率。

表 4　　　　　　　　课程教学方法上的学生偏好

教学方法	重要、有效程度（%）					均值
	1	2	3	4	5	
做练习或作业更重要	3.4	22.2	44.9	21.0	8.5	3.09
给学生讲解知识点或案例更重要	0.6	1.1	20.3	52.0	26.0	4.02
课外实践更重要	0.6	4.0	27.7	40.7	27.1	3.90
自己看书学习最重要	2.8	18.2	41.5	28.4	9.1	3.23

（七）教和学目标一致，学生期待多一些综合案例

在推进应用型课程建设的过程中，希望能够把课程建设得更加具有实用性，显著提升学习者的应用能力。按照布卢姆等人对教学目标的分类，将认知领域的教学目标分为知道、理解、运用、分析、综合和评价六个层次①。对目标稍做修改后，增加"创新"选项，设置成了问题的选项。从调查的数据看，学生认为该课程的学习应该达到的目标与教学方是一致的。学生认为"运用"的比例最高达到 75.3%（见图 2）。其次是领会（61.5%）、分析（60.9%）和综合（55.2%），再次是识记（35.6%），并不为很多学生认同，所以单纯理解和记忆的考察可能并不能有很好的学习效果。

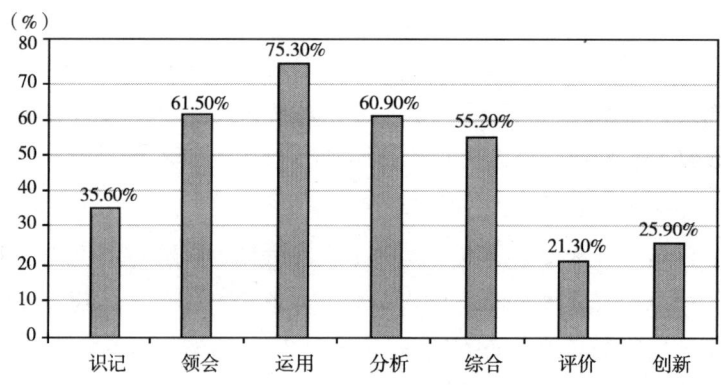

图 2　学生认为应达到的学习目标

---

① 布卢姆等人在 20 世纪 50 年代提出的教学目标分类理论中，将教学活动所要实现的整体目标分为：认知、动作技能、情感三大领域，并从实现各个领域的最终目标出发，确定了一系列的目标序列。为了便于讨论授课内容，这里仅选择认知目标进行分析。

在教学目标和学习目标一致的情况下,学生满意度并不高,说明需求没有被满足,有效供给不足。在后续课程教学安排方面的建议上,呼声最高的当属"增加综合案例",比重达到81.4%,其次是"增加学生参与发言",约占44.6%,说明这方面的需求没有被满足。对于常规做法的"增加课后习题量""增加作业"并不被学生看好。仅有11.3%的提出可以增加课时量,但比重较小。在看待作业的这件事情上,普遍表示不够积极,但税收专业的同学认为还是可以适当增加一些作业,这个项目的比例税收专业要高于财政专业(见表5)。

表5　　　　　　　　　分专业教学安排的措施建议

专业/项目	增加课时	减少作业	增加作业	增加学生参与发言	增加课后习题量	增加综合案例
15级财政	7%	11.6%	12.8%	37.2%	15.1%	84.9%
15级税收	15.4%	8.8%	39.6%	51.6%	35.2%	78%

(八)学生期待更多教学互动,课程学习兴趣有待培养

学生认为课堂教学中师生互动"非常多"的占6.2%,"较多"的占41.8%,回答"一般"的占46.3%,感觉"较少"的仅占5.1%。财政专业认为师生互动"非常多"和"较多"的比例为72.1%,税收专业认为师生互动"非常多"和"较多"的比例占25.3%,税收专业学生反馈,课堂基本无师生互动,相对而言,青年教师课堂互动多一些。71.2%的学生希望能够让他们参与分享税务管理热点,66.1%的学生希望任课教师能够多放相关视频案例,63.8%的学生提出希望能去事务部门体验学习,40.7%的学生认为组织学生讨论或辩论效果也会很好,仅有15.8%的学生认为传统的老师多提问能够有效调动大家课堂学习积极性。且在教师应该多提问的这个选项上,财政专业占比8.1%,税收专业占比23.1%,差异明显,税收专业的同学更希望在上课中有回答问题的机会。

互联网教育技术手段在课程中的运用,认为"非常重要"的占17%,"比较重要"的占55.1%,认为"一般"的占25.6%,有2.3%的学生认为这并不重要。与内容比起来,技术并不是最重要的,两个专业在这个问题上的观点差异不大。在该课程的学习上,课后真正感兴趣并愿意了解的仅占11.9%,在老师的指导下有了解的占77.4%,学习被动性较大,有极少数同学表现出对税务管理问题并不是很有兴趣。在这些学习者中,课后

学习时长大约平均的仅为10.7%，76.3%的学生表示与其他课程学习的时间差不多，小于平均的约有23.2%，税收专业占比明显高于财政专业。说明课后学习有效时长不足，课程设计还需要加强课后学习的设计。

五、课程教学存在的问题及后续改进建议

（一）课程教学存在的问题

目前开设《税务管理》课程涉及财政学、税收学两个专业，在第五个学期开设，为专业必修课程。总结发现《税务管理》课程教学存在以下问题：

1. 规范性建设不够，评价方案不够细化

在课程建设过程中，各种教学的教学考核标准陆陆续续出现，对课程建设缺乏整体性的考虑，虽然按要求，教学大纲、学习指导书、教案等都按照要求完成，但还不够规范，线条较粗。尤其是推进考核方式改进后，新的评价办法没有能够细化，让学生有预期。且考核办法中，问题较为明确，参考答案不够细化，随意性较大。

2. 实践教学内容偏少，缺乏教学体验

应用型课程建设，要突出课程的实用性，课堂教学难以实现这样的目标。对《税务管理》课程来说，严重缺乏这样的事务部门体验，即使安排部分学生参观调研税务部门，但对税务机关的了解还处在表面，有效参与不够。在课堂教学中，难以满足学生对实务了解的渴望，业师参与度不够，有待进一步加强。

3. 课堂教学不够活泼，师生互动较少

在课程建设过程中，仍为传统课堂教学，教师说得多，介绍得多，学生表达机会少。即使学生表达多起来，但师生互动明显不足，各讲各的，互动性较差，没有能够形成人人参与课堂的良好氛围，互动环节的设计，不能引起学生学习兴趣。

4. 现代教学技术手段辅助教学作用发挥不大

在学院推进教学改革的大背景下，教学技术手段被用于教学，辅助教学，课程建设过程中尝试引入雨课堂、网络课堂，但对技术的使用，是一个学习过程，并不熟练，导致教学技术手段的很多辅助功能没有被用起来，自然效果也不好，特别是时间紧张的情况下，网络课堂利用效率非常低，很多功能没有利用，这个方面还有提升空间。

（二）下一阶段的改进建议

1. 进一步细化过程性评价方案

对现有评价方案的设置还不能较好地体现出评分的差异化，需要更改A、B、C这样的等级制打分，变为百分制打分，便于后续统计分数汇总计算。且目前对过程性评价中的作业，评分标准不够规范，只能靠教师的甄别，效率相对较低。最好能够在平行班级中推进相同或相近的作业，便于考核和比较。在现有推进过程性评价的过程中，要细化评价方案。

2. 业师授课扩面增强体验式教学

在实践性强的知识点讲授上，一方面保持现有国税局干部的支持；另一方面积极联络海宁地税税务干部参与到《税务管理》课程的教学中来，形成国地税有效参与实践性课程建设，利用好校地共建的资源，争取业师授课占比超过1/3，在现有组织学生到长安国税实践学习的基础上，开拓长安地税的校外课堂，增强体验式教学。

3. 增强教学互动与微案例教学

积极回应学生要求的互动要求，组织好微案例教学，给予学生更多表达机会，可以考虑组织"税收法治辩论赛"专业对抗赛，强化课前的案例分享互动点评环节，开启"伙伴学习"模式，让同学与同学学习，效率会更高。授课教师不断积累授课案例，争取经过3~5年的教学实践，形成《税务管理案例集》，作为教学的重要参考资料。

4. 借助现代教育技术手段建设好网络课堂

借助现在教学技术手段，辅助开展教学，在目前运用"雨课堂"辅助开展教学的探索过程中,不断运用工具的功能,做好课堂练习、考勤、分数统计等作用。同时要积极利用好学院的网络课堂,把网络课堂作为一个学习平台,把学习资料在这个平台上共享,接下来优先做好两件事,一是把习题库录入网络课堂的平台上,作为学生练习、复习的题库,免去学生打印复印的烦恼,节约成本。二是将作业发布、答题、评阅放在网络课堂上,形成学习记录。

在本文写作过程中,适逢教育部《高等学校本科专业类教学质量国家标准》发布,国标的制定,遵循突出学生中心、突出产出导向、突出持续改进。《税务管理》课程建设过程中遵循这样的原则,认真研究学习对象、更加注重教学产出导向,并且推进教学改革是一个动态的持续改进过程,下一阶段课程建设将围绕教学质量的国家标准,既要做好规范建设,又要有拓展空间;既要坚守教学质量的底线,又要有追求应用型建设的目标;对课程能够达到的专业人才建设标准。既要有定量的要求,也要有定性的要求,在教学国标的指引下,不断提升教学质量。

参考文献

[1] 教育部高等学校指导委员会. 高等学校本科专业类教学质量国家标准(上册). 高等教育出版社, 2018.

[2] 王乔, 李春根, 陈荣, 张仲芳. "中国税制"课程教学改革的实践与思考. 中国大学教育, 2015(2).

[3] 刘颖, 朱计.《中国税制》课堂教学效果调查与增强师生互动实践探索. 仰山论丛(2016年卷), 浙江大学出版社, 2017(11).

[4] 韩锡斌, 王玉萍, 张铁道, 程建钢. 迎接数字大学:纵论远程、混合与在线学习——翻译、解读与研究. 清华大学出版社, 2016.

[5] 彭智军, 田淑英, 刘珺. 供给侧改革背景下应用本科与专业硕士衔接研究——基于税务管理课程的教学实践. 池州学院学报, 2017(5).

[6] 邹蓉. 税务稽查实践教学改革研究. 山东农业工程学院学报, 2016(11).

《社会政策学》课程实践教学改革的思考

夏 磊[①]

摘 要 应用型课程的建设是地方高校,特别是应用型建设高校培养应用型人才的一项基本的教学建设,因此课程建设水平和质量直接影响着应用型人才培养目标。因此在应用型建设改革的新形势下,理清课程建设的基本思路,在教学实践中不断探索,是一项需要坚持不懈的工作。本文针对具体课程实践教学中面临的问题、具体的课程改革的思路和主要措施等进行了探讨。

关键词 课程改革 应用型建设 教学方法

应用型课程的建设是我国现阶段应用型大学教育改革的重中之重,为了积极响应高等教育发展的所带来的改变和挑战,提升办学的质量和水平,以及服务地方经济的能力,需要每一位教师改变课程教学过程中的传统理念,从重知识到重实践能力转变,努力架构应用型课建设的理论教学和实践教学体系,更加重视课程的理论教学和实践教学的融合。因此,具体到课程需要从教学设计、教学方法、教学手段、学生考核方法等方面需要进行重新设计和考量。《社会政策学》作为一门理论性较强的课程,在日常的教学中主要采取较为传统的讲授式教学,对该课程的应用型改造较为典型。

一、《社会政策学》课程简介

(一) 课程类别

专业必修课。

---

① 夏磊,浙江财经大学东方学院讲师。

（二）学科类别

公共管理。

（三）课程目标和教学内容

（1）课程目标：通过对社会政策概念、基本原理和几个主要分支领域的学习，系统地掌握社会政策的基本概念、社会政策制定的过程和相关分支领域，初步形成社会政策的分析能力，熟悉分支领域社会政策，能够初步对社会政策制定和效果进行基本分析和评价，引导客观分析社会政策问题，正确看待社会，并积极参与到社会制度建设中。

（2）教学内容：掌握社会政策的基本理论、熟悉社会政策的各要素、制定与执行、分析与评估的基本程序与方法，熟悉我国社会保障、住房、就业等社会政策以及社会政策的演变等，并结合各种实际社会问题进行分析阐述。

（四）教学对象

劳动与社会保障专业大二学生。

（五）课程学时和教学场景

（1）课程学时：每周3学时，共48学时。
（2）教学场景：多媒体教室、课外社会调查。

二、课程教学重点需要解决的问题

社会政策课程与社会保障专业其他专业课程关系密切，是社会保障专业教学中比较重要的环节，社会政策研究的内容主要涉及了政策产生的理论和方法，以及相关领域中的应用。

狭义的社会政策范围仅仅涉及劳工及贫民生活，而广义社会政策则包括国民福利、就业、住房、健康、文化、教育、人口、社区及社会公共环境等方面。显然，狭义的界定所对应的只是狭义的社会福利政策；而广义的界定则对应于各种社会问题的研究，因此，社会政策这门应用性较强的学科如何在实际教学的过程中将理论性较强的课程知识与现实性较强的应用处理好，合理探索安排合理有效的教学方法，值得教学人员去思考反思。本课程在具体的教学过程中存在以下问题。

(一) 如何改变授课模式，处理好理论和实践的关系

社会政策课程的教学理论课时明显偏重，实践课时较少。除了课程本身的原因之外，与具体教学过程中的授课模式也有很大关系，同时无论是理论还是实践内容都又局限于引导学生甄别发现问题，而涉及解决问题、锻炼职业素养与能力的内容少，理论与实践出现分离的现象较明显，独立思考和解决问题的能力相对比较薄弱。

(二) 如何激发学生学习兴趣，推动课程内容本土化更新

首先，社会政策课程理论课时较多，多以讲授为主，教学的过程中极易产生照本宣科的情况，导致学习过程枯燥、课堂气氛沉闷，容易导致学生厌学的情绪产生。其次，社会政策学课程的内容多源自西方版本的相关著述，即使涉及的中国的部分介绍和更新也相当笼统和滞后，有些内容已经与现实有脱节，学习的过程中时效性的把握不到位，目前教材的修订远远不及当下社会政策调整的速度，课程内容更新的不及时也导致了教师教学的难度和学生理解的困难。这就需要教学人员在具体教学的过程中把握理论和实践案例的本土化做到位，是一个值得思考和研究的问题。

(三) 如何利用实践平台，改变课堂一条腿走路劣势

每个专业都会有自己的实践教学平台，如实习基地、竞赛比赛、社会实践活动等，学生可以利用这样的平台，弥补在课堂教学过程中实践环节的缺失，但是在现实的运作过程中，学生的实习实践活动缺乏有效的指导，学生的自我约束能力差，自我学习动力不足，导致平台的实际效果欠佳。如何结合课程安排处理好这些问题，值得探讨。

三、课程教学方法改革

（一）教学实施策略与方法

1. 构建互动参与式教学

传统的讲授式教学中，师生之间"师授生受"的关系（见图1）导致学生独立思考，主动参与的机会比较少，师生之间明显缺少互动，造成课堂的气氛沉闷、学生学习被动的状态，这种情况下学习的效果自然不是很好。

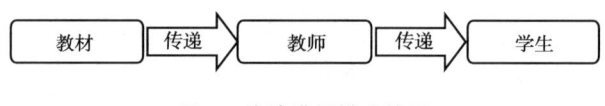

图1　传统讲授模式简图

打破原有"师授生受"格局，学生的参与互动显得非常重要，构建互动参与式教学模式是提升教学效果的优选（见图2）。教师通过问题引入、情景的设计、悬念的预设等方式，提出课程相关议题，学生自主地探索及协作解决问题和学习知识，最终形成个人或小组报告，并对报告进行课堂公开的讲解演示或交流，教师可对报告的质量进行评估，对议题进行延伸，在此基础上作为学年论文或毕业论文选题参考，并作为期末考核的组成部分。

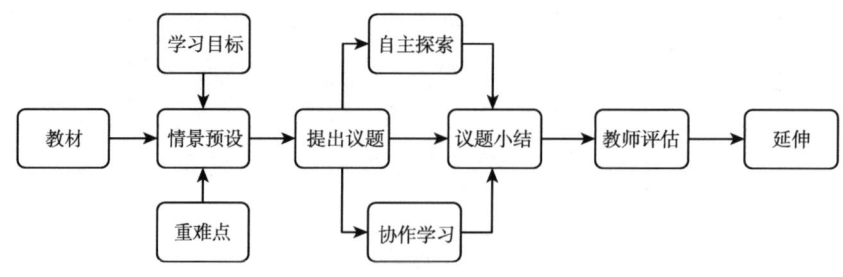

图2　互动教学模式简图

2. 发掘本土化教学案例

案例教学是很多课程教学过程中的重要手段，好的案例运用是传授知识的重要手段，教学的过程中那些接近现实、贴近生活、有指导意义、发人深思、引人注目的案例往往最能成为传递课程知识的重要资源。但社会政策学教学的过程中由于教材知识点的理论性强，大多数案例多源于西方社会政策相关著述，即使是中国部分的介绍也相对陈旧。因此本土化的贴近接近现实、贴近生活案例的搜集和分析对于课程的教学非常重要。社会政策课程通过两个渠道来积累本土化的案例，一是教师通过关注身边的时事新闻，挖掘有利资源，通过来源于现实生活实例改造，形成教学案例，如共享单车、新能源汽车、政府购买、"二孩"政策等，从社会政策的角度进行再解析，形成鲜活接地气的案例；二是发挥学生的主观能动性，通过互动式的教学，让学生自己去自主探索和学习相关的案例，并将优秀的案例收录为教学案例，为后面的教学推进打下基础，如通过分组，以小组任务的形式，让学生去搜集课程计划中的相关具有代表性的案例（见表1），案例尽可能地贴近生活，贴近热点，每一组不同的主题，在发挥学生主观能动性和团队合作意识的同时，也为课程案例的积累和更新找到良性循环的途径。

表1　　　　　　　　　　参与式主题案例讲解示例

学生分组	知识点/案例主题
第一组	社会政策的制定：孙志刚事件
第二组	社会政策的实施：经适房的尴尬
第三组	社会政策的评估与变迁：大国危途之人口政策
第四组	社会会保障政策：社会保障体系之我见
第五组	住房政策：保障性住房的前世今生
第六组	特殊群体社会政策：就业中性别歧视
……	……

3. 提升实践教学能力

社会政策课程的实践教学能力提升除了需要本身具有实践能力较

强的师资队伍以外，还需要依托一定的资源平台。首先要积极地"走出去"拓展见习实习基地，加强与政府、社区、非政府组织、福利机构等单位加强交流合作，建立长期合作性质的实习基地，充分利用学校的区位优势挖掘本地资源，为学生提供更多的实务锻炼机会，缩短毕业生就业后的上岗周期。其次要积极地"请进来"让校外的专业人员成为课堂教学的组成部分，课程的相关知识点，除了理论知识的讲述外，邀请校外实际工作部门老师，穿插到课堂中进行教学。最后作为学校的专业教师，要鼓励进行专业的培训、校际的交流合作、去实际的业务部门观摩学习或挂职，努力加强专业教师自身的实践教学能力，既有宽泛的理论知识，又有知识的实务操作经验和能力，"双师"资质的打造显得尤为重要（见表2）。

表2　　　　　　　　实践教学能力途径提升示例

途径	内容
获取资格认证	人力资源师、劳动关系协调师、社会工作师
请进来	专业人员进课堂
走出去	观摩学习、挂职、实习、见习

（二）教学方法特点分析

社会政策课程理论性强，课程知识点较为庞杂，课程的教学目标要求掌握知识的同时，具有一定的认识问题、分析问题、独立思考解决问题的能力，因此课程教学的主要特点如下：

（1）互动参与式教学是在民主、轻松的课堂环境中，充分利用整合各种教学资源，引导学生参与课堂教学，强调听课者高度参与到课程的教学中来。参与式的教学通过强化学生的内在激励，提高学生学习的自主性和积极性，激发学习兴趣，通过参与过程个人或团队才能展示及目标的达成，从参与的过程中获得乐趣和满足。与此同时来自老师的引导、认可、鼓励，同学们的认同和好评，形成了外在的激励，使内在的激励强化，从而实现教学效果和学习效率提升。参与式教学能够改变传统灌输式教育下学生的被动状态，充分发挥学生的主体性地位，结合社会政策课程务实性、应用性强的特点，注重学生独立分析问题、解决问题的能力培养，扩充学生主体作用发挥的空间，因而成为社会政策课程教学的必然选择。参与式教学手段很多，如角色扮演、小组游戏、分组讨论、课堂辩论等，可以灵活多样地使用，营造积极、欢快的课堂气氛。

（2）发掘和利用本土化的案例，是社会政策课程能够根据专业培养目标的要求，以更加现实生动的案例为重要的载体，向学生展示特定的情景和事件，引导学生逐步发现问题、认识问题、分析问题并解决问题，培养学生用专业的理论知识通过独立的思考形成专业意识和素养。由于本土化的案例来源于真实的生活，创设的案例情景更加真切，容易被学生感知和接受，鼓励学生通过课程的知识的学习，寻找来源于生活和时事热点的案例载体，并通过课堂平台向大家报告，师生之间做到教学相长。

（3）专业知识的学习最终价值的体现在于应用，提升实践教学能力，是衔接好接受知识和运用知识重要的手段。社会政策课程的实践教学除了学生和教师主体的教学互动，其他社会实践教学主体和平台资源的挖掘和整合也非常的重要。"走出去"和"请进来"并重，"走出去"感受专业领域的实务工作，"请进来"将实务知识带进课堂。

四、课程考核方法和支撑手段

（一）课程考核方法

社会政策学课程的考核方式分为两种：形成性考核和终结性考试。其中形成性考核占总成绩的50%，终结性的期末闭卷考试占总成绩的50%。形成性考核主要看课程教学过程中学生的学习行为表现，如出勤情况、课堂表现、参加教学活动的态度积极性、作业完成情况。并对于分组作业中由集体完成的作业，由所在组组长按照成员在完成任务中所占的比重，自主分配所占分值比重。通过细化形成性考核的具体项目和考核标准（见表3），增加形成性考核占总成绩的比重，降低终结性期末考试的比重，有助于学生在课程学习中综合素质的提升。

表 3　　　　　　　　　　小组报告评分标准示例

课程报告汇报评分		
序号	考核内容	评分
1	选题	10
2	准备工作充分与否	10
3	报告逻辑思路	15
4	报告完整与否	15
5	汇报过程	20
6	组员协调合作情况	15
7	格式规范	15
总计		100

建立了形成性考核和终结性考核的基本考核方法、考核的标准、成绩记录数据等。通过网络课堂对课程教学进行评价反馈，并通过网络课堂发布通知消息，以及一些案例解析和自测等。

五、小　　结

社会政策课程作为劳动社会保障专业较为核心的课程之一，培养了本专业的学生用专业的视角、理念和方法去认识我们身边的政策，并且能够独立思考和分析政策，提升自身专业素养。为了达到课程的目的，课程教学过程中所实施的策略和方法取得了较为不错的教学效果。一是改变了以教材、老师为中心，单项的灌输式的传统教学模式，凸显了学生在课程教学中的主体地位，提升了团队合作意识，师生的地位更加平等，课堂气氛更加融洽。二是促进了教师教育观念的转变，在传播知识的同时，更加注重方法，注重效果效率，为了完善应用型实践教学目标主动自我提升，不断向双师双能目标靠近，达到了整体提高教师水平的目的。三是课程中激发学生学习的积极性和主动性，培养了专业的思维和习惯，把学习转变成内在需求，从而促进学生认知能力及个性的发展。

参考文献

[1] 刘建中. 应用型本科高校课程模块化研究 [J]. 合肥学院学报（自然科学版），2011（04）.

[2] 张少龙. 本科院校应用型课程改革基础性工作探索 [J]. 劳动保障世界，2016（36）.

[3] 胡浩. 应用型课程建设的几点思考 [J]. 新余学院学报，2015（02）.

[4] 张君诚，许明春，曾玲. 新建本科院校的转型发展与应用型课程体系构建 [J]. 长春工业大学学报（高教研究版），2014（02）.

[5] 寿永明. 应用型课程教学模式改革的实践探索——以绍兴文理学院为例 [J]. 绍兴文理学院学报（哲学社会科学），2013（05）.

过程性考核在《专业文献阅读与述评》课程中的应用

惠 文[①]

摘 要 过程性考核在课程评价方式上受到越来越多的认可与普遍应用。本文结合《专业文献阅读与述评》这门课程的教学目标、教学内容以及特点等,尝试采用了过程性考核评价方式,发现这一方式在促进学生出勤、提升课堂专注度、注重平时学习的态度等方面有很好的效果,但也存在考核过于频繁带来的课堂压力和过多的时间精力耗费等问题。

关键词 过程性考核 文献 反思

过程性考核具有相较于终结性考核更加关注学生的动态学习表现和阶段性学习效果等优点而受到越来越多的研究与应用。有学者对过程性评价的理念、内涵与方法等做了详细的介绍和思考(吴绍春,2001;高凌飚、钟媚,2005;吴维宁,2006;黄冯,2014),也有相当多的课程应用了过程性考核,如大学英语(朱华,2017)、色彩基础训练(范文婧,2017)、环境卫生学(李金娟等,2016)。与本课程相似的文献检索课程过程性考核也被广泛应用,如汪英姿、谢章丽、周玉萍(2009)和向雄志(2015)、陈芳(2017)。

基于以上研究与应用,结合《专业文献阅读与述评》课程的教学目标与教学内容等,笔者在该课程中尝试引入了过程性考核方式。通过1个学期的实践与探索取得了相对比较显著的成效,但也面临了若干问题,并引发了一些思考。

[①] 作者简介:惠文(1990—),女,河南许昌人,助教,硕士,主要从事劳动与社会保障研究。项目来源:浙江财经大学东方学院2016年院级一般高等教育教学改革项目资助课题(2016JK17)。

一、过程性考核的课程适用性分析

(一) 课程的教学目标与教学内容

《专业文献阅读与述评》课程是面向劳动与社会保障专业大三的本科生开设的一门专业选修课,主要教学目标是让学生掌握基本的专业文献的阅读方法和述评的写作方法,为毕业论文的撰写提供一定的帮助,同时也培养学生最基本的学术素养。这门课程的主要教学内容有:选择主题—文献检索—文献阅读与批评—文献综述的撰写(见图1)。首先,让学生根据已有的专业知识和对社会现实的关注等共同讨论出一个值得研究的问题,引导学生认识到选题与研究方法等要开展文献阅读的必要性;其次让学生围绕这一研究问题进行针对性的文献搜集,培养学生文献检索与文献管理的基本方法;再其次,在此基础上选择若干篇文献进行阅读与批评,培养学生的阅读方法尤其是批判性思维;最后是文献述评的撰写,让学生对所有阅读的文献进行归纳总结以培养其写作能力和归纳分析能力。

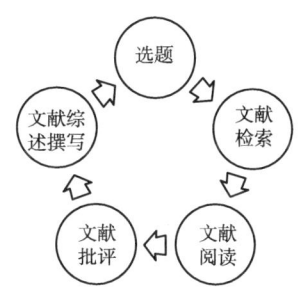

图1 《专业文献阅读与述评》课程的教学内容

(二) 过程性考核的可行性

由这门课程的教学目标和内容可以看出,该课程本质上是一门方法类的课程,应用性和实践性很强,除了课堂上教授基本的理论与方法外,需要学生投入大量的时间进行练习才能掌握。这个学习过程是循序渐进的,也是相互依赖的,前一个步骤的掌握程度会直接影响后面的学习,非常强调学习的过程性尤其是阶段性的学习质量与成果，这样恰恰是过程性考核方式的本质所在，因为过程性考核的目的是通过教学中师生之间及时的相互反馈来使学生了解自己在学习过程中的进步与不足，并明确将来继续努力的方向来促进学生的学习与发展；也让教师了解授课中学生尚未掌握和困惑的地方以调整教学节奏等。相反，如果不采用过程性考核而是终结性考核，学生在学习过程中究竟哪个环节比较薄弱就不太容易被及时识别和改正，学习效果也会大打折扣，尤其是方法类的课程。

二、过程性考核的具体设计

（一）过程性考核的基本理念与思路

基于以上对本课程的分析以及过程性考核的适用性，本课程的基本考核理念将总教学目标分解为过程性目标和考核来影响学生平时的学习行为，并通过反馈来修正学生的学习行为并对改正后的行为再次考核和反馈，最终达到相对良好的学习效果（见图2）。

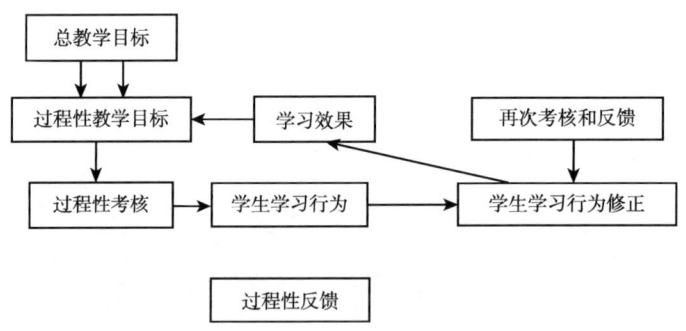

图 2　过程性考核改革理念

本次考核方式改革的基本思路紧紧围绕本课程的教学目标与教学内容和过程性考核的教学理念。对文献阅读选题进行讨论，然后对文献检索、文献阅读、文献评论以及文献述评写作各个学习阶段分别进行考核与反馈，使学生知道每个学习阶段的学习状况并进行修正（见图3）。

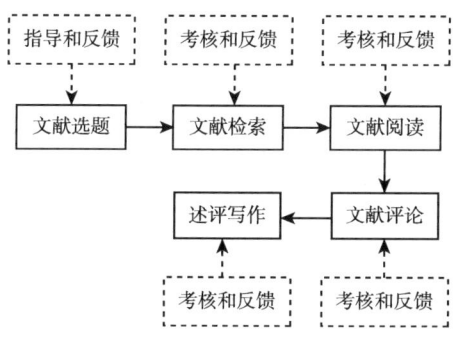

图 3　课程改革思路

（二）过程性考核的内容与指标

过程性考核的具体内容与指标是过程性考核的核心，会直接影响考核实施的效果。根据本课程的特点以及过程性考核的基本思路，选取了以下考核内容与指标并设置了不同的权重（见表1）。

表1　　　　　　　　过程性考核的内容与指标

考核内容	具体指标	权重
文献选题	共同讨论一个研究问题	0
文献检索1	文献检索的质量与数量	5%
文献检索2	反馈后重新检索文献的质量与数量	5%
文献阅读与评价1	第一篇文献阅读与述评质量（中文）	10%
文献阅读与评价2	第二篇文献阅读与述评质量（中文）	10%
文献阅读与评价3	第三篇文献阅读与述评质量（中文）	10%
文献阅读与评价4	第四篇文献阅读与述评质量（英文）	10%
文献阅读与评价5	第五篇文献阅读与述评质量（英文）	10%
文献述评1	文献述评写作质量	15%
文献述评2	反馈后文献述评写作质量	15%
课堂表现	课堂互动、参与讨论	10%

本课程的考核内容、指标与权重全面考虑了教学的目标，而且在文献检索以及文献述评等加入了教师对学生学习情况的反馈后学生的学习改进和提高的情况。在每一个考核阶段如文献检索、文献阅读与述评写作上也有更为细致的评分标准。

三、过程性考核的教学效果

经过一学期的探索实践,本课程过程性考核取得了比较不错的教学效果,尤其在激发学生重视平时的学习态度、课堂投入、学习收获等方面有比较大的进步。通过平时的教学观察、部分学生的访谈以及对教学班级所有学生进行的问卷调查等,可以得到印证。

(一) 督促学生课堂出勤

虽然本次过程性考核并没有将出勤专门作为单独的一项考核指标,但这种考核方式对学生的出勤还是产生了一定的约束作用,尤其是对惯性缺勤的学生而言影响比较大。虽然约60%的学生表示过程考核对其出勤影响不大,各有20%左右的学生表示有一定影响和很大影响,但是进一步分析这些学生的特点会发现,选择有很大影响以及一定影响的学生在其他课程(参照本教师授课该班级的另一门课程)的缺勤率相对较高。由此可见,过程性考核通过将考核融入平时学生出勤与否对其阶段性学习以及作业完成会产生较大影响,对督促其重视平时课堂的出勤,更多地参与到课堂的学习中(见图4)。

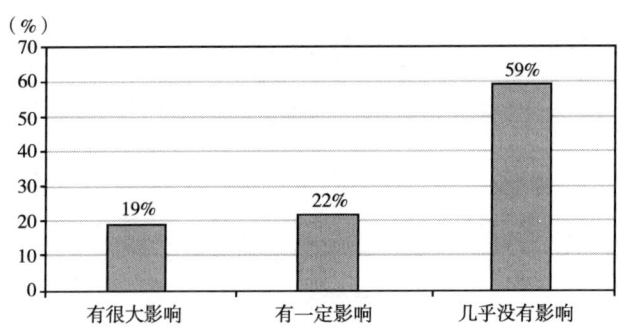

图4 过程考核对学生出勤的影响

(二) 提高学生课堂专注度

过程性考核使65%的学生更加认真听讲,提高了其专注度,28%的学生表示没有影响（见表2）。由此可见，过程性考核对学生投入平时的课堂学习有相当大的影响。

表2　　　　　　　　　过程考核对学生专注度的影响

	频率	百分比（%）
其他	2	6.3
没有影响	9	28.1
更加认真听讲	21	65.6
合计	32	100.0

（三）增加了学生课下对本课程的学习时间投入

过程考核注重学生平时的学习和积累，避免终结性考核"临时抱佛脚"的现象。通过调查我们发现，仅有3%的学生表示没有增加课下的学习时间，而97%的学生均有一定程度的增加，其中约44%的学生表示增加了许多。为了完成阶段性的学习任务和过程性考核成绩的获得，学生不得不增加课下时间继续学习或者完成课程的学习，这也是过程考核的价值之一，敦促学生学习时间花在平时而非最后突击学习。

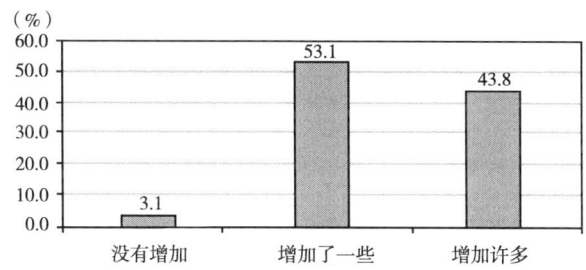

图5　过程考核对学生课下学生时间的影响

（四）动态公布成绩使学生造成一定的紧张感，更加注重平时的学习

过程性考核一方面注重学生的学习过程；另一方面也要对学生阶段性的学习成果进行评价，并对其进行动态公布，以使学生知道该阶段自己的学习成效，会对其下一阶段的学习有一定的影响。84.4%的学生表示动态

公布每一个阶段的学习成绩使其产生了一定的紧张感,尤其是当该阶段的成绩不是非常理想时就要努力修正并提高下一阶段的成绩。

表3　　　　　　　　　动态公布成绩对学生的影响

	频率	百分比(%)
造成紧张感	27	84.4
没有影响	3	9.4
其他	2	6.3
合计	32	100.0

(五) 教师的阶段性学习反馈对学生有一定的帮助

过程性考核的另一个重要作用是让教师了解学生阶段性的学习困惑以及存在的问题,并对学生进行反馈和指导,以便使学生能够及时改正。在每一次过程性考核时都会留有相应的练习作业,教师对其进行一一批改并及时反馈给每一个学生,将共性问题在课堂上讲解。通过调查发现,所有的选课学生都认为这种及时而且个性化的反馈有帮助,认为没有帮助或基本没有看反馈的学生为零,其中43.8%的学生认为帮助很大。

表4　　　　　　　　　教师及时反馈对学生的帮助大小

	频率	百分比(%)
帮助很大	14	43.8
有一定帮助	18	56.3
合计	32	100.0

(六) 学生有一定的学习收获

过程性考核只是评价的一种手段,其目的是让学生注重学习的过程而最终学有所获。约有94%的学生表示通过这门课的学习有收获,其中62.5%的学生表示收获很大。

表 5	学生总体的学习收获	
	频率	百分比（%）
收获很大	20	62.5
有收获但不是很大	10	31.3
基本没收获	2	6.3
合计	32	100.0

四、过程性考核的问题与改进

虽然本次过程性考核是一次有益的尝试，也取得了相对不错的教学效果，但是在教学以及学生的反馈中也发现了一些问题，需要进行反思和修正。

首先，过程考核不是教学的目的，而是一种考核的手段，不能主次颠倒，仍然要更加注重课堂的有效设计与讲解。本课程的过程性考核不论是教师还是学生都似乎处于这样一种状态中，考核似乎是压在师生上的一个"大山"，学生为了考核而完成课堂作业，教师也花了大量精力在平时成绩的批改上，被考核所牵引，对课堂的教学以及师生、生生之间的互动有所减少，而且给学生造成了一定的压力和紧张，学习氛围不是那么轻松，这除了与课程的性质、所选读的文献偏难外，考核所营造的氛围不是十分有利于学生课堂上轻松自在地学习，也使学生不能全身心投入背后的学习意义和目的。

其次，考核的成本与效果是否成比例。本学期的过程性考核不论是教师还是学生都在本门课上投入了很大的精力，教师除备课外还要批改每一位同学的作业并及时反馈，学生也要在课堂上或课下投入很大的学习精力来完成作业，这种考核的成本尤其是时间成本、精力成本是非常高的，其也达到了相对不错的学习效果，但是两者之间是否成比例需要深思，是否没这么多作业或频繁的考核也能达到不错的学习效果？也有不少学生抱怨课下作业太多，要求减少考核次数，因此考核指标与内容要考虑到学生的适应性，两者达到一个比较合理的平衡。

过程性考核作为一种评价方式，有其自身的优点，但是也具有其适用的条件。《专业文献阅读与述评》这门课程采用过程性考核还是比较适合的，而且也能得到学生的广泛认可。但是要在考核内容及考核方式在整个课程教学中的定位需要再审视，考核的频率也要适度调整，这也是接下来要改进的地方，以使课程的教学效果进一步提升。

参考文献

[1] 吴绍春. 两种考试观的比较———美国林肯大学没有"一张考卷定乾坤"[J]. 交通高教研究，2001（4）：38－41.

[2] 高凌飚，钟媚. 过程性评价：概念、范围与实施[J]. 上海教育科研，2005（9）：12－14.

[3] 吴维宁. 过程性评价的理念与方法[J]. 当代教育科学，2005（16）：38－41.

[4] 黄冯. 关于过程性评价的思考[J]. 文理导航（下旬），2016（08）：24－24.

[5] 朱华. 浅谈过程性考核在大学英语教学中的应用[J]. 语言艺术与体育研究，2017（11）：395－395.

[6] 范文婧. 过程性考核在色彩基础训练课程教学中的应用[J]. 现代职业教育，2017（28）：92－92.

[7] 李金娟等. 过程性考核在环境卫生学考试中的探索与实践[J]，教育教学论坛，2016（51）：148－149.

[8] 英姿，谢章丽，周玉萍. 基于PBL教学法和过程性考核的文检课教学模式探析[J]，情报探索，2009（11）：19－20.

[9] 向雄志. 过程性考核在文献检索课程中的应用[J]，职业教育，2015（5）：45－47.

[10] 陈芳. 文献检索课过程性评价探索与实践[J]，西部素质教育，2017（17）：194－195.

校外导师合作模式下应用型教学的实践

黄晓燕①

摘　要　本文从大学课堂应用型教学改革出发,以薪酬与福利课程校外导师合作教学的模式为例,从目前薪酬与福利课程的现状与不足、改革对策、实施效果分析。通过校外导师合作教学,企业真实项目参与课程,实现教育与实践的深度融合,达到培养学生应用能力的目标。

关键词　校外导师　企业项目　应用型改革

校外导师的参与在校企合作深度融合的基础上,南通航运学院建立并实施"三位一体"双导师制人才培养模式。以学生为主体,为学生配备校内导师及校外导师,实施"学校、实习单位、学生"三位一体的管理和教学模式(邓明阳,2013)。在职业院校导师项目制中授课已进入了创新改革(李媛媛等,2017)。也有一些课程通过校外导师的参与来解决毕业生与社会脱节问题,如"导师项目负责制"下电子商务专业课程设置改革(施薇,2014)。

基于以上研究与应用,结合《薪酬与福利》课程的教学目标与教学内容等,笔者尝试在与校外导师合作模式下进行应用型教学改革实践。通过一学期的实践与探索取得了相对比较显著的成效,但也面临了若干问题,并引发了一些思考。

一、引言

长期以来,我国人力资源市场存在严重的供求关系结构性失衡问题,

---

① 黄晓燕,浙江财经大学东方学院教师。

一方面企业难以招到合适的人才，另一方面大学毕业生又无法顺利找到工作。如何能够做到"产销对路"的人才培养呢？在《教育部关于深化职业教育教学改革全面提高人才培养质量的若干意见》中明确提到："坚持产教融合、校企合作。推动教育教学改革与产业转型升级衔接配套，加强行业指导、评价和服务，发挥企业办学主体的重要作用，推进行业企业参与人才培养全过程，实现校企协同育人。在《"十三五"规划纲要推进职业教育产教融合》中也明确提出："推行产教融合、校企合作的应用型人才和技术技能人才培养模式，促进职业学校教师和企业技术人才双向交流。推动专业设置、课程内容、教学方式与生产实践对接。"

如何让本科高校在人才培养的过程中接轨行业，让学生在大学课程中就能将所学运用到企业实践中去、在大学课程中如何引进企业项目和行业技术人才一直是我们思考的难题。

薪酬与福利是企业人力资源模块的核心工作内容之一，薪酬福利管理理论、方法和技巧，广泛应用于企业各个方面。薪酬与福利课程是高校劳动与社会保障专业和劳动关系专业的核心课程之一。是专业能力培养的重要模块，既要培养学生的专业理论素养，又要培养较强的实践应用能力。本文以薪酬与福利课程的应用型改革为例来探讨高校应用型人才培养模式。

二、薪酬与福利课程的现状与不足

薪酬与福利课程的性质决定该课程具有实践性较强的特点，要求学生在掌握一定理论知识的基础上学习具体实际的操作方法。受惯性思维影响，在课程教学中教师"重理论轻实践"，理论教授过程中有时会脱离实践需要。高校授课教师自身缺乏实践经验和与行业接轨的能力，也会使得对课程的认识过于表面，缺乏对课程应用能力的教学，难以让课程接轨行业，实现"教了便能学会""学会便能用上"的效果。

传统的教学方法都是以教师讲为主，学生只是单纯地听课。传统的理论讲授虽然可以保证知识的系统和连贯，但是学生处于被动地位，缺乏主动思考和互动，就无法掌握现代企业所需要的技能，也不利于学生应用能力的培养。

从考核方式上来看,一般核心课程采取期末考试的形式。成绩由平时成绩(考勤+作业)+期中成绩+期末考试,试题一般由任课老师从书本中讲过的内容选择考点,实践教学内容也基本很少能纳入考核范畴。学生会以此为导向来学习,导致实践应用能力不足。

三、薪酬与福利课程应用型改革对策

针对薪酬与福利课程的现状及不足,笔者在具体的教学过程中不断总结和思考,提出了校外导师合作授课的模式,同时邀请合作企业真实项目进入课堂,通过校外导师与校内教师分模块教学,完成合作企业项目来锻炼提升学生实践应用能力。

(一)聘请行业专家为课程校外导师

要让课程接轨行业,提升应用能力,在课程应用型改革中首先要解决的是应用型师资问题。目前本课程由"校内专业师资团队+校外实践导师团队"组成,校外导师均有八年以上人力资源工作经验及人力资源二级证书。校外导师一起参与制定课程大纲,并参与课堂授课。

在设计本课程大纲的过程中,两位校外导师从行业主管角度提供了专业改进意见。如提出从实际工作中,学生毕业后如应聘人力资源部劳动关系岗位,与课程内容匹配的第一项工作为公司员工薪酬福利单的 Excel 表格制作,该技能为员工上岗培训的第一项技能。建议在原本的课程大纲加入实践操作课为工资单 Excel 表实践操作,由校外导师教学操作。该课堂内容的加入拉近了学生与企业部门之间的距离,使得毕业学生就业后上手即可操作。在作业安排上,校外导师建议安排一次期中实践作业为一份劳动关系及劳动与社会保障专业大学毕业生起薪的调研报告,要求应用频数分析、中位值分析、百分位数分析中的两种或以上统计方法呈现该专业毕业生的起薪。问卷可采用微信问卷星等工具采集数据,样本数不少于 30 个。通过调查过程既让学生了解薪酬调查的程序及方法,同时也对未来自身就业时的薪酬有了一定的概念。

(二) 参与真实企业项目

为了更好地激发学生学习的积极性，培养学生的综合能力，实现"在实务中学"的学习模式。本次课程选择了一家小规模起步阶段的电商企业，企业没有独立人力资源部门，但是企业管理人员对薪酬福利制度有所思考，并希望能够进一步改进，企业可以提供详细的企业现状、目前薪酬福利发放情况、已购买的行业薪酬报告，并愿意根据学生团队制作的企业薪酬福利方案的可行性来支付一定费用，或提供实习和工作岗位。

在本课程的理论教学过程中穿插企业实际案例教学，使得学生能较好地将理论与实践相结合。在课程后阶段，由合作企业管理人员来介绍企业目前人员及发展情况以及行业情况，提供企业购买的行业薪酬数据。企业设置一定的项目基金来奖励有可用价值的薪酬方案。学生五人一组，完成团队作业。团队作业内容为使用实战案例分析中提供的行业薪酬报告，结合整个课程中学习过的薪酬福利设计方法，为该公司设计一份薪酬福利方案，课程教师与校外导师担任咨询顾问。课程结束后，由企业组织管理人员参加项目答辩，学生团队用答辩方式呈现课程作业，由企业管理人员来评价方案的可行性与价值，同时该作业计入课堂成绩。

(三) 教学内容模块化

由于校外导师和合作企业的参与，本课程的教学内容分为三个模块：第一模块是理论部分，由学校任课老师进行讲授，其中包括导论、薪酬体系基本要素、公平理论与激励机制设计、战略与薪酬、职位与薪酬、市场与薪酬、能力与薪酬、绩效与薪酬、团队绩效与薪酬、长期激励、员工福利。第二模块为实际应用讲解部分，由行业专家校外导师进行课堂讲解，讲解内容为四讲，穿插在课堂中进行，内容分别为薪酬调查应用、工资表Excel操作实践、绩效薪酬KPI指标提取实践、长期激励——股权设计实践。第三模块，学生参与部分，以期中考试和课外作业方式完成，内容为两项：一是完成一份劳动关系及劳动与社会保障专业大学毕业生起薪的调研报告；二是以团队的形式完成一电商企业制作薪酬福利规划（实际行业数据与企业情况由企业提供，期末由企业管理人员评价该规划的价值，获得认可的报告由合作企业发放项目奖金）。

(四) 多样性考核

本课程目前只进行了第一轮教学,学生的课程总成绩由平时成绩(到课率+课堂发言)、期中考试(毕业生薪酬调查报告)、期末考试(含实践操作题)组成,三者的比例为30%、30%、40%。

为了更好地实现以应用为导向,在第二轮教学中,计划对考核方式进行下一步的改进,将变"传统考核=平时考核+期末考试"为"多样性考核=校外导师作业成绩+课堂表现+合作企业薪酬福利设计方案成绩"。

课堂表现由教师根据学生在课堂上回答问题的表现打分,薪酬调查报告由校外导师打分,薪酬福利设计方案根据合作企业管理人员的意见标准进行评分。

四、改革实施效果分析

通过一轮教学,发现由校外导师合作模式下应用型教学的实践在一定程度上取得了课堂效果。

(1) 强化了学生思考和动手能力,激励学生主动学习的意愿。不论是课堂教学生的交互式提问还是团队合作项目,都体现出了学生的主体地位,让学生参与到了教学中,激起了学生的学习兴趣和参与学习的主动性,并通过实践,提高学生分析和解决问题的能力。这门课上,学生成为教学活动的参与者,教学活动与实践工作紧密结合与行业接轨,学生参与课堂的积极性较高,学生课堂表现也比较积极,主动发言同学较多。

(2) 接轨行业,提升学生就业能力。校外导师为行业专家,熟知行业需求,讲授案例都来源于公司一线岗位,使得学生在课堂上就能将所学技能对接行业,走上工作岗位后,能够学了即可用。校外导师与学生建立课后的咨询交流,在学生就业、面试、应聘上都提供了帮助。并利用强大的社会资源,使得上课过程成为一场集体面试,上课表现优秀的学生有机会被推荐参加实习和面试,学生在上课中既收获知识又能得到各种机会。

(3) 具有较强的真实性。为合作企业制作薪酬福利方案,所有数据和材料都是真实有效的,学生运用所学知识和技能形成的方案,最后由企业来评价是否有价值,有助于引导学生将理论知识运用于现实生活,既提高了学生的理论知识水平，又锻炼了实务能力。在校外导师协作下参与真实企业的薪酬设计项目，使得学生接轨了解行业需求，能将所学知识运用于实践中来检查，促进了学生在课余时间自我学习的意愿。

五、结　　语

我国经济发展需要大量的高级应用型人才，寻找一个契合点做到高校教师与企业专家双向交流，合作育人，推动大学课程教学内容、教学方式、考核模式与行业接轨，是实现大学应用型人才培养的有效途径。高校和企业在承担各自的使命与社会责任的同时，通过更加深入的融合实现双方优势的互补和互利，能够提高整个社会的人才培养与使用的效率，从而为社会创造出更大的财富。

我们通过"校外导师合作模式下应用型教学的实践"的形式，不但使学生得到充分的实践锻炼，将所学的知识在实践中得以应用，而且也使学生的职业素养在项目实践中逐渐养成，进而达到专业人才培养目标的要求。

参考文献

[1]"导师项目制"下电子商务专业课程设置改革初探．消费电子，2014（18）．

[2]李丹等．产学研合作机制下本科生校外导师制的探索与实践．教育教学论坛，2013（36）．

[3]杨楠楠．浅谈 MIB 双导师制下校外导师作用的发挥．教育教学论坛，2016（49）．

[4]刘健，项鑫．大学校外导师队伍建设的问题及原因分析．中小企业管理与科技，2014（9）．

[5]职业院校导师制模式下的公共课特色教学改革探究．时代教育，2017（16）．